未来学习场

WEILAI XUEXICHANG
DE BIANGE

主　编　吴树超
副主编　沈建华　郑小丰

的变革

浙江工商大学出版社
ZHEJIANG GONGSHANG UNIVERSITY PRESS

·杭州·

图书在版编目(CIP)数据

未来学习场的变革 / 吴树超主编.—杭州:浙江工商
大学出版社,2021.1
ISBN 978 - 7 - 5178 - 4130 - 2

Ⅰ.①未… Ⅱ.①吴… Ⅲ.①小学教育—教育研
究 Ⅳ.①G622.0

中国版本图书馆 CIP 数据核字(2020)第 190646 号

未来学习场的变革
WEILAI XUEXICHANG DE BIANGE

主编 吴树超 副主编 沈建华 郑小丰

责任编辑	张晶晶
特约编辑	李大军
封面设计	大漠照排
责任印制	包建辉
出版发行	浙江工商大学出版社
	(杭州市教工路 198 号　邮政编码 310012)
	(E—mail:zjgsupress@163.com)
	(网址:http://www.zjgsupress.com)
	电话:0571—88904980,88831806(传真)
排　　版	杭州大漠照排印刷有限公司
印　　刷	杭州丰源印刷有限公司
开　　本	710 mm×1000 mm　1/16
印　　张	13.75
字　　数	247 千字
版 印 次	2021 年 1 月第 1 版　2021 年 1 月第 1 次印刷
书　　号	ISBN 978 - 7 - 5178 - 4130 - 2
定　　价	68.00 元

编　委　会

序

　　创设引导学生主动参与的教育环境,改变学生学习方式,一直是新课程改革的核心。2019年中共中央国务院印发的《关于深化教育教学改革全面提高义务教育质量的意见》中再次提出要促进信息技术与教育教学融合应用,重视情境教学,推进学生研究型、项目化、合作式学习,促进学生全面发展。转型学生学习样态、发展学生核心素养成为教育改革长久不变的目标。而这一目标的实现,变革学生学习场是关键。

　　如今,人工智能、信息网络的飞速发展已将教育引向未来。传统教育被困于围墙之中,无法充分发挥教育功能以适应未来教育发展。固化的学习空间、单一的学习场所束缚了学生的学习资源,削弱了学生的学习兴趣,限制了学生动手、探究、合作、创新等各项能力。被动接受学习,缺乏多元体验,在传统教育空间里,"以学生为主体"的理念无法生动地付诸教育教学实践,学生无法深度走向课程,深度融入学习,其个性化、全面化的发展目标也难以实现。依旧严峻的教育形势对打破固化的学习空间、革新单一的学习场提出了迫切要求。

　　未来已来,我们当下的任何学习变革,都是为了培养具有未来学习素养的学生。未来的学习还有无限可能。前瞻未来,浙江师范大学附属丁蕙实验小学这所勃然兴起的智慧化学校,自2014年建校始就开启了关于变革学习场的探索。坚持以生为本,秉承"生命·生态·生长"的三生教育理念,丁蕙孜孜不倦地追求,一直致力于构建基于改变学生学习方式、发展学生核心素养的智慧赋能、多元体验、全面互动的三维教育空间,依此打造智能、泛在、联通的未来学习场。其空间建设取得了极大的成功,吸睛无数,独具以下亮点。

　　(1)突破固有空间界限,重构物理空间。不仅将教室变"学室"、功能室变"学习中心"、走廊变"学廊",重组原有空间,还开辟各类拓展性活动基地、开发社区学堂延展校外空间。丁蕙还开创性地打造了"小学里的博物馆",科技博览馆、情意生长馆、生命体验馆、自然生态馆、初心学馆、童心蕙园"五馆一园"无限延伸了学生学习空间。突出学生主体,在创设的真实情境的空间里,学生自由参与、主动体验、积极互动，实现个性、多元的发展。

（2）合体教育与智慧化技术，重构虚拟空间。丁蕙依托"三要素""五平台"推动智慧校园优化升级。"云端家校"联通家校共育，TEAM Model 智慧教室、机器人智能课程、远距智慧教育系统、特色学习场课程项目等智慧化教学模式，实现了教育与信息技术的深度融合。将物联网、VR、AR、3D等智能技术运用于特色场馆和课堂教学，高仿真、可交互、沉浸式的实景体验拓展了学生学习的深度与宽度。空间赋予了学生自然体验、自由选择、自主探究、自发合作的学习路径，让学习真正发生。

（3）散发人文教育魅力，重构文化空间。丁蕙以培养"思本源·致良知·应时需"的蕙美少年为目标，打造了独具丁蕙气质的包含理念文化、校园文化、地域文化、制度文化的沁润式育人场。从极富诗意的楼宇命名到古韵生香的校园十景，从开发特色文化课程到开展"蕙美系列"校园活动，文化空间于无形中无限发挥德育、美育等价值功能，营造出"草木皆文化"的全方位、沁润式育人环境，促进了学生的全面发展。

毫无疑问，通过将"物理空间""虚拟空间""文化空间"重构与整合，丁蕙对教育空间进行了一场颠覆性的革命。三维空间有机交融，同频联动，由此衍生出的未来学习场释放出无限的教育能量。将项目课程融于学习场中，独创教学新样态，实施同伴互助—混龄交互学习，建设跨学科融通课程平台等，丁蕙一系列创新举措都指向学生，推进学生学习方式的转变。学习场的突出意义还在于其既着眼未来又践行当下，横向联通未来教育，打造了"人人皆学，时时能学，处处可学"泛在的、智慧的校园；纵向落实课程改革，不仅创生学习新路径，还真正将"三全育人""五育并举"落到实处，走全面育人道路，发展学生的核心素养。通过对未来学习场的打造，丁蕙已经探索出了一条卓有成效的课程改革之路。丁蕙模式为未来的学习场和空间变革提供了可资借鉴的范式。

教育大计任重道远，丁蕙在改革路上可能还要进行更多的探索，但其拥有高瞻未来的教育远见，并能将课程改革的理念目标落实到实践探索中，一以贯之，久久为功，期待也相信未来一定会有更多的丁蕙经验产生。教师是兴教之源、立教之本，重视教师队伍建设是丁蕙成功的法宝。在开启全面建设高素质专业化创新型教师队伍的新征程中，丁蕙将更加光辉灿烂！

前　言

"假如一间铁屋子,是绝无窗户而万难破毁的,里面有许多熟睡的人们,不久都要闷死了,然而是从昏睡入死灭,并不感到死的悲哀。现在你大嚷起来,惊起了较为清醒的几个人,使这不幸的少数者来受无可挽救的临终苦楚,你倒以为对得起他们么?"

从最早产生学校的夏商时期,到现在标榜"以生为本"等的各种教育模式百花盛开的新时期,我们一直在思索一个问题:教育改革的突破口在哪里? 以前的我们总是叫嚷着要改革、突破,就如同鲁迅的铁屋子理论一样:很多人被困在铁屋子里面,都在不停地呼喊、求救,甚至逐渐变得麻木、习惯,却很难有一个人真正地站起来,去寻求打开这个铁屋子的方法。

在疫情的特殊背景下,我们创造性地使用了网络学习的新方式,这在我们以往的教育历史上,是浓墨重彩的一笔。可以说,在新冠病毒这场特殊的战役中,虚拟空间的学习,得到史无前例的重视。同时,也让我们教育界陷入思考:我们到底要建构什么样的学习场? 学习场就等同于物理空间或者虚拟空间吗? 如何利用校园的三维教育空间? 怎样打造具有自己特色的三维教育空间?

"其实地上本没有路,走的人多了,也便成了路。"关于教育改革,我们一直在探索的路上,接下来我们就一起踏上探寻丁蕙小学关于三维教育空间的旅程。

目　录

第一章　不平凡的旅程:校园学习场探寻

第一节　起点:校园学习场的溯源

一、为何重构学习场

在可以预知的不远将来,随着 5G 网络的普及,泛在学习的形成,重塑校园学习场以适应学生个性化发展,将是一个大概率事件。2013 年,中国教育科学研究院正式启动中国未来学校创新计划,推动空间、课程与技术的融合创新,为学校整体创新提供理论引领和实践指导。2017 年 10 月,教育部学校规划建设发展中心发布了《未来学校研究与实验计划》,试图从理论、政策、实践等层面,运用新理念、新技术、新思路,面向未来推动学校形态变革和全方位的改革创新。由此可见,我国中小学学校空间变革已是箭在弦上,但中小学学校空间该如何变革才能应对泛在学习和人工智能的巨大冲击,才能适应未来发展的需要? 这些问题如同一颗石子,在我们心中投下无数的涟漪。

长久以来,我们惯性地认为校园空间应该整齐划一,学生的学习行为应该发生在教室里、课堂上。然而,从历史的眼光来看,我们的学习空间也经历了阶段性的演变。从以孔子"杏坛"讲学为代表的"环境即课堂"模式到工业化时期批量生产的"监狱式"模式,学习空间呈现出随人才培养需要而改变的趋势。显然,传统认识意义上的学习环境:以硬件配备为主的建设理念和标准化、固定式、一成不变的建设模式,已经不能满足学生日益多元的个性化学习需求,制约了学生创新素养的发展。因此,学校的学习空间亟须"变革"与"重构"。

众所周知,就目前中国的基本国情而言,班级授课制仍具备可大规模组织教学的高教学效率,方便学校安排各科教学内容进度及加强教学管理等优势,90%的公建制学校依旧沿用班级授课制组织教学。故班级授课制下,虽然许多学校尝试从校园文化建设入手,对学习场的建设加以改变与创新,但是大部分公建制学校的学习场建设依旧局限于固化的物理场,功能性教室的局限性很大,它们以安全和易于管理为导向,像是工厂里流水线上下来的大批量产品,在设计上千篇一律,没有活力。被"困"在教室中的学生、被"囿"于教室中的教师、被"拒"之教室之外的知识都是现行小学校园学习场中逐渐凸显的问题。

(一)求而不得:被"困"在教室中的学生

"用记忆来代替思考,用背诵来代替鲜明的感知和对现象本质的观察——这是使儿童变得愚笨,以致最终丧失了学习愿望的一大弊病。"苏联著名教育实践家和教育理论家苏霍姆林斯基在《给教师的建议》一书中曾指出要把周围现实的画面印入儿童的意识里去,努力使儿童的思维过程在生动的、形象的表象的基础上进行,让他们在观察周围世界的时候确定各种现象的原因和后果,比较各种事物的本质和特征。儿童在课堂上要掌握的抽象真理和概括越多,这种脑力劳动越紧张,儿童就越应当经常地到知识的最初源泉——自然界里去。

现代教育观点认为,谁获取知识谁就是课堂的主体。以学生的发展为本是新课标的核心理念。面向全体学生,关注每一位学生;因材施教,注重每一位学生的成长,发展每一位学生的个性。小学生学习场应将促进学生的发展作为出发点和归宿,它应该成为学生"自主、合作、探究"学习的主阵地。然而,以生为本的教育是不可能完整地发生在固化的物理场中的。现行小学生学习场缺乏能够满足学生自主探究与实践的多维交融空间,学生走不出去,学生的思维便容易固化在刻板的教室中,无法在同一时空中同时感知和体验多维空间的融合带来的鲜明印象感。

(二)束手无策:被"囿"于教室中的教师

"老师,我们学校经常会让我们进行防震防灾演习,可是,经历地震究竟是一种什么样的体验呢? 不同的震级差别到底有多大呢? ……唉,算了,老师您应该也没有亲身经历过地震吧,要是您真的经历过超级强的地震,或许您就不会在这里教我们了。看来您也没办法回答我的问题,这个问题可能要成为未解之谜了……"这是 S 老师班的学生小 A 在学校组织了某一次地震逃生演习之后提的问题,他的语气从一开始的好奇转为了后来的自言自语。面对小 A 的问题,S 老师束手无策,他的内心也是百般无奈:如果可以,老师的的确确也想亲自带你们一起去地震模拟馆体验地震时的感受,同你们一起去体验不同地震震级的震感到底有什么区别。可是,你看,这四四方方的小教室发生地震的概率很小,咱们学校这狭小封闭的教室根本满足不了我带你们共同探索的需要呀! 上述例子虽不能概述现行学习场中教师遇上的所有困难,但至少反映出现行的小学生学习场除了无法及时满足学生自主探索与实践的需求之外,也存在无法满足教师的教学需要等问题。

"轻松学习,快乐成长"是所有家长和孩子的共同心愿。浙江省的课改向义务教育段的深化,就是为了更好地实现这个心愿。小学和初中都有一定比例的课时用于开设"拓展性课程",其中,一至六年级为体艺特长类和实践活动类拓展性课程。公建制学校的编制都是有制度规定的,然而,义务教育阶段的课改对优秀师资的需求却不断地上升。浙江省教育厅认为,义务教育阶段的课改可能会遇到师资不足的瓶颈,并且表示,今后需要我们的老师更"一专多能"。在编制不变的情况下,学校对"一专多能"教师的培养越发重视。北京师范大学教育学部教授郭华说,课改除了在外在资源上的挑战,还有思想、制度上的挑战,思想若能解放,资源的盘活及充分利用才可能实现,否则,完全依靠新增资源,是难以持续的。"一专多能"的教师,不光要关注"多",落脚点最终应该在"能"上。然而,"能"的培养与修炼不光需要教师投入足够的精力,"能"的体现不光需要教师的专业水准,学校同时要打破思维的局限,创新学习场建设,与教师和学生的成长无缝衔接,促进优质教育资源的共享。

(三)闭门难入:被"拒"之教室外的知识

在儿童成长过程中,学习场对儿童的认知、语言、情绪、道德、人格、兴趣等行为发展有着重要的作用。现代意义的小学生学习场不仅仅是一个学习的场所,更应该是一个给儿童提供体验和活动的场所,寓学于乐。建构主义认为,知识不是通过教师的传授得到的,而是学习者在一定的情境即社会文化背景下,借助其他人(包括教师和学习伙伴)的帮助,利用必要的学习资料,通过意义建构的方式获得的,学习是学习者主动建构知识的过程。

学校越来越重视将优秀的传统文化、先进的国内外文化以及校本文化渗透在校园环境的创设中,同时也越来越重视智慧化学习的探索。但是在学校日常的教育教学管理和各式各样的德育活动中,教育空间依旧被人为割裂,并未成功实现有机融合。教育空间的人为割裂导致知识被动的"割裂",许多本该通过多感官联动体验来建构的知识仍被"拒"之教室外,流动于教室之外,难以真正系统化和内化。这也导致了学生知识的建构过程难以实现真正的系统化,学生难以全面发展。

基于被"困"在教室之中的学生、被"圈"于教室中的教师、被"拒"之教室之外的知识等现行小学生学习场中逐渐凸显的问题,小学生学习场亟须一场划时代的变革,这项变革必然应该能推进新课程改革,顺应时代发展的需要,实现空间的整合与有机融合,推动教育的对外开放,这也是我们为什么要重构学习场的起点。

二、学习场的阐释

一说到教育,往往"言必称国外",但是有了一些智慧教育的硬件,就可以实施全方位覆盖的教育了吗?几千年前,苏格拉底和柏拉图之间的问答式教育,没有"三通两平台",没有智能手机,算不算智慧教育?孔子杏坛讲学,三千弟子、七十二贤人,因材施教,有教无类,算不算学习场的营造?那么到底什么是学习场?我们首先回忆一个小游戏。

小时候我们都玩过磁石吸铁屑的游戏,先把铁屑撒在课桌上,然后拿一块磁石在课桌下面,沿着一个方向移动,我们就会发现所有的铁屑会随着磁石的移动而移动。当我们快速移动磁铁时,小铁屑也随着移动。当磁铁移动的速度快到一定程度,就会有部分小铁屑落下,这时我们就要移回磁铁,让它们赶快归队。有时候故意把磁铁远远地放在小铁屑的上方,左右摇摆磁铁,那些小铁屑感应到了磁铁的吸引力,也随着左右摇摆。今天重复这个游戏,并不是为了怀旧,因为磁石就好像学习场,而我们的学生就如同无数铁屑,在随着磁石的不断变化而改变,最主要是为了谈谈如磁石一样有着无限吸引力与能量的学习场。

学习场不仅仅指场地和场所,更重要的是用来营造学习的氛围,使其具有感染力,学生置身其中就如同铁屑进了磁场,不由自主地被吸引,被磁化。群体效应使得处于学习场中的每个学生的学习活动,都受到内在求知欲的驱动和情感享受的引领,同时又受到课堂这个特定环境的暗示,形成一种学习活动中特有的、强大的意识流,让学习场中的每个学生都有所思,有所得。

学习场是所有事件交织在一起的、具有内在统整性的整体。而这个"内在的统整性"就构成了"学习场"。丁蕙小学于多维空间交融处重构小学生的学习场,无孔不入多方发力的学习场使师生在校内获得文化浸润,思想相碰撞、思维相交织、情感相融合,同时又通过整体环境设计,激发学生的联想、贯通实践能力,通过动手实践促进真知、智慧的形成,网络环境开拓师生视野,从而解放身心,使得学习者在做中学,玩中学。同样达到学习者愿意学习并且个性化地学习的效果。

三、学习场的发展

国内外的学者对学习场进行了各种研究,并取得了一定的成绩。有研究指出,21世纪学校的空间必须支持学习者成为问题的发现者、解决者、沟通者、研究者甚至专家。学校的空间必须是开放多元的学习空间、社会交往空间、休闲娱乐空间。在学校的空间中,学生能够使用新技术来满足正式学习、非正式学习和虚拟学习的需要,学校也应努力成为适应不同学生需要、通过文化浸润形成以素质建构为核心的"学习生态链"。

当我们走进任何一座宗教场所时,哪怕是一个比较顽皮的"熊孩子",都会立刻变得安静下来。为何宗教场所能有这样"神奇"的效果?这就是"场"的效应。今天,我们也已认识到,"学习场"是重要的因素。因为,"学习场"能让师生这两位教与学的主体实现面对面的交互,"学习场"可以营造出真正的学习情境。而从传统课堂走向慕课,从慕课走向混合学习,我们似乎也正在见证在信息技术时代下教育的一个发展脉络:从离开"学习场"到回归"学习场"。

"学习场"这一概念的提出,是在 20 世纪 80 年代中期,主要起源于我国高校。以前我们对于学习场的理解,仅限于教室是学习的基本场所,讲台、黑板、桌椅的摆放等物理空间的营造,就等同于学习场。其实学习空间是一个复杂的、多学科交叉的领域,是学校教育信息化发展历程中极为重要的领域。学校要把环境育人真正地贯彻落实到学校的一草一木和一点一滴中,学习场的建构要做到物尽其用。随着 5G 网络技术的发展,学习场问题逐渐受到越来越多人的关注,它应该作为学校教育变革的抓手。我们培养的学生是未来的栋梁,闭关自守难以满足未来发展的需要,教育要面向未来。网络空间正以不可挡之势逐步侵入人的生活及教育中,成为人的一种新的生存方式;在时代的变革中,正以"隐性的"姿态伸入教育的平面,并以巨大的引力将教育的空间吸至一个无限延伸的"场",在数字革命的巨大背景下,在迫在眉睫的教育改革实践中,新的价值观念将冲击我们的社会。

我国学术界对于高校的学习场研究较早,对其研究也最多,然而我国对中小学的学习场研究起步较晚,其研究程度没有高校学习场的研究深、广,尤其是在小学的学习场研究上基本还处于探索状态,没有形成一定的理论体系和有效的实践模式。不少小学都是借鉴高校对学习场的建设的理念来构建。近年来,许多小学在学习场建设中依照本校特色建造了独具一格的学习场,但因缺乏整体设计和管理,没有体现学习场的精髓。

学习场重构一定要利于教与学关系的革新,空间不是单一的教学场所,它还是重要的课程资源、教学构成的要素、人的一种交往关系、学生成长的塑造力量。不同的空间形态不仅反映了不同时期教学存在的特征,也是影响教学方式革新发展的内在动力。重构学习场,探讨学习场的构成要素和性质,将对学习者的发展起到极大的促进作用。丁蕙小学将物理空间、虚拟空间、文化空间作为校园学习场的构成要素,是基于学习属性的学习空间重构,改变了学生位置被限定、区隔、束缚的空间布局,突出以学习者为中心的理念,注重学习空间的多重性,提供学生自主思考、小组讨论、实验探索、实践体验以及休闲的无边界学习空间,以此培养学生创造性解决问题的能力,促进学生的发展。

学习空间的整合从教育发展的历史来看,是一种革命性的重构,它不仅仅是一种空间的变化,更是一场深入彻底的运动。它把教育带进了一个新的"场",这个"场"不是现实世界的复制,而是一个崭新的教育空间与发展基地。它从不同角度或颠覆,或摧毁,或瓦解了那些曾经对人们来说习以为常的东西;是对传统教育的解构,是在传统教育断裂中,形成新学习空间的教育,使得学习者真正成为教育的主体,并得以最大限度地发展自己、创造自己,实现平等、协作与共存,真正打造一种多元化的教育,将教育提高到一个新的境界。

因此,学习场的重构,对于未来教育几十年甚至上百年的发展,定会起到一个导向性的作用,将成为教育发展的方向与主体。然而,学习场的重构,也不是教育的终点,而是几千年来人们不断追寻教育理想的一个过程,是人类永远没有终点的创造活动。它带领教育走入一个新的生存环境,一个逃出束缚的机会,一种彻底解构过去、重建未来的精神追求。这也是我们探讨营造学习场的起点和目的地。

四、重构学习场的意义

在传统的教育中,以教师为主的单向讲授,是学生获取知识的唯一途径,学生被动地被置于倾听者的位置,此种学习方式忽略了学生的主体地位,只是机械式的填鸭教育,没有把校园的各部分有机联合在一起,营造一种学习场效应,导致整个校园学习变得枯燥无味。学校不仅仅是学生成长的乐园,更是教师成长的乐园。教学不是教师把自己脑袋里的知识搬运到学生脑袋里的枯燥运动,而是师生共同发现新知识的美丽探索。校园学习场的营造,发挥了以学生为主体的地位,注重师生之间的交叉传递,而且把校园的各部分如磁场一般吸引过来,形成一种看不见摸不着,却实际存在的场效应,使得学生在校园中的学习是生动有趣的。

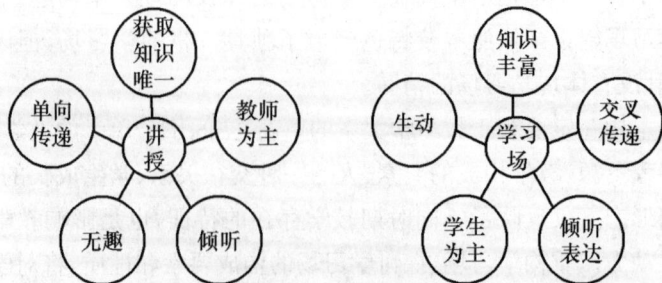

图1-1 传统教育与多维学习场下的教育

学习场是传统教育逐步断裂后的产物,它使传统教育在各个方面都出现了转机。需要指出的是,断裂并不意味着传统教育从此便销声匿迹、不复存在,而是预示着一种新的、与传统教育紧密结合的或是区别于旧的教育方式的一种新生的教育即将产生,并且逐步壮大,它将对传统的教育展开一场深入彻底的革命。因此,整个教育的发展将是教育本真意义的统一。学习场的建构是一种促使学习者社会化的自主的实践过程,它从多个维度规范和引导学习者。学习场将担负起培养、教育人才的重任。因此,创建有效的小学多维学习场是很有意义的。具体体现在以下几个方面:

(一)浸润生命

如果说校园是一个文化磁场,一个小宇宙,那么学校的每一个学生,每一个教职员工就是一个个文化原子、分子。人既是环境的产物,又是环境的能动改造者。自己被浸润磁化的过程,同时也是浸润磁化身边人的过程。"如入芝兰之室,久而不闻其香。""如入鲍鱼之肆,久而不闻其臭。"文化及其环境不仅是静态的,更应是动态的。外显文化浸染内隐文化,内隐文化在日常生活学习中自然流露方为最佳效果。通过走廊变学廊等文化展示来强化外显物质文化,可营造文化浸染氛围。

学习场的存在,则能运用符号形式来体现校园中人的精神和意识,并在校园文化的建设中,使学校重新认识自己并反映自身的发展进程,以完善自身的不足。同时,小学校园的学习场,还能将学校精神实质化,让学校精神融入学校生活和工作的各个层面,以发挥其向心力和凝聚力的作用。它有利于校园文化符号系统的建构,并使学校在校园文化建设中思路清晰、重点突破,从而建设具有自身特色的校园文化,以加大校园文化中各种符号的渗透、传播的力度,从而使校园文化对社会整个文化系统的提升产生一定的促进作用。

(二)适应社会发展需要

学习场的建设,能为学生的发展成长植入"梦想的种子",能够使社会共融资源得到充分开发,让发展指导具有情境性、开放性,本着以学生的发展为主的教育目的,强调教与学的互动,使得学生深入生活,创造切身体验的平台。在生活情境的学习中获得直观经验,体悟就更深刻,能力就更容易迁移,让学生了解社会生活,知晓自我发展的方向与必备素养。

(三)激发学生创新体验

传统教育教学的主阵地就是教室,学习空间封闭,布局整齐划一;学习的主要路径是教师单一线性的讲授,学习者被动接受,忽略了个体差异性,随着时代发展,这种情况势必发生改变。为适应这一趋势变化,需打造多维学习场,利用智能技术的支撑,打造能促进学习者高品质学习的空间。学校创新教室布局,配备灵活多变的教学设施;可以支持学生的协作学习和创意表达;智能移动讲台方便教师融入学生之中,做学生学习的引导者和支持者;为学生提供更好的学习体验。学生真正出于兴趣与爱好进行学习,在动手过程中习得知识,培养解决具体问题的能力,真正践行"玩中学""做中学"的理念。

(四)丰富美育

学生的学习内容是真善美的统一,在知识学习求真的同时,还要追求行为道德的至善和唯美。作为学习场的空间,其结构、造型和颜色格调等构成因素,丰富着学生的审美,具有审美教育的意义。以往的学习空间无论是结构,还是造型、颜色格调都较为单一。方形的结构、简单的空间区隔、单调的颜色等让学习空间成为真正的"空洞",无美可言,也无舒适感。生存于这一空间中的学生鲜有"我想在这里学习"的感觉,单调、陈旧成为以往学习空间的符号表征。如此一来,学习空间的审美作用没有得以发挥,空间被单一化为一个没有生机的场所。因此,学习空间重构既要突出教育性、技术性,又要侧重空间的舒适感和审美感。通过赋美于学习空间,来增强学生学习的愉悦性,使学生在快乐学习中收获真知,践行善行,体验审美。

总的来说,重构校园学习场在提升基础教育质量方面能发挥重大价值,随着教学改革的深入,学习场问题逐步被重视,越发显示出它的重要性。究竟学生需要什么样的学习空间? 如何重构空间才能释放其蕴含的巨大教育能量? 这是当下学习空间重构应当回答的问题。

第二节　路径:三维视角下学习场的曲折演变

校园学习场建设是学校建设中不可或缺的一个环节,学习场是由学校的文化环境、校园环境、学校开展的各种校园活动以及学校群体的共同行为方式和规章制度等因素构成的,对学校整个群体,特别是对学生的身心发展起着无法预估的影响。

对于学校空间的强调,可以说是一种学术研究的策略,以此,我们能够用不同的方式来思考学校空间的意义。

学校空间是社会关系在教育上的投射,有其自身的发展过程和特点,同时学校空间又是社会静脉中的一种存在,学校空间不是反映社会,而是在表达社会,它是教育与社会的基本维度之一,无法从社会组织及社会变迁的整体过程中被分离出来。

对学校学习场从物理空间—虚拟空间—文化空间三个维度进行思考,不仅是要为"只缘身在此山中"的人们揭示"庐山面目",更是力求在方法论上打破以往教育社会学研究中的二元论局限,从三维角度研究学习场的曲折变化。

将学校空间局限在某一空间之内,无疑是画地为牢,这样的做法是将学校空间本身降格为一个"信息",将其栖息性降格为一种"读物"。因此,本节尝试从物理、虚拟、文化三个空间维度(如图1-2),对国内外小学学习场进行梳理与研究。

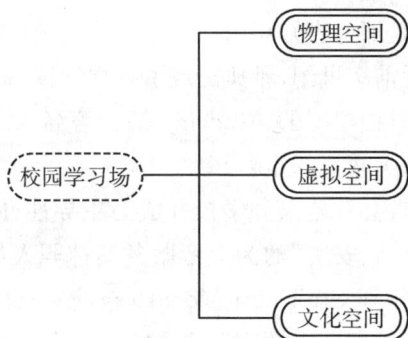

图1-2　校园学习场的空间

今天的校园学习场是什么样子的?

人类教育中的校园学习场一开始就是今天这样的面貌吗?

不是的。

校园学习场的形态就永远固定在今天这个样子吗?

答案无疑也是否定的。

了解学校空间的历史与演变,可以为学校空间变革研究奠定较好的基础。学校具有鲜明的时代性,学校空间也是如此。

在生产力低下的时代,学校建筑及占地等物理空间基本上就是学校空间的全部。经济发展了,教学用的平房变成了楼房,运动场、办公楼、食堂渐渐成了标配。时代在进步,图书馆、运动馆、车库、各种专业教室、绿化、雕塑逐渐走入学校空间。信息时代,随着计算机和网络的普及,虚拟空间又成了学校空间的标配。

但物理空间、虚拟空间又离不开文化空间,文化空间总的来说又是学校的物理空间、虚拟空间共同营造的空间所体现的整体形态,是蕴含的教育哲学与办学理念等文化因素的总和。国内外教育界对于三维空间的探索有一个漫长而曲折的过程,下面将从物理空间、虚拟空间、文化空间分别梳理国内外教育界对三维空间的探索轨迹。

一、物理空间的演变

(一)国外校园物理空间的历史变迁

现在,让我们一起来看看国外校园物理空间的演变过程,从中我们可以发现学校空间的变化规律和变化趋势,为未来学校空间的建设提供灵感和思路。

1. 西方古代学校物理空间的演变

大家知道西方教育的发源地是古希腊,其中雅典教育最为著名。起初,雅典也没有专门的学校,只是那些有知识、有能力、有技艺、有智慧的被称为"智者"的人影响信徒。到了公元前 7 世纪,雅典出现了私立学校,雅典还有一些哲学家创办的研究型学院,其中以柏拉图的 Academy 最为著名,如图 1-3 所示,雅典的这些研究型学院成为欧美教育的滥觞。

公元 313 年,基督教会开始兴办学校并成为主导性办学形式。教会办学校的目的是培养"服从、贞洁、安贫"的为上帝服务的神职人员,学校多设于修道院内。如图 1-4 为塞尔维亚 Studenica Monastery,该修道院建筑群呈院落状围合,内部建筑空间封闭,体现出宗教建筑的神秘压抑的空间氛围。

文艺复兴时期,城市进一步繁荣,学校数量也进一步增加,各类初等学校、中等学校(如英国的文法学校、法国的专门学校、德国的文科中学等)、高等学校(学校、学院、大学等)不断出现,成为欧洲各级学校的雏形。

图 1-3　以柏拉图创办的 Academy 为原型的雅典学院(意大利画家拉斐尔·桑西创作的壁画)

2. 西方现代学校物理空间的演变

世俗教育与宗教教育长期斗争促进了西方现代教育的萌芽。该萌芽最早可追溯到文艺复兴时期,教育的目标也逐渐从"神"转到"人",教育对象也逐渐从"僧侣和贵族"转向"普通平民"。

图 1-4　塞尔维亚 Studenica Monastery 及修道院图书馆

　　学校的教学内容也更关注人文学科知识、自然科学知识和生产技术的传授。随着教育对象的扩大和学生数量的增多,原有的教育形式已难以满足社会的需求。

　　由此,"班级授课制"应运而生,16 世纪在西欧开始试行,17 世纪被捷克教育家夸美纽斯进行系统总结和论证,19 世纪被大规模地推广。

　　"班级授课制"本质是将教育视为生产,提高教学效率是班级授课制首要考虑的因素。在最初尝试班级授课制时,学校建筑多为"一屋中厅式"布局,即将教室围绕中厅进行布置,参见图 1-5。"一屋中厅式"布局可为学生提供室内的交流活动空间,缺点是采光通风较差。

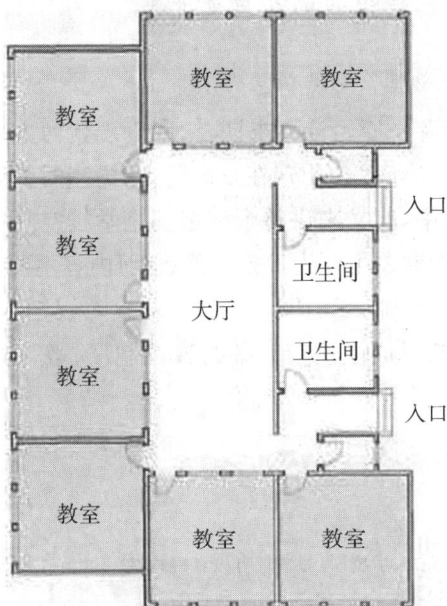

图 1-5　一屋中厅式教室平面布局

3. 西方当代学校物理空间的演变

当代学校切合了时代发展需求，为大工业生产培养了大量人才和劳动力。但当代教育"千校一面、千人一面、没有个性"一直为人所诟病。人们开始意识到，现行教育体系无法满足多样化、组合化、个性化的学习需求，迫切需要对学校教育进行变革。

以美国为首的西方国家在这方面正在进行不断的探索，尤其是在"开放式校园""未来学校"[①]构建方面，目的是通过学生核心能力——创新、批判、沟通、合作能力的提升，促进学生心智和体力方面的全面发展，培养适合未来社会竞争和发展需要的人才。图1-6为美国嘉德圣玛丽森林城市国际学校鸟瞰图。[②]

图1-6　美国嘉德圣玛丽森林城市国际学校鸟瞰图

(二)我国学校物理空间的历史变迁

1. 中国古代学校物理空间的演变

我国古代学校萌芽于原始社会末期，结束于现代西方教育模式的引入。中国最早的学校被称为"庠序"[③]，出现在夏商时期，为当时的官府所垄断。该时期学校一般设于官署之中，广义来讲整个官署都是学校空间。教育的目的是为统治阶级培养人才，教育对象主要为贵族子弟，学习内容主要为文武、礼仪和乐舞，学校教师为政府官员、乐师、巫师等。

到西周时期，逐渐形成了比较完备的教育制度，教育场所——学校也称为"辟雍"，如图1-7所示。

---

① 严文蕃.美国教授描述未来学校，将颠覆现有教育模式.2018,https://www.jiemodui.com/N/101287.html.

② 美国校长的3个建议:别等孩子长大了才看.2018-06-29,http://www.forestcitycpgv.com/news/174.html.

③ 古代的学校称为庠、序、学、校、塾。在开始产生时并不都是专门的教育机构，而兼习射、养老。

图 1-7　"明堂辟雍"复原图

明清时的学校基本承袭隋、唐、宋。由于科举制决定性的价值导向,学校便成为围绕科举制的附庸。在近代中国,由于宗法制及血缘纽带的关系,在家庭、宗族或乡村逐渐兴起了私塾(如图 1-8 所示),私塾成为当时儿童接受教育的主要方式。1901 年清政府下诏兴学,鼓励地方创办新式学堂。1903 年清政府颁布"癸卯学制"。1905 年废除科举制,为新式教育开辟道路。但私塾一直延续不断,中华人民共和国成立后私塾仍然存在。1949 年 12 月,我国制定了"对中国人办的私立学校,一般采取保护维持,加强领导,逐步改造的方针"。1952 年至 1954 年全国私立小学全部由政府接办,改为公立,至此传统意义上的私塾才彻底消失。

图 1-8　近代私塾

2. 中国近代学校物理空间的演变

中国近代教育与中国古代教育并存过相当长的一段时间。第一次鸦片战争后,外国传教士大量进入中国,开办教会学校。起初,学生人数少,学校规模小,教会学校就附设在教堂之中。随着学生人数增多、学校规模不断扩大,部分传教士开始购置民宅作为教会学校。第二次鸦片战争后,列强势力有了进一步的增强,出现了一批由建筑群落组合的教会学校。到 1907 年,新式学堂遍设各地。由于洋务学堂、新式学堂成立之初多利用原有书院或官府建筑作为校舍,故总体布局与原有的差别不大,如图 1-9 所示。20 世纪之后,新式学堂由于多聘用外国建筑师进行规划设计,其在建筑布局、空间形式上与教会学校差别不大。

图 1-9　北洋水师学堂校舍旧照

3. 中国现当代学校物理空间的演变

中华人民共和国成立后,百废待兴,国家无力进行大规模基础学校建设,学校多沿用民国时期遗留的建筑。此时期学校一般都比较简陋,仅能满足基本教学功能的需要。20世纪60年代中期,经济状况的好转,推动了政府对教育基础设施建设的投入。然而,"文化大革命"对学校教学计划产生了极大的冲击,学校建设又几近停滞。改革开放后我国经济持续发展,受新校园设计规划理念的影响,新式学校改变了原有死板严肃的空间布局。

难道改变校园物理空间就能够促进教育的发展吗?

不是的。

当今科学技术突飞猛进,社会发展日新月异,教育理论创新发展,不少学校在学校空间设计和建造方面进行了改进,但这却未真正地服务于教育,只是单纯地增加了校园物理空间的美观性和舒适性,并没有将物理空间与教师的教以及学生的学联系在一起。

在我们不断反思和批判校园物理空间的缺陷时,也在不断构想新的体系,生产新的果实。

试想一下,同样的教师和学生在私塾中教学与在现代化教室里教学,两种教学产生的效果同样吗?

肯定不一样。

物理空间在学校教育中有着重要的地位,现代化的虚拟空间也同样重要!

二、虚拟空间的演变

信息时代构建的全球网络,实现了信息每秒30万千米的传输,实现了基于数字的"虚拟现实"在"虚拟空间"瞬间的转移,打开了人类学习更为迅捷、更为有效的教育通道,彻底解决了实体空间带来的教育上的诸多难题,也为从根本上改变教育形态奠定了基础。

当下的信息空间表现为"虚拟空间"。由于经济发展的不平衡性和技术应用的梯度性,对我国而言,农耕时代、工业时代、后工业时代并驰而行。

在后工业时代,大规模的制造渐渐转变为个性化定制,服务业占经济的比例不断上升,对劳动力和技术人员的需求也渐渐发生变化。一方面对大规模劳动力的需求仍然存在,另一方面对具有个性化特质的劳动力和技术人员的需求也越来越多。社会经济人才需求的改变推动了教育的变革和学校空间的改变。

改革开放以来信息化发展与教育碰撞愈加激烈,我国基础教育信息化可分为四个阶段。

（1）试验探索阶段（1978年至2000年）。该阶段主要形式为电化教学,为教育信息化萌芽阶段。1978年4月,邓小平同志在全国教育工作会议上指出,"要制订加速发展电视、广播等现代化教育手段的措施,这是多快好省发展教育事业的重要途径",这标志我国基础教育信息化的起步。

（2）建设驱动阶段（2000年至2010年）。2000年10月,在北京召开的全国中小学信息技术教育工作会议决定,从2001年起用5到10年左右时间在全国中小学基本普及信息技术教育,全面实施"校校通"工程,并以信息化带动教育现代化。在这一阶段,初步形成了我国教育信息化的建设体系和组织体系,为教育信息化的融合创新、智能引领提供了基础保障。

（3）应用驱动阶段（2010年至2018年）。2010年5月,国务院常务会议审议并通过《国家中长期教育改革和发展规划纲要（2010—2020年）》,明确将教育信息化纳入国家信息化发展整体战略,并决定超前部署教育信息化网络。该阶段,随着"三通两平台"[①]的逐步推进,我国教育信息化基础设施已初具规模,基本可以满足信息技术条件下的教育教学工作。

（4）创新引领阶段（2018年至今）。2018年4月教育部印发了《教育信息化2.0行动计划》,到2022年,我国基本实现"三全两高一大"发展目标:教学应用覆盖全体教师、学习应用覆盖全体适龄学生、数字校园建设覆盖全体学校,信息化应用水平和师生信息素养普遍提高,建成"互联网＋教育"大平台。[②] 在此大背景下开展中小学学校网络空间设计和建造。

虚拟空间也存在不断进化的过程:从低速到高速,从最初的数个KB/秒到目前的数个GB/秒,为不断丰富的应用奠定了快速响应基础;从有线到无线,带

---

① "三通"为:"宽带网络校校通""优质资源班班通""网络空间人人通"。"两平台"为:"教育资源公平服务平台""教育管理公共服务平台"。
② 任友群.40年教育信息化发展"变与势"［N］.中国教师报,2018-12-25.

来网络应用极大的便利性和灵活性。

例如,当下的 5G 技术将极大拓展网络应用空间,给人们的学习生活带来震撼性影响。从信息孤岛到大数据中心,给网络应用提供越来越丰富的信息资源;从主动到被动,物联网数据采集、后台大数据处理、精准数据推送,极大提升网络的智能性。

随着虚拟空间中云平台、云计算、大数据、物联网等技术和工具的应用不断深化,传统的教育教学模式也会发生革命性改变,同时也会对学校空间的变革提出新要求。我们相信 VR①、AR② 在不久的将来将在教育中大规模出现,沉浸式体验、临境式感受会极大地提升学生学习的兴趣。

对教育而言,上述信息技术的应用,将导致信息从客体传导至主体的规模和效率获得极大的提升,并深度改变未来的教育教学形态,未来教育中,校园教育空间必将有虚拟空间的一席之地。

三、文化空间的演变

从社会文化的影响来看,学生受社会大众文化、网络文化中负面因素的影响较大。现在经常会碰到一些学生不愿参加集体活动,特别是劳动意识淡薄,不愿受学校规章制度的约束,生活在网络虚拟的个人世界中,受社会环境的影响,校园中出现了许多不良风气,这就要求我们要根据培养目标进一步优化校园文化,创造一个和谐的文化育人环境,以抵制负面文化的冲击,并对社会大环境施加积极影响。

文化应有一个体现其价值和规范的结构、过程和气氛,使教师和学生都被纳入导致成功的教育途径。党的十六大报告指出:"当今世界,文化与经济和政治相互交融,在综合国力竞争中的地位和作用越来越突出。文化的力量,深深熔铸在民族的生命力、创造力和凝聚力之中。"从世界历史发展的动力来看,如果说世界主要靠生产力,世界主要靠制度的话,那么世界将主要依靠"文化的力量"。

同样,在教育领域中,"文化"一词也已成为近年来最热的词语之一,文化空间建设已成为许多学校管理与发展的积极诉求,特别是近几年,文化空间建设在许多学校方兴未艾。

---

① VR 是一种虚拟现实技术,通过计算机技术生成一种模拟环境,同时使用户沉浸于创建出的三维动态实景,可以理解为一种对现实世界的仿真系统。而最早 VR 技术应用于军事领域,最常见的产品则是头戴式显示器。

② AR 是 Augmented Reality 的缩写,中文名字是"增强现实",是一种全新人机交互技术。通过 AR 技术,参与者与虚拟对象进行实时互动,从而获得一种奇妙的视觉体验,而且能够突破空间、时间以及其他客观限制,感受到在真实世界中无法亲身经历的体验。

但我们也发现;其中的无规则现象随处可见。的确,不同的学校在办学过程中必然会有意无意地形成一些学校自身特有的被学校成员认同的文化现象。

过去,我们忽略了对学校文化的应用研究,对学校文化效力的认识也有限。事实上,学校的任何规章制度、组织结构、教育教学方法都必须植根于相应的文化空间中,必须和学校特有的价值体系相吻合,必须通过科学有效地经营运作,才能充分发挥作用。换言之,学校的"文化空间建设"是更高层次的管理经营,它可以突破目前学校管理的瓶颈,有利于学校的品牌形成与发展,进而提升整体办学水平。然而目前多数学校的文化空间并没有被有效提炼和合理应用,以稳固地支配学校的行为。

学校是一种教育社区,它必然会形成自己的文化。这种文化,在我国称为校园文化,在西方,则称为学校文化。因此,虽然"校园文化"这个概念是我国最早提出来的,但最先研究学校文化的学者,却出现在西方。

沃勒是第一位系统地研究学校文化的学者。这种文化一方面由成人文化的简单形态,或儿童游戏团体所保留的旧成人文化所形成,另一方面则经由教师设计,以引导某个年龄段学生活动的文化所形成。学校中的各种仪式,是校内文化的一部分。学生所认为的学校生活中最重要的"活动",则属文化模式。年轻一代的特殊文化非常真实,而且能满足学生的需要。这种特殊文化的存在,可能是结合各种个体形成学校的最有效因素。

沃勒对学校文化的定义,基本上说明了学校文化的基本特质。后来的研究者,大多以此为基础,或扩展,或加深。

(一)国外校园文化空间的演变

早期研究校园文化空间的约翰·亨利·纽曼认为校园最大的功能就是促使学生获得知识;而德国哲学家雅斯贝尔斯则认为校园文化空间中最重要的不是知识,而是探索知识和获得知识过程中体现的智慧文化;而美国教育界关于校园文化空间的认识偏向于学生层面,认为校园文化最重要的功能是促使学生认识到自我价值、个性化发展和实现全面素质的提高。

在校园文化空间建设中,许多学校有不少成功的做法。然而,在建设过程中,长期以来也存在诸多问题,例如校园文化建设滞后于两个文明建设,有时像刮一阵风,只是迎合某项活动的需要,常处于被动的地位。有的学校只重视物质文化的建设而忽视非智力因素的开发,只注重知识的灌输和道德行为的强化而忽视间接情境的暗示。

（二）国内校园文化空间的演变

我国关于校园文化空间的研究与探讨始于20世纪80年代。1986年,沈辉发表的《校园文化浅析》和《校园文化的特征、功能与建设》两篇文章正式拉开了学术界关于校园文化研究的探讨,此时研究的主要阵地集中于大学校园文化的研讨。1990年,李国霖、李子彪的《广州市中学生文化探讨与校园文化建设》等文章的发表使校园文化空间的探讨开始由高等院校逐渐向中小学阶段扩展,1991年2月,我国第一部校园文化论著《校园文化导论》出版,这部著作从校园文化空间的各个方面,如校园环境、校园群体、校园风气、校园规范与传统、教师个体文化等,对校园文化进行了具体的阐述。

目前我国关于校园文化空间的建设在各个学段均有分布,但总体看来,校园文化建设的阵地依然集中于高等院校或职业院校,而关于中小学校园文化空间的建设尚处于初级阶段。

关于中小学的小学文化建设是从发达地区的城市学校开始的,农村中小学校园文化建设起步较晚。时至今日,我国关于中小学校园文化空间的建设依然以城市为中心,农村学校的校园文化空间建设相对薄弱。在以城市学校为中心的校园文化空间建设阵地中,农村学校的校园文化空间建设也打上了深刻的"城市"烙印,忽视了农村地区的特殊性和显著的地域差异,农村学校校园文化空间的建设,未能很好体现出农村学校的特点。

如今,校园文化空间建设的理论探讨方兴未艾。然而对于什么是校园文化,人们的观点不一,可谓见仁见智。这一方面反映出校园文化建设的丰富性、多样性和不确定性,另一方面也说明人们对校园文化建设的认识经历了不断深化的过程。

关于校园文化空间的建设有许多争论,许多专家学者从不同的角度,针对不同的校园环境进行探讨,侧重点有所不同,但有一点是相同的,那就是校园文化空间内容的丰富性,校园文化渗透各个角落,小则一句简单的问候标牌,大则一座建筑物,如果我们都把它当作一种重要的管理手段,那么它都会对学生起着潜移默化的引导和控制作用,在管理上起到事半功倍的效果。

我国中小学校园文化空间的建设中,注重对传统文化的挖掘和传承,这是校园文化空间建设中值得肯定的一点,校园文化空间形式上也是多种多样,对中小学的校园文化空间建设的尝试也是很多的。

但现存的校园文化建设一般都很片面,大部分只着眼于本校的实际,没有多少应用性,特别是许多人认为是被动形成的。特别是多年形成的教育模式,不能使学生真正成为实践主体，或者说不能准确定位教师与学生的角色。

忽视多元文化之间的融合及对国外优秀校园文化建设经验的引进和借鉴，成为校园文化空间建设和研究中的一个短板。这一短板使我国的中小学校园文化空间研究视野显得有些狭隘，使得中小学的校园文化空间缺乏创新，相似性极高，学校特色在校园文化中体现不明显。

我们溯源了物理空间、虚拟空间、文化空间的历史，想必你现在会感受到三维空间在学校教育中的强大力量，也明确了三维空间在未来教育中还有发展优化的空间。

第三节　到达：未来学校——重构学习场

长久以来，我们惯性地认为校园空间应该整齐划一，学生的学习行为应该发生在教室里、课堂上。然而，从历史的眼光来看，我们的学习空间也经历了阶段性的演变。从以孔子的"杏坛"讲学为代表的"环境即课堂"模式到工业化时期批量生产的"监狱式"模式，学习空间呈现出随人才培养需要而改变的趋势。显然，传统认识意义上的学习环境：以硬件配备为主的建设理念和标准化、固定式、一成不变的建设模式，已经不能满足学生日益多元的个性化学习需求，制约了学生创新素养的发展。因此，学校的学习空间亟须"变革"与"重构"。

未来的人才需求将越来越趋向能力本位，单纯依靠记忆和同质化的教学难以满足未来人才培养的需求，我国目前小学生学习场的设计与建设，不能完全适应素质教育发展的需要，与发达国家的小学生学习场相比，也有较大差距。

英、美等国在开放式的新型小学生学习场建设方面，虽然已取得了很大的成功，如以多功能开放空间取代长外廊连接普通教室的封闭空间。学习场由以满足"教育"实施为主的空间环境，向以满足"学习"为主的空间环境转变。学校空间环境应生活化、人情化，重视室内外环境及空间气氛及其对学生身心健康及情操形成产生的影响。但是局限于将物理空间、虚拟空间和文化空间割裂发展，没有发挥校园学习场的"场效应"，未能打破绝对空间的垄断，使物理空间、虚拟空间和文化空间独立发展却又互相渗透与影响；未能使教育在不同空间内延续和伸展，形成一张隐形的网；未能使师生无时无刻不在潜移默化的学习与成长。

虽然国内的许多学校也尝试从校园学习场建设入手，对学习场的建设加以改变与创新，但是大部分学校的学习场建设依旧局限于固化的物理场，并未实现以"学习"为主的空间环境的转变，教育的方式得不到有效的补充与协调，使不同的教育空间对立起来。

未来学习场的变革

    历史实践告诉我们，由各个空间简单拼凑形成的学习场是固化的、无意义的，所以，我们需要以未来的眼光重新审视学习场，整体全面地重新定义学习场，重新建构多维小学生学习场的设计理念，做到引进来与走出去相结合，借鉴国际国内学校样本，取其精华，去其糟粕，打造新型的小学生学习场，推动教育对外开放。

    当我们将目光聚集到我们自己的学校——浙江师范大学附属丁蕙实验小学时，我们清楚地知道，别人的经验终究是别人的，我们绝对不能直接践行"拿来主义"，而是要将多维空间重构并进行系统的整合，为我们的孩子打造一方属于他们的独特天地，若想要为小学生学习场的变革献一份力，就必然需要更加大胆地去尝试突破，鼓励创新，补上过往国内外校园学习场创设中的短板，量身定制属于我们的独一无二的学习场。

    浙江师范大学附属丁蕙实验小学遵循"生命·生态·生长"三生办学理念，倡导"以生命为基础，以生态为支撑，以生长为目标"的教育渐进模式，自办学以来，一直致力于三维教育空间的创建与整合，从最初建立开放性教育资源的萌芽期，到智慧校园信息应用全面化的探索期，经历数次的重构与整合，最终形成了无边界课堂形态的三维教育空间。从未来看现在，我校着力建构三维教育空间，将物理空间、虚拟空间、文化空间进行重构与整合，极大地延伸了学校空间的广度与深度，打造适宜师生快乐学习与成长的奇幻世界。

第二章 三维教育空间的实践使命与创新

第一节 三维教育空间的现实探究

在教育空间的演变过程中,学校教育依靠一些物质性的实体例如围墙、教室、课桌、讲台等首先从田野、乡村、天空中脱离出来,使空间在物质的层面不断被凸显出来。信息革命空间的实践性在迁移的过程中又不断地从物质层面脱离,使象征符号系统充斥教育的基本空间,使教育由物质空间逐步向虚拟的新型空间转化。教育空间在历史上的变迁如表2-1所示。

表2-1 教育空间在历史上的变迁

教育形态	时期、背景	教育空间	空间形态	教育形式
非形式化教育	原始社会	大自然	无形	松散的群体教育
制度化教育	近代学习教育的产生和班级授课制的出现	学校、教室	有形	群体化教育
网络化教育	数字革命与信息技术的广泛应用	网络、虚拟空间	虚拟	非群体化教育

随着5G时代的降临,未来已来,对于教育空间的重构,已经迫在眉睫。我们不能用昨天的教育,教育今天的孩子去应付明天。如何让孩子赢得未来?丁蕙实验小学提出重构教育空间这一历史性举措。

一、重构教育空间的现实意义

(一)解析教育空间内涵

教育空间是开放的、多功能的、以多媒体网络为中心的空间。学生在教室里主要进行自主学习、小组讨论、成果展示,教育空间需要灵活可变,突出学习的体验。随着学生自主探究性学习的深入,教育里需要有教学空间、自主学习空间、小组讨论空间、教师工作空间、休息空间、卫生空间、小的实验空间等等,并且这些空间是有不同的个性的。同时随着走班制的开展,未来教室即是教师的办公室,教师可根据学科性质灵活调整教室内家具布置。空间实体、教学参与者、教学媒介(教学目标、手段、内容)和外界的物理条件这些基本元素构成了一个完整稳定的教育空间场所。

(二)改进教育空间结构

早期的教育空间是狭小单一的教学空间,大规模集体授课的教学组织形式对应的是开敞或半开敞的大空间,班级授课形式对应的是固定的班级课堂空间。新的教育空间的出现总是伴随着教学结构的变化,教学结构在一定程度上体现了相应社会发展阶段教学参与者的关系、地位、价值和社会认知。教育空间的演化过程实质上是由非形式化教育到形式化教育,再对其进行颠覆的演化过程。教育空间的解读和意愿进行改造和调整的,改造和调整的范围可以涵盖教育空间的所有构成元素,在调整和改造优化的过程中,教育空间自身不断发生改变,不断生成新的形式和组织结构。

(三)拓展教育空间范畴

教育空间所处的物理空间都是可被感知的有形实体,不论是室外的操场,还是一幢开放的教学楼,或是一间教室,其位置、形状、大小、范围都有具体的参数,同时教学时段的时间和空间内的物质排序都相对稳定和固定。教育活动根据教学的需求,不一定局限在固定的教室中,可以拓展到室外的某些空间,也可以将附近的其余空间纳入教学空间中来。教学媒介也可以根据教师、学生自身状态进行调整,改变教学方法,增减教学内容,将集体授课的教学组织方式临时调整为小组讨论,在课堂中增加教学目标以外的内容,在单纯的传授课业知识的同时重视学生性格和其他能力的塑造等。心理上,活动参与者的情感体验不局限在教学空间之内,不受空间和时间的限制,根据实际的情况可以灵活调整,实现空间的优化整合。

二、何谓三维教育空间

(一)三维教育空间概念界定

把学校的教育空间分为三个维度,是我校经过多年教育实践做出的新判断:三维教育空间由物理空间、虚拟空间和文化空间三个维度立体构成,在教育中开展和实践,它具有物质性、社会性、表征性。三维教育空间的内涵源于学校空间和教育环境,但又高于两者之和。三维教育空间不只容纳学校、学科、教师、设施等实质元素,也包括教育理念、教育方法、教育活动、教育目标等虚拟元素。另外,三维教育空间还具有自我构建、自我规划和自我发展的想象和目标元素。在这一空间里,建设者可以充分想象其中应该具备何种元素,必须具备何种元素,已经具备何种元素,还需补充何种元素,等等类似问题,从而使教育空间更加完善,更具价值。

尼尔(A.S.Nell)认为:"学校应当适应学生,而非学生适应学校。"在构建合理优秀的教学空间的过程中,师生的心理行为会受到多种因素的影响,既要考虑到室内空间的物理环境(材质、装饰、色彩)、布局模式、空间尺度,同时还要考虑到不同年龄层次人群对空间设计的适应性。所以,我校的探索具有极大的创新性:在"三维教育空间"指导下整体上营造、设计和开发有育人功能的物理空间、虚拟空间、文化空间,并引导学生接触、感知和理解空间中渗透的信息,促进学生核心素养的发展。

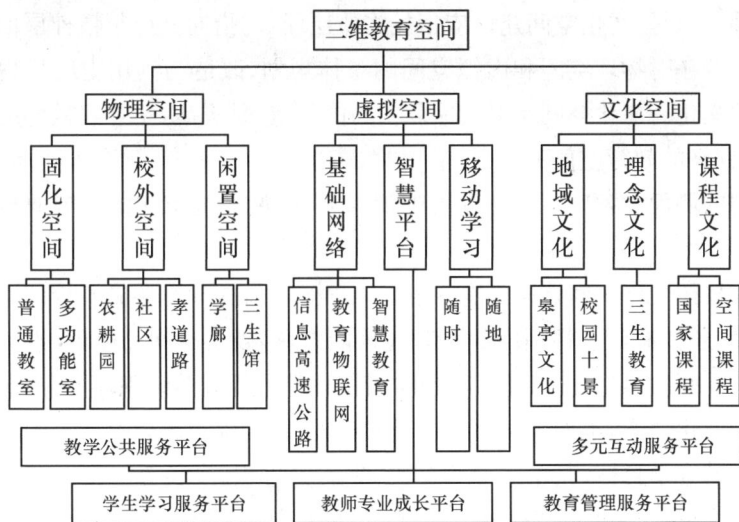

图 2-1 三维教育空间划分

1. 物理空间

物理空间是我们肉眼看到的固化的空间,这些空间是固定的,无法移动,无法轻易变更位置,因为校园通常是由政府或者个人承办,在固定的位置建设而成,校园空间是受约束的。一般情况下,我们认为的学校物理空间包括固化空间、校园闲置空间、校外活动空间,其中固化空间包括普通教室、专用教室办公室、会议室、体育馆、报告厅、厕所等,闲置空间包括校园走廊及其他可利用而不限定功能的空间区块,校外空间则包括学生校外活动的场馆、社区等。

我校校园物理空间建设是校园空间建设的基础环节,丁蕙实验小学在"生命·生态·生长"的三生教育理念引领下打造独具特色的学校物理空间。学校实施了固化空间建设、校园闲置空间建设及校外空间建设三大建设。丁蕙实验小学的物理空间建设思路遵循一个字"乱",在"乱"中体现个性,从"乱"中自由成长。在物理空间的建设中,学校打破了原有的功能固化的传统空间,教室不是四面围墙的"硬环境",而是能生长的"软环境",室内软面墙体,室外长廊连体,说是教室,不如说是能学、能乐、能栖的生活休闲之处,让教室变得更有温度。通过环境帮助学习、联结师生、沟通家校,将丁蕙实验小学的物理空间真正打造成孩子们梦想的学园,将固化的物理空间发挥最大价值,将有限的固定空间拓展无限力量。

2. 文化空间

文化空间包括很多方面,比如理念文化、课程文化、校园文化、地域文化、制度文化等。但是,文化空间建设应依托物质层面,而指向的应是精神层面。文化空间是学校在对物理空间和虚拟空间的整体规划、改造与利用中所呈现出的一种独特的文化。文化空间是对校园软实力的打造,是灵魂,主导着教育的发展方向;积极良好的教育空间有着导向、凝聚、陶冶、激发、美育、德育等功能,它们分别从不同的侧面对学生的身心发展施加影响,通过促进个体的发展而显示出自身的独特性。

我校校园文化空间建设具有渗透性,就像磁场,深深地感染着校园中的草木和师生;它还具有延展性,扎根校园,蔓延四野,打破了空间的藩篱,因此文化空间是超越空间的,是无边界的。学校本着依山傍水的天然地理环境,本着文人墨客遗留的文化遗产,本着为学生的终身幸福的目标,提出了以"生命、生态、生长"作为学校的办学目标,其中生命为基础,生态为过程,生长为目标。"三生理念"是学校"文化空间"建设的根,衍生出了"值周校长"这样的"人人做校长"的管理制度;把本土的皋亭文化搬到学校里,让学校的每栋楼、每个景点都有一个地方故事,也让悠久的茶祖文化、延续几千年的孝廉文化都在学校传授流传。

3. 虚拟空间

虚拟空间基于全球网络化由人、机器、信息员之间互相联结而构成的一种新型社会生活和交往的空间。

虚拟空间,在丁蕙实验小学指的就是网络空间。丁蕙实验小学这两年通过打造智慧学校建设网络空间获得了种种荣誉,例如杭州市首批智慧化学校,浙江省智慧化实验学校,全国智慧教育示范校。我校提供了"三要素"和"五平台",积极推动智慧化教育学校的发展。丁蕙实验小学自身在网络空间的投入也是毫不吝啬。网络管理平台,教师研训平台、云超市课程,大数据实验室,智慧教室等等各种前沿网络技术设备的引进保障着学校在网络空间上的极速迈进。信息高速支撑下的全新学习环境,已改变了学习和教学过程。信息化学习系统硬件的改善,对改变教师教学方式和教学改革尝试提供了好的基础环境。而信息化学习系统的建设,要让优质教育资源为其保驾护航,同时努力开发特色资源。我校借助浙师大和江干区教育局的东风,全力把该系统打造成内容丰富、方便好用的教育云平台,为教会学生知识、培养学生能力提供科学的方法,并在智慧校园建设中发挥重要的作用。

三大空间的功能各不相同。物理空间为教育的展开提供必要的场所和设施条件。虚拟空间是技术保障,让学生和老师深度集成整合各种教育资源、系统、服务,按需向各个学科提供智能化服务。社会(文化)空间是关键,是教育由理论向实践转化的桥梁。这三类空间的划分也不是绝对的,它们是相互依存和转化的。积极良好的教育空间有着导向、凝聚、陶冶、激发、美育、德育等功能,如果我们有意识地利用好深化课程改革提供的有利条件,建设好三大空间,就能从不同的侧面提升学生的身心素养。

(二)三维教育空间:多维学习场的整合

学校为了提升小学生核心素养而建立的三维教育空间,它以实体性博物馆为载体,以智能化虚拟网络场为延伸,以育人文化场为指向,开发和实施适应学生多维发展的博物馆特色学习项目,进而转变学生学习方式,发展学生的核心素养。包括科技博览馆、情意生长馆、生命体验馆、自然生态馆、童心蕙园、初心学院在内的实体性博物馆,打造智能化虚拟网络场,营造育人文化场;进行学习整合,通过博物馆特色学习项目的开发、实施和评价,转变学生学习方式,发展学生素养,培育"思本源·致良知·应时需"的蕙美少年;进行全方位协同组织与管理,搭建多维选择平台,进行教育功能拓展。基于此,学校进行三维教育空间的创建与运行研究,发展学生,将学校打造成一所富有文化底蕴的"未来学校"。

(三)三维教育空间的关系:独立与统一

1. 三维教育空间的独立性

三种教育空间的不同形式构成了不同阶段特有的教育形态与教育体系,空

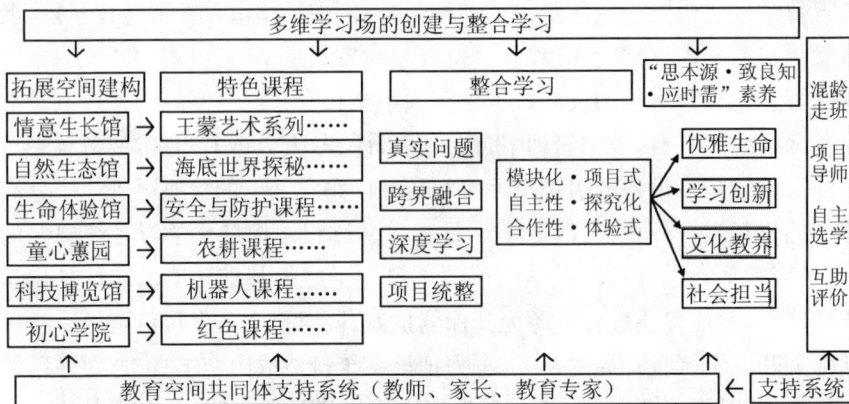

图 2-2　多维学习场设计架构图

间与空间的相互介入和干扰使人的生活逐渐徘徊在"混合空间"之中,异质空间不但可以相互转化、加强或削弱,一种主导的空间还可以征服其他空间,并从内部对这一空间进行重构。在教育的每个阶段,依据社会发展的进程,都有一个占主导地位的空间,此空间是该阶段教育的"绝对空间"。例如,在制度化的空间里,权利符号充斥着教育空间的每个角落,教育专指学校的教育,它在本能上排斥教育在其他空间内非形式化教育的生长,这使得教育只具有了一种单一的导入方式,就只能在有限的空间如学校、教室内完成教育狭义化的活动。由此,教育的空间就成为禁锢人思想与行为的载体,教育的方式得不到有效的补充与协调,使不同的教育空间对立起来。因此丁蕙实验小学使多重空间、多种教育形式形成合力,打破绝对空间的垄断,使物理空间、虚拟空间和文化空间互相渗透与影响,打造三维教育空间,使教育能够在不同空间内延续和伸展,形成一张隐形的网,使师生无时无刻不在潜移默化地学习与成长。

2. 三维教育空间的统一性

丁蕙实验小学三种教育空间可以在形式上并存、相互融合,使教育空间处于一种混合的空间之中,空间的选择依据教育的需要而确定,以提高教育的效率。每个阶段都有一个主导的空间起着决定性的作用,但它不是对于其他空间的征服与侵略,而是相互补充和融合,充分发挥每个空间的积极影响,使教育在自由的空间内不断完善自身。例如,在信息化的时代,虚拟空间与物理空间之间可以是无界限的,现实空间能够与虚拟空间融合为一体,而实际情况是物理空间、虚拟空间、文化空间与信息表征、现实存在与虚拟建构之间的交互联系更加紧密,界限渐趋模糊。因此,当物质与信息、现实与虚拟、物理空间与虚拟空间已经如同一枚硬币的两面时,抽象地争论孰轻孰重是无意义的。由此,教育的发展不是空间之间的争论,我们探讨不同空间的意义,也不是对于其他空间的否定或倡导空间的独立。一种空间可以带动其他空间为教育创造更大的价值,实现更人性化的活动。因此丁蕙实验小学的三维教育空间又是统一的。教育是一项关注人生命发展的活动,凡是能够关注人、形成人、发展人、为人的教育空间都是教育赖以生存的环境,同样,教育也只有在自由的空间、优化的空间、合作的空间内,才能使自身快速、健康、和谐地发展,丁蕙小学三维教育空间的关系是看似独立,实则是统一的。

一所学校创新的空间设计,会成为学生自由成长的"生命场"。我们盼着,让校园成为那个孩子最爱的地方,这里不仅是学生学习、做作业、上课的空间,而且是孩子觉得好玩有趣的,充满学生味的,生态的,有生命力的环境。教育空间创新是学校的神圣使命,教育空间创新永无止境,我们行走在路上。

第二节　三维教育空间的定位与特殊使命

一、三维教育空间的理念与原则

(一)基本理念

1. 智慧融通

互融互通关系到一所学校的发展,融通是一种开放合作的理念。丁蕙智慧校园的融通表现在以下几个方面:

(1)智慧平台的融通

学校的智慧平台体系分为教育公共管理服务平台、教师专业成长系统平台和学生学习公共服务平台,三大平台之间交互融通,你中有我,我中有你,共同服务于学校的教育工作。

(2)智慧资源的融通

丁蕙实验小学作为浙师大在杭城的第一所附属学校,作为信息化龙头中国电信公司着力打造的智慧试点学校,作为"丁兰智慧小镇"的重点建设项目,作为江干区智慧教育试点学校,有效地利用了浙师大的师资、电信的技术和政府的政策倾斜,借各方力量助长自身发展。

2. 创新开拓

智慧校园的建设是对国家信息化教育的有力回应,创新是信息化的使命,只

有不断创新,才能紧随信息化教育的步伐。丁蕙实验小学的智慧创新表现在如下几个方面:

(1)智慧物联

智慧物联打破了以往同类之间的联系,实现了跨界联动。开放课堂和透明食堂,透过手机翼校通平台,实现了家校之间的新式沟通;固定资产管理借助当今盛行的二维码,轻轻松松一扫,进行自助登记。

(2)智慧安全体系

每一个产品的推出总会有一定的时限,丁蕙实验小学不止步于当前的成绩,而是坚持创新。如推出的二代电子校徽,加大了学生的安全系数;不断扩大完善智慧体系,不断更新现有的智慧体系性能,都是对创新开拓的遵循。

3. 个性培养

智慧校园建设就是为了最大限度地实现学生的自由个性的成长。丁蕙坚持"三生教育"理念,实施"分层指导,分类教学,分组合作"的三分教学理念,这是对"以生为本"精神的真正落实。但是个性化培养工作实施复杂,需要强大的条件保障。网络教学为个性化培养提供了可能。

(1)选择资源

开通了云端资源库和交流互动平台后,丰富的学习资源和开放式的学习空间,激发学生的学习兴趣,满足自主学习的需求,同时也充分地照顾了学生的差异性。

(2)体验知识

已经建成的"智慧生态馆",让学生可以近距离地接触农田、森林、荒漠、湿地和溶洞等自然资源,通过切身体验,学习知识,培养情感;已建成的"孝义体验馆",将新二十四孝标准进行电子录制,学生通过自己的实际情况,为自己的行为打分评判。

(3)自我参与

已经建成的远程录播教室,打破了空间的局限性,让遥远的优质资源近在咫尺,为学生所用,助其成长;同时也为"翻转课堂""慕课""微课制作"等新鲜的教育事物的接触和制作提供了可能,让学生亲身参与,感受教育的先进性。

(4)个性化评价

由于个体差异,学生在自主学习项目的选择和知识能力掌握程度方面都会出现差异,这就为老师的评价增加了难度,难以量化考核,而网上评价系统通过科学的折算,自动打分统计,有效地解决了这一难题。

(二)主要原则

学校建造三维教育空间,做"三生教育",创智慧型未来学校,在丰富多彩的活动中坚持培养学生良好的习惯。同时,学校充分考虑学生全面发展的需要,提升学生对生命的珍惜敬畏和自我防护的能力,促进学生身心的健康发展;培养学生大方、自然的言语表达能力,让其感知历史文化的变迁,传承优良的品质;培养学生发现美、体悟美和创造美的本领;传递孝行廉洁的公民意识,培养学生健全的人格素养;拨动好奇之心,培植探究意识,培养动手能力。基于此,学校以培育"思本源·致良知·应时需"的蕙美少年为目标,即培育具备"优雅生命、学习创新、文化教养、社会担当"品质的少年,并以此为操作原则进行三维教育空间的创建和整合学习。

1. 基础性原则

课程设置面向全体学生,尤其重点考虑学生的实际认知情况,以基础性知识保障每个学生的发展,适合每个学生的成长,促进每个学生的进步。因此,毫不放松基础性课程的开展,并且保质保量,以确保能在基础教育阶段为学生的发展奠定坚实的基础。

2. 选择性原则

课程内容面向全体学生,在保证所有学生完成小学阶段必需的学习任务的基础上,又为适应学生天赋和需求提供多种选择,打造多种平台,采取多样形式,开辟家校联动渠道。做到"人人有特长,人人能成长",努力满足每一个学生的发展需要。

3. 综合性原则

课程设计突出课程设置的前瞻性、综合性和创新性。做到"三个有机结合",即"国家课程、地方课程和学校课程有机结合""德育、智育、体育、艺术教育有机结合""国际教育、现代化教育和民族传统教育有机结合"。加强拓展课程与基础课程的对接、沟通与融合,进行不同领域课程的综合融通,探索不同课程间的结构整合,发挥课程综合效应和整体效应。

4. 实践性原则

在教学中教师设计以实践、探究、发现为主要目标的实践作业,学生在实际操作过程中,综合应用本学科与其他学科知识,培养学生综合实践能力。学生可以从多媒体和网络等途径了解或解决这些现实生活中的问题,通过动手操作、感受体验和亲自调查等实践活动,然后用调查报告、小论文等方式来论证或表达自已的观点。总之,实践性原则强调的是实践操作,让学生从"做中学",突出综合性和开放性等特点。

5. 创造性原则

学生作为成长中的个体,能力发展的基本趋势总是由简单到复杂,从具体到抽象。学生在整个学习过程中所表现出来的好奇心和想象力,那种独立操作的能力,那种获得和运用新知识、新本领时呈现的智慧能动性,能够独立感受事物、独立分析问题、独立解决问题所表现出来的创造欲望,正是学生创造性能力的萌芽和基础。学生学习过程中,教师要注重引导他们运用新获得的知识去解决各种实际问题,以提高学生分析问题和解决问题的能力。充分调动学生的学习积极性和主动性,引导他们独立思考,积极探索,生动活泼地学习,自觉地掌握科学知识和各方面的生活技能,培养学生的创新创造能力,促进学生综合运用知识的能力,从而达到"第三次学习"的目的。

二、三维教育空间的定位

(一)三维教育空间建设定位:自由学习、自主选择、发展素养

人本主义心理学大师卡尔·罗杰斯提出:"理想的学校教育,就是为学生创造自由学习的环境,让学生能够自由地学习。"校园应该提供一种学生与教师在学习活动中建立起来的和谐氛围,让学生可以自由、自主学习,并且获得发展。

学校在"思本源·致良知·应时需"教育理念的引领下,进行三维教育空间的规划和构建。以发展学生素养为第一要义,通过特色场馆的打造和特色项目的学习,学生在知识、品质、能力、个性等方面得到和谐、全面、可持续的发展,使三维教育空间成为培养学生"思本源·致良知·应时需"素养的学习项目基地、探究场所和文化客厅;基于学生的自主选择,学生的学习发生于三维教育空间的探索之中,自主选择学习项目与学习方式,并在与环境的交互中得到信息反馈,自主调整自己的学习行为,进而获得领悟;基于学生的自由学习,营造一种开放而有序,民主而自由的学习氛围,尊重学习主体,注重学生体验,发展学生个性。

(二)三维教育空间的结构布局:一馆两场、互为协调、动态融合

学校以构建实体性博物馆为物理基础,在此基础上打造智能化虚拟网络场,有效拓展有限的实体性空间,最后以育人文化场为指向,通过博物馆特色学习项目的开发和实施,培育"思本源·致良知·应时需"的蕙美少年。基于此,学校创建和整合多维学习场,将学校打造成一个富有文化底蕴的"三维教育空间"。

一馆两场的功能各不相同,实体性博物馆为教育的展开提供必要的场所和设施条件。智能化虚拟网络场是技术保障和有效延伸,深度集成整合各种教育资源、系统、服务,按需向各个学科提供智能化服务,并有效拓展博物馆功能。育人文化场是关键,是教育由理论向实践转化的桥梁。

一馆两场的界限也不是绝对的,它们是相互依存和转化的,是动态的一种相融合关系。它们分别从不同方面提升学生的身心素养,通过促进个体的发展而显示出自身的独特性。

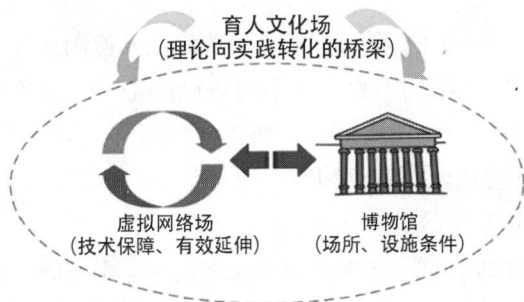

图 2-3　三维教育空间的有机转换

三、重构三维教育空间的特殊使命

(一)基于国家民族的立场——立德树人

《教育部关于全面深化课程改革,落实立德树人根本任务的意见》指出,当下教育与立德树人的要求还存在一定差距,主要表现在:重智轻德,单纯追求分数和升学率,学生的社会责任感、创新精神和实践能力较为薄弱;以往的教育太注重显性的成效,如考试成绩、掌握多少知识、能力等而忽略了关乎一生的重要的隐性如品德、习惯、礼仪等。三维教育空间的实施就是基于"社会担当"传递孝行廉洁的公民意识,培养学生健全的人格素养。实施促进学生身心健康、全面发展的长效机制,真正把立德树人要求落实到校园每一个空间中。

(二)基于社会发展的立场——知识更新

经济全球化深入发展,信息网络技术突飞猛进,各种思想文化交流交融交锋更加频繁,学生成长环境发生着深刻的变化,时代和社会发展需要进一步提高国民的综合素质,培养创新型人才。让学生走出狭隘的教室,为学生的自主探究和实践开辟大量空间,在研究中培养学生的探究和创新精神。开发和利用"三维教育空间"就是为培养学生的创新实践能力寻找合适的基地。

改革育人模式因材施教,结合学校的地域文化和校本资源,开发与实施具有活力的校本课程,最大限度地发挥课程的整体功能,提升学校办学品位,推进素质教育全面深入开展。以学校精品社团为载体,通过孝廉、生态、武术、足球、舞蹈、管乐等特色项目,促进学生个性发展。普及和个性教育双轨并进,提升学生的核心素养,培养他们的品格和能力,以适应社会发展的需要。

(三)基于儿童成长的立场——因为童年

当学习成为一件痛苦的事情,我们有必要思考其原因所在,让每个孩子拥有快乐的童年,让孩子学会选择,培养他们对自己决定的事情负责的态度,做自己喜欢的事情,促进其社会化发展。而三维教育空间学习场就是让孩子的童年变得丰富多彩的一条途径,让孩子离开狭小封闭的教室,选择自己喜欢的场馆、活动项目,提供了快乐童年的活动场所。

在"三生"理念的指引下,学校致力于让学生享受幸福的教育,结合学生发展的特点,提升丁蕙学子"优雅生命""自由思想""责任担当""文化教养""品质创新"这五大核心素养,以及适应终身发展的品格与能力。保护和培养每一名学生的学习兴趣,充分调动每一名学生的学习积极性,开发和培育每一名学生的学习潜能和特长,让每一名学生愉快学习、幸福成长。

(四)基于教师发展的立场——培养"一专多能型"教师的需要

信息技术的变革对教育的教法学法等带来一系列冲击,当前的教师已由"单科型"教师向"一专多能型"教师,"教书匠型"教师向"学习型""专家型"教师转变,三维教育空间的开发,为教师提供研究的平台,为教师向"一专多能型"转变提供可能,教师自主申报研究项目,开发项目,从接受者和传递者向开发者和创造者转变。

三维教育空间就是重构适宜学生学习的场域,集中了尽可能丰富的教育资源,让孩子们触手可及,乐在其中,随时可以展开各种学习和研究,对学生进行实践能力的培养。我校开展"院校、校际、组内"多维合作,开拓教师的科研视野,引导教师树立"课堂、课程、课题"融通意识。借助浙师大的科研团队和平台,通过教学专题论文评比、年度课题评审、普教教研课题成果评比等活动推广学校科研成果,展示教师的科研实力。将从目前学校空间建设现状以及与教育结合情况着手,力图构建一个更适宜学生发展的"场",并以此为基点,开发"场"资源,建设特色课程,使学生快乐成长,同时通过特色课程的设计,培养"一专多能型"教师。

第三节　三维教育空间的顶层设计

一、三维教育空间的探索历程

(一)萌芽期:建立开放性教育资源

2014年,学校遵循"生命、生态、生长"三生办学理念,倡导"以生命为基础,以生态为支撑,以生长为目标"的教育渐进模式,统筹学校的各项建设。积极寻求国际教育资源,倡导教育的公平性,创造适合学生核心素养提升的智慧课堂;并因地制宜,开发独具地方特色的校本德育课程,传播丁兰"孝文化",挖掘"山樵艺术"魅力,将人文和艺术播撒在校园里,沁润在学生心中,通过校园十景、三生特色场馆、走廊文化墙等建成体验式的空间文化站;积极联系社区服务中心,结合区域内的"红十字会""孝文化馆""班荆馆"等资源,由无边界的教师团队推动区域联动的无边界教育。通过联通高级资源教室,对接特殊教育基地,为学生的心理健康铸造一道坚实的防护墙。利用"电子校徽""开放课堂""透明食堂""巡更系统""云端家校"等先进设备不断探索智慧校园建设的途径,力求在教学、科研、管理等方面实现智能化。

智慧生态馆以"一馆一世界——追回失落的完美生态"为建设理念,以构建新型生态环境、生态校园、生态课程、生态教学等为切入点,再现了生命的起源和进化。智慧生态馆集生态教育、科技体验、学生活动于一体,呈现了各种绮丽的地球生态环境和各种奇幻的科技奥秘,包含森林寻踪、地底探秘、湿地沐雨、平沙落日、田园踏青五大体验区。所有场馆既可作为学校的科普实践基地,开展各类科普、教学等综合实践活动和雏鹰假日小队及社团活动,也将成为杭州市的第二课堂实践基地。

(二)探索期:智慧校园信息应用的全面化

学校根据所处的地域文化以及现有的智慧教学设施、场馆资源,结合现阶段学生的发展需求,通过整合教学资源,在五大领域之下开发了五大特色课程,分别是"生命教育""文化蕴养""蕙美听赏""三色生活""科技创新"。每个领域下的主题特色课程又根据年龄段的不同有更为细致的课程安排。通过引进"TEAM Model"教学平台、大数据实验室等设备,形成智慧化的课堂教学模式,实现智慧教育的理想。充分利用"信息高速公路""教育物联网""TEAM Model"智慧教育软件等信息技术手段打造智慧课堂。将"TEAM Model"电子书包学习系统下的群组教学和 IES 系统进行整合,在课堂上即问即答、实时反馈、及时诊断,形成 TEAM Model 之教学、评量、诊断和补救等四大 e 化服务下的智慧课堂模式,提高教育教学质量。

(三)完善期:无边界的课堂形态

丁蕙实验小学的远距智慧课堂实现了两地、多地进行同课、同师、同时的课堂教学,共享了教育资源,拉近了时空距离。丁蕙的远距智慧课堂将"生生互动""师生互动""地域互动""线上家校互动"和"文化互动"融为一体,在远距课堂上,两地学生都能直观地看到课件、板书,并参与到课堂互动中来,智慧互联的各地老师也能实时观看并进行评课,而整个执教过程也被录播投放到网站上,家长也能在线上互动点评。丁蕙现已与美国、澳大利亚、乌克兰等六国建立国际教育友好关系,与中国的香港、台湾、西藏等地名校建立结对学校,与中国中科院、中国教育学会、中国海洋学会、浙江省艺术教育协会、中国杭州青少年低碳科技馆等12 家省市级教科研单位结为共建单位,并与国内的香港、成都、新疆,以及国外的新加坡等多地结为远距联盟,远距联盟在不断地扩大。

二、三维教育空间的理论架构

(一)三维教育空间培养目标

以三维教育空间为基地,重构学生的学习场,聚化特色场馆,开发实践课程,课程突破传统,学习方式革新,教师互相学习,团队研究合作,努力打造学生喜爱的空间,创造探究和谐的学习场。顶层设计如图 2-4 所示:

丁蕙实验小学要培养的学生,应该具有什么样的核心素养呢?对这个问题的探索,对一所新学校而言是一个痛苦的生长过程。托尔斯泰说:"正确道路是这样的:吸取你前辈所做的一切,然后再往前走。"于是,教师们首先学习各国先进的理念。

联合国教科文组织 2003 年提出"核心素养"和"五大支柱"。核心素养的培育需要终身学习,终身学习也需要核心素养。终身学习的五大支柱即素养彼此关联,同时涉及生命全程与各种生活领域:学会求知(learning to know),包括学会如何学习,提升专注力、记忆力和思考力;学会做事(learning to do),包括职业技能、社会行为、团队合作和创新进取、冒险精神;学会共处(learning to live

物理空间　　虚拟空间

文化空间

学习场重构、聚化

基于学生素养：优雅生命　品质创新　文化素养　社会担当

生命体验馆　　智慧生态馆　　情意生长馆　　童心农耕馆

学习方式

学习支持

自然灾害体验馆
红十字会急救站
心灵驿站

森林寻踪站
地底探秘站
湿地沐雨站
平沙落日站
田园踏春站

动漫科技站
王蒙艺术站
孝廉文化站

亲子种植站
动物共生站
茶祖园

导师聘任制

快乐星期五

操作手册

生命体验课程群　　智慧生态课程群　　情意生长课程群　　童心农耕课程群

智慧学能系统

消防安全　紧急救护　8门

生物大世界　地貌知二　8门

揭秘宇宙　机器人编程　8门

二十四节气课　农耕细作　8门

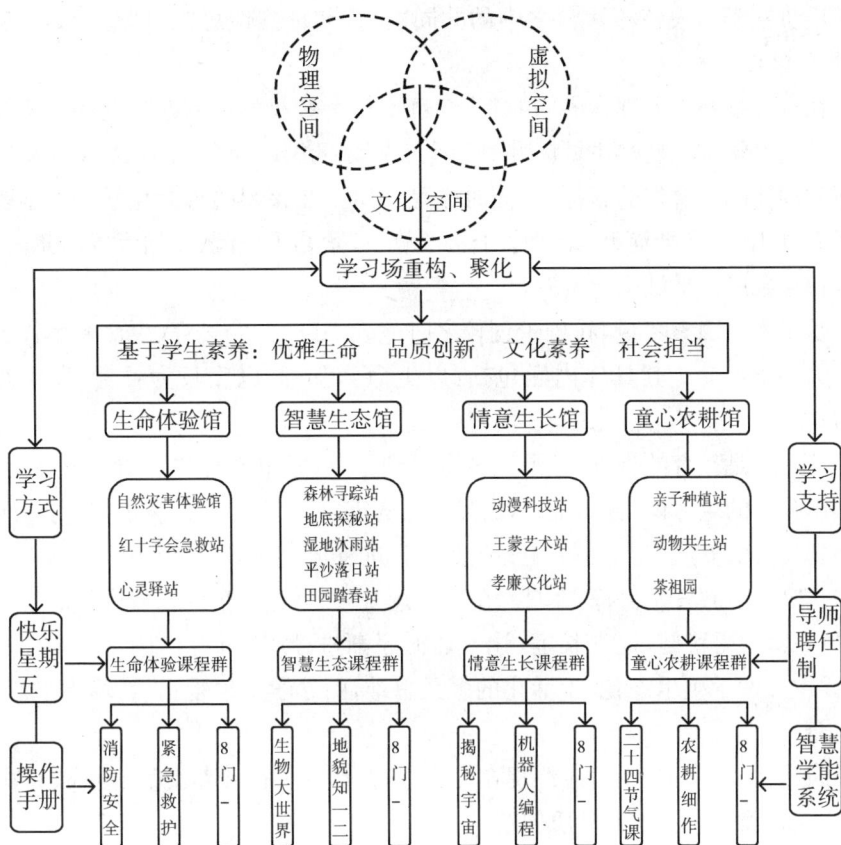

图 2-4　三维教育空间重构实施图

together)，包括认识自己和他人的能力、同理心和实现共同目标的能力；学会发展(learning to be)，包括促进自我实现、丰富人格特质、多样化表达能力和责任承诺；学会改变(learning to change)，包括接受改变、适应改变、积极改变和引导改变。

2005 年经合组织提出的三种关键能力：第一类是学习与创新素养，包括批判性思考和解决问题的能力、沟通与协作的能力、创造与革新的能力；第二类为数字化素养，包括信息素养、媒体素养、信息与通信技术素养(ICT 素养)；第三类为职业和生活技能，包括灵活性与适应能力、主动性与自我导向、社交与跨文化交流能力、高效的生产力、责任感、领导力等。

2005 年欧盟发表的《终身学习核心素养：欧洲参考架构》正式提出终身学习的八大核心素养：母语沟通，外语沟通，数学能力及基本科技能力，数位能力，学会如何学习，人际、跨文化与社会能力及公民能力，创业家精神和文化表达。同时提出贯穿于八大核心素养之中的共同能力,如批判性思维、创造力等。这是21世纪核心素养。

在学习核心素养理念的同时,我们也不仅思考起学校的办学优势。我校是浙江师范大学进驻杭州主城区并参与全面规划的第一所附属小学,是江干区教育新共同体院校合作的新标杆,同时也是一所正在兴起的智慧化学校。学校坐落于皋亭山脚、上塘河畔,地处孝子丁兰故乡,紧邻千桃园、龙居寺等风景名胜,具有得天独厚的地域文化资源。

基于多方因素考量,我校于创校之时就确立以"三生教育(生命·生长·生态)"为办学理念。其具体内涵包括:以生命为基础,以生长为目标,以生态为支撑。

"生命"是教育的基础,意图让教育回到原点,重申教育的本质,让教育首先聚焦于孩子的生命体,直面生命,满足生命的需要,完善生命的发展,让每一个生命得到妥善的安放,让每一个生命得到尽情的释放,也让每一个生命得到内在的升华。"生长"教育是目标,在自然生长理念统领下,让学生在自然成长的阶梯上走得踏实,走得稳健,走得长远,让一切循序渐进,顺势而为。"生态"教育是支撑,旨在开发学生生态化、生活化的多元思维,引导学生珍爱自然、珍惜生活、珍爱生命。

因此在2014年,我们最终提出了丁蕙学生的核心素养:优雅生命、自由思想、文化教养、社会担当、品质创新。

优雅生命:观照学生对生命的珍惜敬畏,促进学生身心的健康发展,提升学生生命维护的应急能力。

自由思想:培养学生大方、自然、流畅的言语表达能力,感知历史文化的变迁,传承优良的品质。

文化教养:培养学生发现美、体悟美和创造美的本领。

社会担当:传递孝行廉洁的公民意识,培养学生健全的人格素养。

品质创新:拨动好奇之心,培植探究意识,培养动手能力。

(二)三维教育空间学习过程

在三维教育空间中,学生学习样态转型,从单一课堂知识学习转向多元体验学习,从被动接受型转向自主探究型的个性化学习,使学习富有生命活力。学生学习自主性得到发展,体验感知和创新能力得到了切实的提高。借助以下四点学习方式,以"真实问题·跨界融合·深度学习·项目统整"为定位,以"一馆两场·互为协调·动态融合"为布局,构筑了一个独一无二的"三维教育空间"。

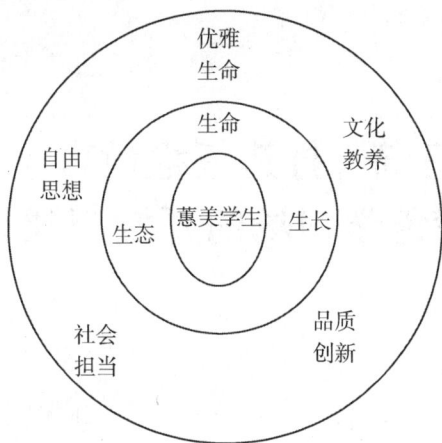

图 2-5　丁蕙学生的核心素养

（1）真实问题：真实问题是指营造真实问题的情境，使问题从教科书中走出来，走向教学实际，走向生活实际，让学生解决真实的问题。

（2）跨界融合：跨界融合指将语文、数学、科学、信息等学科进行全面融合与实践，将知识与技能相结合，通过项目式学习来培养学生的各项能力。

（3）深度学习：深度学习指通过营造真实的学习环境，促进学生进行有效学习，从而使学生通过对知识的深层理解和加工，实现知识的迁移和学习情境中复杂问题的解决。

（4）项目统整：项目统整是以学生为中心，在一定的时间内让学生选择、计划、提出一个项目构思，通过多种形式解决实际问题，有效提高学生实际思考和解决问题的能力。

学校在统筹三维教育空间时，尊重学生的发展需求，使三维教育空间的内容和形式与课程体系相适应，让三维教育空间成为培养学生"思本源·致良知·应时需"素养的课程基地、探究场所和文化客厅。学校在进行三维教育空间规划设计时，挖掘可利用资源，充分考虑美学、环境心理学等因素，进行空间配置和造型设计，延伸学习空间，开发个性化的特色场馆：科技博览馆、情意生长馆、生命体验馆、自然生态馆、初心学馆、童心蕙园。三维教育空间集展示与互动、参观与体验、传统与现代、科学与艺术于一体，并立足于学生熟悉的日常生活，创设以体验为中心的活动平台，营造互动环境，让学生在特色场馆里自由参与、主动体验、积极互动，从而激发其学习兴趣，触发其学习动机，开发其学习潜能，散发其学习思维。

第三章　打造三维教育空间：
特色学习场的开发与建设

随着课程教学改革的深化，全面实施以德育为核心、以创新精神和实践能力为重点的素质教育，已经成为广大教育工作者的共识，人们越来越重视学生学习的主动性、积极性和协作性，认为教学应重点关注学生积极主动地构建知识。同时，随着教育信息化水平的提高、知识获取渠道的增多、学生行为模式的改变、教师和学生角色的转变等，学校教育面临新的机遇与挑战，传统学校空间的局限难以适应现在及未来学生的特点以及教师教学方式的改革，学习空间的设计必须做出改变，新学习空间的重构便是一个有效的切入点。丁蕙实验小学试图通过教学环境与空间的变革，促使教师的"教"与学生的"学"发生根本性变化。

学校空间是教育活动赖以发生的基础，学校空间变革是学校变革的重要组成部分。安全的、生态的、开放的、智能的学校教育空间不仅有利于学校教育的发展，也有利于学校师生的身心健康，对文化的传承和文明的延续也能发挥一定作用。路易斯·康认为："学校是一处适于学习的空间环境。"[1]"N 对 N"的互动式多向方式正成为新的空间设计方向。

为此，我校从学生的核心素养出发，着力打造三维教育空间，从物理空间、虚拟空间和文化空间延伸空间广度，重构适宜学生学习的场域，最大限度地释放教育能量，创建空间教育新范式，满足生命个体的发展需求。

我校从三维教育空间尽可能集中丰富的教育资源，从学生现状以及其与三维教育空间的结合情况着手，力图将三维教育空间的存在最大利益化，延伸和扩展原有"学习场"，为学生建设多层次、群落式特色学习场，使"场""场"组合叠加，发挥最大价值。同时根据场资源的特色，开发符合学生的特色项目，激发学生的兴趣，发展学生的探究精神、动手能力、创新意识、信息技术能力以及良好的个性

---

① 余治富.中小学校园景观设计的自然生态研究[D].重庆:重庆大学艺术学院,2010:25.

品质等综合素养,使学生快乐成长,并挖掘教师的潜能,培养一专多能型教师,以引导师生教与学的变革,让学习和探索可以发生在任何地方。

第一节　物理空间

一、物理空间的打造——总体设计

大多数传统教室都有位于前方的讲台、行列式桌椅布局、清晰的前后方向之分等特征。这种环境凸显了教师的地位,而这样传统"满堂灌"的教学模式必须做出改变,与之相对应的"启发—互动"式教学模式应运而生。为了营造一种"学习无处不在,学习无时不有"的氛围,丁蕙实验小学在先进教育理念主导下重构有别于传统教室的新型物理空间。

物理空间的建设与探索突破了传统教学场所"教室"的局限和束缚,给学生提供了与以往教室大不一样的、开放的学习空间,也为学生学习时间上的开放性提供了可能,突出了以学生为主体的设计理念。物理空间的重构一是指向学习方式的根本变革。学习方式变革的显著标志是从以教为中心转向以学为中心。以学为中心需要根据学生自主学习需要,把实体的建筑变成学生探究、合作、展示、交流的空间。二是指向让学习在不同场景下发生。如今,项目式学习、现象式教学、STEM教育等越来越引起人们的高度重视,这是未来教育的一个方向。丁蕙实验小学充分利用学校资源,在校内建立了极具特色的学习中心群、生活广场、社会窗口等;在校外开辟各类拓展性活动基地,提供不同的学习空间。在重构后的物理空间内,学校提供给学生选择的是不同的学习项目、学习场景和学习平台。三是指向学生的核心素养。指向核心素养的基础教育,提供给学生更多的选择性课程,提供满足选择性课程需求的不同空间,包括科技、文化、艺术空间,提供给学生各种展示空间、阅读空间、劳动空间、探究空间;创设条件,让学生走进农田、社区等体验空间。这为学生提供了自主选择安排学习时间和空间、学习内容和方式的新途径,学生学习的自主感将极大地得以提升,学习将更多地由学生的兴趣来支配,从而激发学习的兴趣,提高学习的效率,落实学生核心素养。

这种重构后的新型物理空间并不是相互独立的,实际上在校园内形成了连续体。学生在校园里随时随地都可以根据自己的需要和兴趣进行有效的学习,这为学生个性的发展提供了最大的可能。这将是一次学习的革命。

我校在设计物理空间时关注建筑学、心理学、文化学、生态学、美学、光学等学科以及学习理论、教学方式、教育管理、教育信息化等领域,主要从学习空间、公共空间与开放空间三个方面去打造物理空间,并将其进行协同,使物理空间作为知识活动的媒介,通过为活动主体提供舒适的空间环境,协助完成知识传递。在学校空间建设时我们还充分考虑学生、教师的体验和需求,以"人"为本,让使用者参与空间设计,让学校的空间建设具有"生命关怀"的意蕴,从而利于学生个人的发展、育人目的的达成及社会文化价值的传递。

重构后的物理空间分为学习空间、公共空间和开放空间三部分,是重构了学校中教室、功能室、图书馆以及社区等多种场所资源的新型学习空间。学生在这样的空间中开展学习,思想是自由的,选择是自主的,交流是即时的,时空是流动的,形式是多样的,因此,学生在学习过程中充满愉悦,对学习结果也充满期待。重构后的物理空间不局限于固定学室、阅览室等正式学习空间,还包括进行思想交流、文化浸润的廊空间、社区等非正式学习空间。重构后的物理空间因其环境的多功能性、风格的多样性、学习资源的多重性和学习时间的开放性,为学生个性化学习、良好人格的形成、个性学习品质的培养提供了有力支撑。

(一)打造物理空间——学习空间

1. 学习空间的概念及使用现状

"学习空间"这一术语兴起于 20 世纪 90 年代,在"学习空间"这一概念出现之前,人们通常使用"教学空间"来指代这种场所,将有教学活动存在的场所均称作教学空间(齐军,2011)。若将"学习空间"作为一个整体来看,我们将会发现"用于特定目的的场所"是其中最为恰当和最合乎情理的解释,因此从字面意义上,我们将学习空间界定为"用于学习的场所"。

在传统学校中,学习空间主要是指教室、图书馆、运动场馆等。在教室布局方面,大多数学校的教室课桌椅和讲台等多采用平行布置模式。教室前端设讲台和黑板,学生座位呈秧田式排列,空间变化的余地较小。在大多数传统的矩形教室内师生之间难以进行高效、全面的互动。由于整齐单一的座位排布不可避免地存在"中屯"和"死角",使得教室中的某些区域常常给学生一种"边缘化"的暗示,容易对学生的学习产生消极的影响。大部分学校的教学设施都较为齐全,多媒体设备已经非常普及。有些学校会设置储物柜、饮水机、书架等辅助设施,但大多难以充分满足学生使用需要。

除普通教室外,大部分小学的专业教室也存在一些问题。例如空间布置不合理,课桌布置与普通教室并无不同;使用效率低,在大部分传统的小学校园空间中,普通教室只是授课场地,专业教室只用于特定的教学活动。而且由于专业教室设备贵重,平时多由老师管理,只有上课才启动,学生只能被动配合教学活动,产生了教学资源的浪费。

图书馆内部座位排列方式单一,没有多样的阅读分区和分隔的讨论空间,所有年级的学生集中于一个阅读区域,彼此容易干扰,也不利于学生的小规模交流。有些学校的风雨操场建设规格较高,但室内设置的运动器具完全按照普通标准制定,不符合儿童使用尺寸,学生在室内体育课上还可能发生碰撞、跌倒等意外事故。此外,这类学习空间开放时间太短,也不利于学生使用。

基于以上情况,学习空间迫切需要改变和重构。当代新型学习方式要求学习空间开放、灵活、功能复合,所以在学习空间的设计和建造过程中我校以学生的视角,打造开放空间、灵活空间、功能复合空间,建设学习中心群,充分利用空间,以满足学生个性化、多样化学习的需求。重构后的学习空间充分利用空间的灵活性和网络等设施,进行交叉扩展学科,将学习内容延伸到学校以外,以扩展课堂范围和课堂时间,使学生在其中进行项目化学习,形成多层次特色学习场。相比传统的学习空间,重构后的学习空间融合了多样的技术手段,承载了校园深厚文化,有更多教育功能,是更加充裕和多样的空间。

2. 全新的学习空间:学习中心群

本着聚焦于学习者和学习者的学习这一教育理念,2014 年,丁蕙实验小学开始重构全新的学习空间,设计并开发学习中心群。学习中心群关注每个学生,注重学习环境中独一无二的个体和学生学习过程体验与结果的获得,是一个集合了"美德中心""智慧中心""体育中心""艺术中心""劳动中心"及"文化中心"的学习空间,学习中心群让"五育"并举目标真正落地,促进学生全面发展。

(1)学习中心群的价值所在

①打破学习的旧理念

新型学习空间并不是相互独立的,而是在校园内形成了连续体。学生在校园里随时随地都可以根据自己的需要和兴趣进行有效的学习。学习中心群打破了"学生进了教室打了铃才开始学习"的传统理念,为学生个性发展提供最大的支持。学习中心群还蕴含着学习既可以发生在物理场景中,也可以发生在虚拟场景中。由此,学习中心群存在于物理学习空间与虚拟学习空间之间,两者的有机耦合能够为学习活动提供有效支持。

②提高学习的自主性

传统的教学模式下,学生的学习都是在教师的安排下,在课程表的规定下按部就班地进行。即使是扩展课程、社团课程,也都是在固定的时间里和一成不变的空间里进行的。学习中心群内部的课程开发将为学生提供自主选择安排学习时间和空间、学习内容和方式的新途径,学生学习的自主性将极大地增强,学习将更多地由学生的兴趣来支配,从而激发学习的兴趣,提高学习的效率。这将是一次学习的革命。人是学习的主体,有自主性的人才能学得更好。

③增强学习的归属感

原本教室里一张小小的课桌是学生在学校里唯一的"学习领地",私密性、独处性很差,尤其是学生在校期间还有很长一段时间要用来自习。学习中心群的建设将为有相同兴趣的学生团队提供一个学习归属的时空。这里是他们的乐园,可以自由奔放地表达自己的想法;这里也是他们独处沉思的场所,可以静静地独自搜索信息或思考问题。而这些需求正是一个人学习中最本质的需求,所以学习中心群的建设为学生们提供了更多可能。这样的学习才是完整的、健康的。

④增加学习的投入度

学习中心群的环境布置都考虑到了方便舒适,使学习者更容易放松下来,从而更专注地投入学习中。同时空间中明亮的色彩会对人的心理产生积极的暗示,使人更易产生愉快的情绪,更有动力进行学习。各类设施都有利于学习者不间断地进行某一问题的深入研究,有助于增加学生在学习中的投入程度,进而提高学习的效能。

(2)学习中心群的基本结构

"智慧中心"作为学习中心群中一个重要部分,按照学科领域分为语文中心、数学中心、英语中心、科学中心及全科中心。

每个学科中心都有固定数量的学室,每个学室有三个教室大小,中间通过活动隔断进行分隔,学室可以根据老师的课程需要进行"变形",教师们可以利用多样化教学空间进行丰富的教学活动创新和教育探索。学室有自己独特的教学模式,有可能是围绕式的,以教师为中心的,可能是桌角式,学生可以互相讨论自由分组的。例如,利用折叠隔墙、轻质可移动隔断或黑板等构件、L形等有变化的平面形状等,改变教学空间——学室的大小,并将学室划分出视线、声音隔绝的多用途空间。学室里的课桌椅尺寸以学生的身体为依据,可进行自行调节,满足听课、做笔记、放书等要求。学室内每个座位有基本均等的视觉条件,良好的采光、照明、音响和通风。学室的内部设施,除设置黑板、讲台、清洁柜、壁柜、饮水机、放抹布和拖把的吊钩等设施外,还配有一体化教学系统,为各种数据、互动提供承载平台;同时学室内配备白板,孩子可以在白板上进行"点戳"学习。每间学室还设置了展示墙,墙上贴满了孩子们的各种创意作品。

"智慧中心"除了拥有独立的学科中心外,还有全科学习中心,它是全开放的学习空间,具有宽敞、舒适、安全、自由等特点。它包含了一片由金属网隔断可供三四个人使用的"谈心区"、几座书架环绕的一个多功能区。谈心区低矮的圆桌面上,放置了一叠与桌面大小相同、可以书写、图画的草稿纸,写满一张可以掀去一张。这里供师生自由讨论,可以边讨论边勾画提纲、草稿计算、设计图画,既开放又私密。多功能区中有三个不高但非常舒适的大沙发,环绕一个比沙发高些的大玻璃圆桌。沙发的扶手旁配有可 360 度旋转的微型写字台圆桌,可以一分为二,也可以合二为一。坐在沙发上可以从身后取书,也可以在圆桌上撰文。阅读、记录、讨论一体化,成了这一区域的特点。

此外,全科中心还有一片长条形的学习区、两片"火车厢式"学习区、形状各异的布凳和桌子精心设计又自由组合的学习区、一片摆放电脑的学习区和饮水自习的阳光玻璃房。学习区充分满足了个性化学习的需要。教师讲课的位置是不固定的,学生常常在小组讨论中起到"讲师"的作用。常常能见到:教师讲解告一段落,学生便分开活动,有的坐到地毯上看书,有的几个人围在一起讨论,有的上网查资料,有的在操作台鼓捣。学习区外,还分布着一些交流空间,学生们课间短短 10 分钟可以在这里自由交流。学习区周围还设置了小型舞台,学生们可以在此自主召开小课题研究发布会,进行成果交流,以形成勇于创新、敢于表达的特质。

"美德中心""体育中心""艺术中心""劳动中心"四大学习中心则是我校重构功能教室后的巨大成果,四大中心整合了各方资源,配备多种教学工具,支持灵活多变的教学方式以及丰富多样的学习体验,利于学生交流、协作和共享。四大学习中心构建了一个多区域、多功能、开放性的学习空间。

学习中心的功能室由各种不同色彩、不同形状、不同功能的座椅、沙发、茶几、圆台组合,形成休憩、阅读、学习、讨论的自由空间,大的可供 30 个师生学习讨论,小的可供 4 个师生学习讨论。这些功能室内配置的是环保幕墙,既绿色安全,又可以让学生随时触摸,实现随手"乱贴",部分功能室由玻璃墙壁分隔,里面看得见外面,外面看得见里面,但隔音很好。功能室内,长条形、圆台形、马蹄形等形状的桌椅的布局风格各不相同,有的功能室内甚至只有座椅。这些座椅不仅可以 360 度自由旋转,还可以自由移动、灵活组合、随意布局,形成两人组合、四人组合,甚至更多的人数和形状组合,方便学生的讨论或辩论。

功能室根据项目目标,拥有与之匹配的独特配置。例如"艺术中心"的童心绘画室引进了新材料——"水写材料",孩子可以在上面乱涂乱画,随手涂鸦,实现了"乱涂"。儿童画教室采用了多边形课桌,课桌椅可灵活移动,便于课堂讨论协作。每个学生都有属于自己的柜子,学生一天甚至一周的学习材料、用具等都可以归置进去,可实现"乱放"。"劳动中心"的科学探索园以简约严谨为主,视野开阔,并明确分区,设置工具材料储存区、动手做的"实验与发现"区和实验成果展示区;"美德中心"的团体辅导室可以在同一空间完成集体授课、小组讨论、活动教学、表演、阅读、查阅资料、自主学习等多样功能,这样既方便学生开展各类活动,又保证了每一个学生的独立学习空间。学生们的学习不再是"与世隔绝"的,而是因此变得生机勃勃、丰富多彩。

部分功能室的集合还形成了我校富有特色的无边界三生场馆,一楼科技博览馆、二楼情意生长馆,一、二楼由科技馆和艺术馆组成,放飞学生的想象力,让学生能够多元个性地发展。三楼是生命体验馆,这是一辆生命旅程的列车,分为自然灾害体验站、红十字急救站和爱心驿站三个站点。四楼是智慧生态馆,以构建新型生态环境、生态校园、生态课程、生态教学为切入点,再现了生命的起源和进化。每一个学生毕业以后离开了学校,而这里的每一个细节都会深深烙印在他们的脑海里,对他们的一生产生重要的影响。在这样的环境中,学校的学生才能够真正自由自在自主地学习,自然地成长。

"文化中心"是图书馆重构后的集合体。两百多年来,传统的教学方式是中间走廊、两边座椅的工厂模式,一排排座椅面向前方。很长一段时间里,儿童图书阅览空间的设计都是仿照教室的功能布局。20 世纪 50 年代美国著名教育心理学家布鲁纳提出发现式教学方式,教学逐渐由以教为主向以学为主转变。儿童图书阅览空间设计也逐渐开始关注儿童的学习行为。

阅览环境的塑造对于儿童的心理感知有着很大的影响。因此,在设计文化中心之时,我校确保空间尺度、材质、色彩等具有自然界的柔和感和家庭式的亲和感,以提供一个舒适的阅览空间环境。儿童具有安全、依赖的行为心理需求,重构后的图书馆满足了儿童舒适性需求,包括软性坐垫、自然采光、适合儿童的书架尺度等。文化中心引入有各种各样触感的物体,帮助儿童通过识别不同的纹理和形状来理解、探索。内部采用暴露的木质包层刺激儿童触觉,提供儿童一个安全的环境,让儿童放松。室内地毯触感柔软,能帮助儿童减缓焦虑,促进学习。墙面的乳胶漆可以当作白板使用,便于正在讨论的儿童随时把想法呈现出来。

为满足儿童的好奇、自由的行为心理需求,文化中心内没有明显的界线,其内部用软性可移动家具,可以快速布置不同的学习空间,满足不同学习活动,支持多种教学模式,空间拆分更加灵活。文化中心内部还设计了多种学习区域以迎合儿童不同的学习偏好,无论是私人、专注、活跃还是协作,包括私人区、共享区、故事区、多媒体区以及创意区。

①私人区:阅览空间内部设置独处角落空间和趣味空间阅读角等,低年级学生多在此停留,满足他们的安全感和好奇心,这为儿童学习提供了一个具有良好私密性的空间。

②共享区:为满足儿童的好奇、自由的行为心理需求,此图书阅览空间没有明显的界线,是由外墙及学廊公共空间围合成的共享学习空间,其内部用软性可移动家具,可以快速布置不同的学习空间,满足不同的学习活动,支持多种教学模式,空间拆分更加灵活。其中包括进行个别化辅导、小学合作的多义空间,适合阅读、协同教学、小组讨论的灵活弹性空间以及多重学科交融的项目制学习、网络教学的多元空间。

③故事区:室内设计了一个阶梯式阅读平台,搭建了一个互动交流的讲故事空间,学校内有专门的图书馆老师,为儿童提供帮助。不仅如此,它还是一个下课时可短暂讨论休息的舒适角落,也是合作表演剧本的训练场所,讲故事空间由满足儿童依赖的行为心理需求,逐渐成为儿童之间互相分享与学习的协作共享和表演空间。

④多媒体区:如今电脑与网络作为支架的作用越来越重要,阅览空间内设置了大量多媒体交互设备,给儿童预留充足的空间,通过将互动面板与移动链接整合到多个设备上,为有机交互创造机会,有利于更多儿童使用,满足他们依赖的行为心理需求,大大提高儿童学习知识的参与度。8—12岁的儿童可参加每周一次的研讨会,在图书馆工作人员的帮助下,他们自学编程,在创造性和协作的环境中按照自己的进度开发计算机编码技能以促进学习。

⑤创意区:室内有两个创意空间,用弧形书架分隔,适用于工艺品、科技和STAEM活动。高高的天花板、明亮的色彩、落地窗和灵活的座位让儿童可以自由阅览和主动学习。

⑥智慧中心。

📖 **链　接** 》》 **英语学习中心**

◆英语学习中心的学室是半封闭与开放空间的结合,室内排列更加开放随意。这种座位形式让学生有更多的目光接触,更能活跃气氛,增加生生与师生间的交流,同时为学生"以自己的方式学习"——独立学习、自主学习、同伴学习、合作学习提供了选择,为学生"以自己的行为学习"——休闲式学习、阅读式学习、网络式学习、讨论式学习提供了选择,为学生"以适合的环境学习"——图书馆环境、电脑房环境、隐私化环境、交流式环境提供了选择。而这种选择又使学生在自尊、满足、获得等方面感受到了成就,更加激发了他们学习的主动性。

图3-2 英语学习中心一览

(二)打造物理空间——公共空间

1. 公共空间的概念及使用现状

休憩、交往、娱乐、游戏、劳作等应该是学生在校期间除学习之外的重要活动,这些活动对学生成长及未来发展也十分重要,也需要学校提供相应空间进行支持。对中小学生来说,丰富的交流空间、休憩空间、游戏空间、娱乐空间等以及富有生活情趣的室内外环境,可以培养学生友善的人际关系和合作意识,可以培养学生自主思考、自我学习的习惯。校园中也需要充足的户外活动场所,使学生们的体能得到足够锻炼。学校还需要劳作空间,使学生在接触自然的过程中观察和了解生命的奥秘。上述交流空间、休憩空间、游戏空间、娱乐空间、劳作空间、户外活动场所等被称为学校的公共空间。

门厅是全校师生共同使用的重要公共空间。一方面,它是大部分校内外人士进入校园建筑主体的第一站,能极大地影响学生对学校的第一印象,包含了校园"门面"的意义;另一方面,它是师生从室外进入室内的主要过渡区域,具有人流疏导、多向集散的作用。然而很多学校的门厅空间设计情况参差不齐,很多小学的门厅都有空间尺度失衡、空间形态单调和使用效率不高的缺点。

随着年龄的增长,学生们似乎越来越不愿意在课间离开教室,去走廊活动。从一年级到六年级,由于课业的加重、兴趣爱好变化等,课间待在教室内的学生越来越多,而到走廊上活动的学生越来越少。大多数学校的走廊对于高年级学生来说都缺乏吸引力。这是因为大多数学校走廊设计依旧采取传统的规模和布置,功能单一。楼梯是校园中最主要的竖向交通节点,因此很多学校的楼梯设计都只关注楼梯在人流组织方面的功能,而忽略了楼梯对于学生活动的积极影响。由此可见,对公共空间进行重构是极有必要的。

2. 全新的公共空间:生活广场

重构后的物理空间不局限在正式学习空间中,它包含了符合人性特点、促进学校人际交流的非正式学习空间。在校园的每一个角落,教师与学生、学生与学生之间随时都可以进行讨论、交流、分享。这种交流与分享基本上是非结构化的,没有预设。恰恰是这种没有预设的交流,可能会让学生顿悟,让学生获得意料不到的学习经历与体验,这既有利于促进学校文化环境建设,更有利于学生的个性化学习与发展。5 年来,丁蕙小学在非正式学习空间方面的建设,主要包括公共空间和开放空间。其中物理空间中的公共空间便是对走廊、楼梯、教学楼大厅、展示区等场所进行重构的集合空间,我们将其整合为"生活广场"。

(1)生活广场的价值所在

在生活广场中学生可进行休憩、交往、娱乐、学习等,这些活动对学生成长及未来发展十分重要,富有生活情趣的室内外环境,培养了学生友善的人际关系和合作意识,激发学生自主思考、自我学习的习惯。生活广场通过营造一种赏心悦目的环境启发相应的情节行为,发挥其"引导""连接""休憩""交流"的功能,在给学生带来轻松、愉悦、爽朗的感受的同时,发挥其承载教化、审美、交流、创新的功能。因此,生活广场的设计具有开放性和灵变性,为学生创造出可观、可玩、可学的共享空间环境,也为教师开展各类丰富多彩的教研活动提供可能。

(2)生活广场的基本结构

生活广场主要分为廊空间、漫步梯及集锦厅。

①廊空间

我国传统小学的走廊多为一字形,空间形式单调,只是单纯地作为连接教学楼走廊的一个建筑物。然而走廊是使用频率较高的交通空间,也是学生进行交往活动的主要空间之一。在学校建筑设计中,塑造良好的走廊十分重要。

为此,我校重构走廊,为学生提供交流活动的场所,互相分享学习经验,提高学生的学习兴趣,提升学校的活力。小学发展到开放式教育阶段,建筑空间的功能逐渐发生转变,我校将走廊与教学融合,具有多功能、多层次的特点,最突出的表现是边界的模糊,使内外不同属性的空间相互渗透,除了保留了走廊原本的交通功能外,融入了更多新的教学和交往功能。在这样的公共空间内,传统的文化知识传授变成了人与人思想的沟通与碰撞;以班级为单位的集体教学变成了以个体为单位的自由学习。

对于交通性廊空间(将学校建筑内各个独立的功能空间连接起来的走廊)我校通过融入一些储藏、休息等功能性的空间,来增强廊空间的场所感。例如在走廊旁边附近放置长条状的储物柜,下方储存物品,上方可供休息。学校走廊是

"人流加信息流"的走廊,不仅可以供学生穿行,而且可以为他们带来各种各样的新信息。例如学校地处孝子丁兰故乡,毗邻孝道馆,浸染在浓厚的孝道文化之中。学校着力打造"孝廉文化",转化其中蕴含的"孝廉"地域特色为丰富教育资源。打造"孝廉长廊",使其成为孝行廉洁知识传播的载体。学校还对每个楼层进行了主题环境布置,形成开放的走廊空间文化,包括创客主题、科技主题、数学主题、艺术主题、空间探索主题等内容,为学生设置随时随地进行体验和探究的情境。

除此之外,我校将交通性廊空间与学校其他空间连通融合,形成融合性廊空间,拓展廊空间功能,丰富建筑的空间形式。由于空间的延伸与扩大,在融合性廊空间中,可以通过其他可移动建筑构件实现对空间的围合,实现空间的"灵变性",以承载学生的多种活动,比如提供休息交谈场所、游戏空间、读书娱乐场地等。学生可以在融合性廊空间中进行丰富的活动,比如交谈、玩耍、步行、静静冥想,甚至进行不同规模的小组交流等。融合性廊空间还可以承载"各类教学活动需要",满足开放式教学理念对空间灵变性的要求。

学校用一个适合学习状态的环境代替空荡的走廊,其中,流线型的红色长椅蜿蜒曲折,鼓励学生合作学习和社会交往,活动功能区鼓励学生勇于探索新知识……每一条走廊都是学生们可以自由自主学习的地方。这是一个开放、丰富、新颖、独特、充满归属感,引发思考探索,激发学生的好奇心和探索欲的多层次空间。同时我校在各校区楼层内铺设地毯,摆上沙发,放置漂亮柔软的靠垫,进入其中,安全、温暖、舒适的气息扑面而来,内部楼层还提供机器人展示、航模等,使学校每一处空间成为生活探究和交往场所;我校还开发楼顶露天平台,设计空中花园与植物暖房,种植学校课程中涉及的植物,满足学生学习探究的需要。

②漫步梯

传统楼梯的功能是用来解决建筑的竖向交通,联系不同楼层之间的功能。然而小学教学楼使用人数众多,人流集中,空间变化丰富,容易发生交往活动。因此,我校对楼梯进行重构,在进行楼梯间的设计时,除了满足基本的疏散要求外,还为学生的交往活动创造了可能。由于楼梯自身有一定的坡度,学生在上下课时往往行色匆匆,很难成为其逗留和流连的场所。但这不妨碍我校将其设计成一个富有特色的亮点,使其发挥育人的价值,将其创造为受学生喜爱的"漫步梯"。

漫步梯在为师生提供驻足小憩空间的同时,还给予学生奇妙的、别出心裁的空间体验,营造出丰富的空间效果。我校将弧形的墙体与楼梯结合,富有新奇感,学生在楼梯中行走时所看到的空间时刻在发生变化,为他们的课余生活增添了乐趣。富有魅力的楼梯空间设计,不仅能够吸引学生的驻足停留,更能够成为促进使用主体互动的空间类型。

同时,我校设计的楼梯平台,适当增加其宽度,选择丰富的形状,增大平台的面积,形成较大的空间,即使不做任何复杂的处理也能够吸引学生们停留,绿色植物的摆放、色彩的变化创造出了舒适温馨的互动楼梯空间以及图书角。这既能够保证人流大时的快速通行,在人流小的时候学生们又能够沿漫步梯的台阶席地而坐,在这一级级的台阶上,孩子们三三两两地坐在台阶上休息、聊天、阅读,自然而又随意。

漫步梯下的空间经过改造,可作为储藏空间来利用,一些废弃的旧纸箱、报纸等都可进行废物回收利用,让学生对其进行二次改造,并将其作品进行布置,构成创新屋,培养学生合理利用资源的环保意识以及创新能力。

③集锦厅

集锦厅其实是一种特殊的公共空间,是我校对建筑空间以外、学校空间范围以内的其他剩余空间进行整合、重构的展示区域,该空间用于展示反映学校、教师和学生具有代表性的学习和研究成果,可以成为学生开展研究性学习等素材。集锦厅作为学校文化的一种现实存在,会对学生产生潜移默化的影响。近年来,丁蕙实验小学集锦厅的建设工作主要包括三个方面。其一,建设学校文化教育中心(校史馆)。将学校的历史和文化经过精心的编排和设计,浓缩在校园剩余空间,而且将学校文化教育中心置于人类文明史和中华文明史两大主线上展现,为学生提供广阔的人类历史和文化视野,引导学生在进一步聚焦学校历史过程中,明确自己的责任和发展方向。其二,建设学生成果展区域。根据学生学习成果的类型设计了相应的展示区域,如在校史馆中定期更新的学校最新成果展示区域,创新实验室中学生科技作品和成果展示区域、校园内橱窗展示学生专题活动成果。其三,建设与优化校园室外环境。丁蕙进一步优化了学校教育环境,包括:建设雕塑群传递教育的价值追求,优化绿化环境营造一个舒适绿色的校园氛围,设计校园小品或景点,让学生享受校园温馨和谐的魅力,时时感受校园的绿色与书香。

〜〜〜〜〜〜〜〜〜〜〜〜〜〜〜〜〜〜〜〜〜〜〜〜〜〜〜〜〜〜

📖 **链　接** ▷▷▷ **书画展**

2019 年 3 月 18 日,雏鹰杯全国青少年书画大赛落幕,颁奖仪式和优秀作品展在浙江师范大学附属丁蕙实验小学临风校区举行,为持续两个月的书画大赛画上了圆满句号。此次书画大赛自1月份启动以来,吸引了大量临风学子踊跃参与。同学们各展才艺,发挥特长,清秀隽永的硬笔、栩栩如生的绘画,无不展现着当代少年热爱祖国、积极向上的精神风貌。

3月13日,所有指导老师在学校精心布置了优秀作品展览,呈现了一场盛大的艺术视觉盛宴,吸引了众人的眼球。

图3-3 优秀作品展览

(三)打造物理空间——开放空间

1. 开放空间的概念及使用现状

随着教育改革与发展,学生的全面发展和身心健康受到越来越多的重视。而出于对学生安全、健康成长的考虑,大部分小学都习惯用高高的围墙将学生与外界隔离,用一种近乎"圈养"的方式"保护"着脆弱的小学生。但是这样的隔绝将外界对学生的积极影响连同消极因素一并消除了。学生与社会的接触变得极为有限,这不仅禁锢了学生的视野,更影响了学生社会能力的培养,而他们最终必须回归外界。同时,学校为了满足学生各类需求而设置的大规模运动、生活设施等,也因为课程安排不均等而极少使用,造成了不小的浪费。另一方面,校园空间的塑造也存在着缺少与家长的关联、交流等问题。因此,校园应该具备一定的对外开放性,这种开放是同时面向家长与社会的,我们称其为"开放空间"。

2. 全新的开放空间:联动窗口

封闭的校园空间环境很难有效地开展高效、多样的活动,无法满足学生丰富多元的学习、活动需求,这势必影响学生的个性化发展和自由成长。为此,在原有物理空间的基础上,丁蕙实验小学根据不同空间的性质与功能,重构有利于学生发展的开放空间,形成"联动窗口"。

（1）联动窗口的价值所在

开放空间会带来学校与家长之间、学校与社区、学校与学校之间的互动性。而联动窗口则进一步提高了学校资源的使用效率,增强了使用效果,强化了学校与周边的互动关系,主要体现在三个方面的联动:首先体现在与家长的互动上。学校是对学生实施教育的机构,对学生的培养教育负有重大的责任。家庭是学生健康成长的摇篮,家庭教育是学生教育成长的基础,若学校与家庭能有机结合起来,增强互动性,则能起到事半功倍的效果。因此,在建筑空间上,联动窗口留有组建与家长互动的灵活场所,同时在虚拟空间上,搭建了与家长互动的功能,以保持与家长沟通的畅通性。其次体现在与社区的互动上。社区教育是学校教育的一个重要补充,社区的图书馆、美术馆、博物馆等各种教育资源对学生发挥潜移默化的影响,联动窗口加强了学校与社区之间的合作,将社区教育的活动引入学校中来,形成学校与社区教育的合力,提升对学生的教育效果。同时,联动窗口也加强了对社区的开放,学校的运动场、体育馆、各种通用教室和专用教室、有关设施和设备都有计划有控制地向所在地的居民开放,一方面满足居民美好生活的需要,增强居民对学校的认可度,另一方面,提升学校对社区的融入度,让学校成为社会文化交流中心、社区文化展览中心,在提升学校认可度的同时,提升公共资金的使用效率,真正做到取之于民,用之于民。最后体现在与国际之间的交流上。学生的能力不仅体现在学业和能力上,也体现在他的国际视野方面。为此,丁蕙着眼于全面发展和培养学校的国际人才,加强与其他学校的沟通交流,不断更新教育观念,使学生有更好的发展。

（2）联动窗口的基本结构

联动窗口既是独立的空间,也散布在学习空间和公共空间之中,包括亲子学府、社区学堂以及国际学院。

①亲子学府

为了进一步继承和发扬中华民族的传统美德,努力将学校、家庭、学生牢牢联合在一起,我校以"生命、生态、生长"三生教育理念为指导,构建"亲子"学府,邀请家长进入学校一起参与各项活动,形成富有特色的"亲子场"。我校建立家长委员会,确定了"家长委员会三级组织名单""家长学校组织名单""家长学校任课教师名单"等,形成由校长、教务人员、教师代表、家长代表等构建成的家庭教育的网络结构,让家长们定期进入课堂进行授课,进一步与孩子接触。除了邀请家长授课外,我们还定时请学校退休教师、副校长、教研组长、校外知名家庭教育专家等举办亲子沟通讲座,提升家长教育理念,促进亲子和谐交流。学校不断改变形式,除对家长进行授课外,还设立家长开放日,邀请家长进校听课;邀请家长进入"三生场馆"参观交流;开放心理咨询室,让家长陪同有感统失调等问题的孩子进行定期训练;构建了"蕙美家庭"和"孝廉家庭"评价体系,大力宣传和表彰大家公认的,家庭和谐,对学校对社会做出一定贡献的先进典型,推进我校精神文明建设和校园文化建设,以保障学生健康发展,促进亲子交流。

②社区学堂

丁蕙将学校空间与周边社区环境进行统整,在开放的同时将部分城市公共设施作为学校培养学生社会意识的教学设施,在促进社区整体环境提升的同时,一定程度上增强了学校和社区之间的联系。学校坐落于皋亭山脚、上塘河畔,地处孝子丁兰故乡,紧邻千桃园、龙居寺等风景名胜,具有得天独厚的地域文化资源。学校深度挖掘传统地域文化,并将其转化为有用的教育资源,充分打造社区学堂,形成富有特色的"社区场"。丁兰孝道馆里有着悠悠上千年的孝道文化,学校就将宝贵的资源注入校园文化,设置孝义体验区,定期进行孝廉宣传。学生走出校园,依旧可以体验到学习的快乐。在围墙之外的皋亭山下我们开辟了一块25亩的生态园,通过亲子耕种、培育等劳动体验,学生、家长和教师亲近山林,保护环境。丁兰街道班荆馆与学校咫尺之隔,现在,我们将班荆馆转化为学校的资源,让学生们徜徉在5000年的悠悠文化长河中。通过积极联系社区服务中心,丁蕙结合区域内的"红十字会""孝文化馆""班荆馆"等资源,由无边界的教师团队推动区域联动的无边界教育,将地域的孝义传达给每一位师生,使孝滋于心,善践于行,进而砥砺学生的德行,并冶炼出具有浓厚地域特色的校园文化。

同时,为了发挥丁蕙实验小学在社区中的建设作用,学校资源向社区居民开放,定期开展各类活动,学生周末也可进入学校学习、参观,促进社会协同教育。

③国际学院

为拓宽学生视野,促进各校间的教学、管理、文化等的交流,丁蕙实验小学与新加坡、俄罗斯等地的学校进行定时交流访学活动,形成富有特色的"国际交流场"。例如,2019年10月底,俄罗斯符拉迪沃斯托克83中11位师生来我校参观学习,并入住学生家庭,与丁蕙学子开展了为期4天的友好相处,进行了美食制作、足球交流、感受STEAM课程、走进军事博物馆、欣赏夜景等多彩活动。本次研学,不仅是一次互访,更是对俄罗斯传统文化的一次深入了解,开阔了学生的国际视野,增进中俄学生友谊,建立牢固互信的民间友好纽带。同时,丁蕙将空间资源作为课程进行开发,在实践应用上引进"互联网+"技术创新成果,大胆地在课堂中引进VR技术,借助VR技术,优化学习场的体验性;借助远距智慧教育,与香港、成都、阿克苏等五地互动,实现了远距课堂的从两地到五地的升级和突破,也实现了无边界互动,实现了优质资源的共享共通,可以说是颠覆了传统课堂的模式。学生评价体验感更强,表达能力也得到了提升。学生的学习方式发生了根本性改变。

链　接　>>>　**家长开放日**

丁蕙实验小学二年级家长开放日活动包括观摩课堂、大课间活动、亲子互动。大课间活动中,有序的组织、丰富的活动让孩子们振奋,鼓舞一天的学习热情,让家长欣慰;课堂上,教师生动新颖的教学方式获得了家长的高度评价;亲子互动环节,各班家长体验了一把"被孩子指挥"的感受,孩子和家长进行互动评价。活动结束后,家长们还认真填写了反馈表,家长们对老师的教学工作和活动的举办表示满意。

图3-4　学校亲子活动

在从传统学校物理空间的封闭走向现代学校物理空间开放的过程中,学校的学习空间、公共空间、开放空间的界线会越来越模糊(例如,在未来学习时代,学习空间与公共空间的边界会越来越不清晰)、越来越融合(例如,教室与廊空间呈融合趋势),因此需要加强对学校物理空间的协同设计。

协同设计是学校建设设计中常见方式,在整体空间营造下,结合设计主题与环境需求,一方面保证设计的质量,另一方面可以展示出更加符合区域特色的设计风格,总体上增强建筑的整体性、协同性、内外的交互性。这样的建筑会体现出构思统一,风格一致的特点,各个要素之间配合默契、相得益彰。同时融合虚拟空间,使空间富有文化氛围和人文气息,在不失个性塑造的同时还考虑人的功能需求,为学生提供惬意、舒适的环境,同时也增强了学校建筑空间的审美性、育人性。

　　丁蕙实验小学重构的物理空间就是空间协同与统一的典型案例。有别于传统的独立式设计,丁蕙三个校区不同的学习空间之间、学习空间与公共空间之间被连接在一起,串起了一个连续的自由形态;正式学习空间的动态性与非正式学习空间的流动性有机对接,相得益彰。更为可贵的是,丁蕙实验小学的物理空间所具备的前瞻性功能布局还为学校未来发展变化做好了"可变性"和"适应性"准备,做到当下的学校空间与未来的学校空间的对接。

二、物理空间的打造——亮点展示

　　学校突破教室与墙壁的界线,在建设物理空间时,延伸学习空间,开发四大学习中心,形成富有个性的特色场馆,并明确功能定位,使学生在特色场馆里自由参与、主动体验、积极互动,在场馆中游戏,在活动中学习,使学习兴趣得到激发,学习动机得以触发,学习潜能得到开发和学习思维得以生发,其中最具代表性的便是五馆一园——情意生长馆、自然生态馆、生命体验馆、童心蕙园、科技博览馆、初心学馆的形成,并开发了一系列课程。五馆一园集展示与互动、参观与体验、传统与现代、科学与艺术于一体,并立足学生熟悉的日常生活,创设以体验为中心的活动平台,营造互动环境。

链　接　　五馆一园

　　◆科技博览馆:以风格各异的三大主题功能室——探索与发现、科技与生活、挑战与未来为主,以构建可视、可触、可感知、可体验的科技博览馆。宇宙星空隧道浩瀚无垠,给人以视觉感官上的震撼;时光穿梭机,集中蕴含了丰富的天文科学知识,采用 VR 虚拟技术,探索无限宇宙;古今中外科学家展示及其足迹的艺术长廊,打造情境体验;流畅线型、四通八达的四驱车模型室,让你体验速度与激情;分区明显的能力风暴实验室,集搭建、仿制、融入、协作、展示于一体;机器人创新实验室,以蓝、白色为主色调,设计简洁、线条明朗,充满科技感;动漫科技馆以动漫产品、动漫玩具、动漫图书展示陈列为主轴,让你感受动漫科技魅力;3D 打印室,以错落排列的电子设备和作品展示为主,依据"挑战—解决方案—未来"的区域划分,便捷学生触摸科技。

科技博览馆

图3-5　科技博览馆活动

　　◆情意生长馆:由多个功能教室组成,以美轮美奂的艺术空间为主,是学生艺术素养培养的基地。艺术与劳技相结合的木工坊,以黄色为基调,配备各种木工设备和材料,同时划分学生作品展示区,陈列学生各种创意木工品;素雅秀致、工笔细描的素描教室,错落有致的模型陈列,自由开阔的一画板一位置,给予学生创作的自由;雕栏玉砌、古色古香的书法教室以木纹窗格元素和红木书桌为主,结合随手可取的宣纸大毫,未进教室就能闻到历史与传统的气息;新鲜活泼、色彩明丽的儿童画教室,以红、黄、蓝、绿四色交错为主基调,记录着学生身边缤纷的故事,让学生的乐趣和生活的情感,从画中走出来;还有古音荡漾的古筝坊、茶香扑鼻的茶艺文化馆、古朴典雅的陶艺吧等。

情意生长馆

图3-6　情意生长馆展示

◆生命体验馆：这是一辆生命旅程的列车，通过视觉、听觉、触觉等感官全方位的互动，学生体验神秘又有意义的生命课程，感受生命的美好与可贵；掌握防灾和救护技能，努力应对各种突发情况与挑战；了解心理健康知识，习得心理调节技术。生命体验馆包括自然灾害体验站、红十字急救站和爱心驿站。其中，自然灾害体验站分为台风体验、地震体验、防电体验、火灾逃生体验等场景，以逼真的情境，模拟自然灾害的声音、风向以及晃动的感觉，让学生敬畏生命、掌握逃生技能；红十字急救站是杭州市主城区唯一一个红十字主题的关爱生命基地，功能分为紧急急救设施体验、应急救护培训等；心灵驿站是一个高级资源教室，内设多个"心理咨询""心理互动"等项目，主要功能为感觉统合训练和心理咨询辅导等。

图3-7　生命体验馆展示

◆初心学馆：是一个实景与虚拟相结合的"智慧联动"红色体验空间。外部是初心讲习所，是按照1945年在延安杨家岭中央大礼堂召开的中国共产党第七次全国代表大会的样子建造的，有着灰色的地砖、黑色的木质长椅、鲜红的党旗等等。内部是红色教育馆，仿南湖红船造型的入口，仿真的3D模型场景，让你置身于浓浓的历史中，能分别领略到南湖红船、井冈山革命根据地、南泥湾、黄崖洞兵工厂、大别山等真实情境，其中的装置还蕴含着不少典故。它就像是一个呈现中国共产党98年历史的"沉浸式"党史馆，这里也是同时面向广大党团员、学校师生的学习中心。

图 3-8　初心学馆展示

◆自然生态馆:以"一馆一世界——追回失落的完美生态"为建设理念,以构建新型生态环境、生态校园、生态课程、生态教学为切入点,从生命的起源海洋到自然界的 6 种地貌再现了生命的起源和进化过程,成为学生认识自然的通道;将大自然搬进校园里,学生足不出户就可以领略到大自然的魅力,探究各种神奇的地理现象,近距离观察一百多种栩栩如生的动物标本;倡导追寻地球之美,保护地球母亲。生态馆里不仅有森林、岩洞、湿地、沙漠、海洋和农田等多种经典地貌,还有各种有趣的"小科技",生态馆成为广大师生探寻自然奥秘的胜地。在丰富的生态资源中,学生通过各种综合实践类活动感受自然魅力,了解自然规律,从而获得自然科学常识,培养爱科学、学科学、用科学的志趣和能力。

图 3-9　自然生态馆展示

◆童心蕙园:该园分为耕作园和养殖园,并有效利用周边的皋亭茶祖园林和耕地中种植的桃树,开设了桃园和茶园,是集多种教育功能于一体的童心蕙园。童心蕙园具有丰富的生态资源,它是真正的耕作农场,满足了城市学生亲近自然、探究农林的愿望;通过种植、管理和收获,了解了基本的农业生产知识,改变了"四体不勤,五谷不分"的现状,在实际的劳作中养成合作精神与动手能力;通过亲子耕种、培育等劳动体验,打破了传统生态课程囿于书本的局限性,并且获得了智能化技术的加持,创生了生态课程的新样态。

图 3-10　童心蕙园展示

第二节　虚拟空间

一、虚拟空间的发展历程

(一)虚拟空间——过去

在农耕时代,老师通过纸笔口授完成"传道、授业、解惑",学习方式是零散的"知识存储与分享"学习。农耕时代,学校不存在虚拟空间,它的信息空间表现为传统的"纸笔空间",在这个空间中,受介质容量和传输速度的影响,信息传导空间的效率相对较低,表现为学生的人数有限,学习的效率不高。

在工业时代,用粉笔、黑板以及相关的辅助设备,通过教师讲解,将分学科的课程体系中的"知识和经验",以及"使用'知识和经验'的知识和经验"传输给学生。工业时代的学习方式主要为分课程、系统化、规模化的知识存储与共享学习,信息空间仍然为传统的"纸笔空间",但信息传导的规模和效率得到了极大的提升,教育、人才、技术三者间的螺旋式推动,为信息空间——虚拟空间的开启做好了准备。

丁蕙以智慧化、信息化建校,在教育、人才和技术三者之间进行了良好的互动,丁蕙的虚拟空间建设始于信息化时代,并向未来延伸。

(二)虚拟空间——现在

信息时代构建的全球网络实现了信息每秒 30 万千米的传输,实现了基于数字的"虚拟现实"在"虚拟空间"瞬间的转移,打开人类学习更为迅捷、更为有效的通道,彻底解决了实体空间带来的教育上的诸多难题,也为从根本上改变教育形态奠定基础。

随着网络空间中云平台、云计算、大数据、物联网等技术和工具的应用不断深化,传统的教育教学模式也会向着校园虚拟空间发生革命性改变。虚拟空间是什么? 虚拟空间为信息的接收、传输、存储、处理、控制、输出的场所。如何将信息有效传输至学生,或让学生快速地吸取有效信息,形成学生自身的知识体系,推动学生个性化发展,是学校虚拟空间建设的焦点和核心。

丁蕙打造的虚拟空间为实体与虚拟的合体,包含数据、文本、图片、视频、音频等内容,也包含对信息的存储、传输、接收、处理、控制的逻辑运算、智能判断、传输控制的规则系统,还包含承载、传输和处理信息的设施,如粉笔、黑板、教材、试卷、作业、局域网、广域网、服务器、终端机、网关、路由器、传感器、机器人、网线等。通过各种正式和非正式学习空间的建设和营造,给学生多种感官刺激,以帮助具有不同学习风格的学生进行有效的学习,提升学生的学习效果。

打造虚拟空间推动学习资源的建设。通过网络虚拟空间,丁蕙将各种碎片化的微课、视频、课件等在互联网体系下组织起来,通过知识的内在逻辑将各学科知识串联起来,形成一种相互衔接、融会贯通、全面系统的资源体系,使全校师生的学习资源越来越丰富,越来越体系化和个性化。

打造虚拟空间推动泛在学习的形成。泛在学习(U-Learning)就是不受时空限制的沟通与学习,也称无缝学习、无处不在学习、普适学习等。泛在学习是一种任何人、任何时刻、任何地方获取所需知识和信息的一种学习方式,是数字学习的高级阶段。泛在学习有着传统学习所不具备的优势:(1)泛在性。丁蕙学生可以在任何时间、任何地方接入他们所需要的文档、数据和视频,开展丰富多样的学习,泛在学习是未来学习的主流方式。(2)方便性。丁蕙的学习工具轻巧便携,使得泛在学习就像说话一样,随时随地、轻松简单。(3)碎片化。与微视频、微课程相对应,学生可以用很短的时间来开展泛在学习,多个碎片化学习的串联和叠加就可组成一个模块,提升了学生综合利用时间的效率,也有助于学生终身学习习惯的形成。

打造虚拟空间推动课程体系的重构。(1)课程体系日益丰富。除了标准化的课程体系外,丁蕙的各学科课程内容也进行了全面更新与拓展,适合学生的诸多前沿领域知识能够通过互联网及时地进入学生的课堂,丁蕙也邀请了有专长的人——商人、医生、农民、运动员、社区工作人员、工程师等,进入丁蕙的多学科课堂成为课程的提供者。(2)课程体系趋于整合。网络时代,课程体系从以前的泾渭分明状态渐渐走向融合,一是由于搜索引擎使得知识获取极为方便,学科界限越来越不明显,二是解决问题需要跨学科使用知识。在课程体系的重构中,学生可以在体系化、个性化的课程体系中吸取自己需要的营养。

打造虚拟空间促进教学方式的变革。丁蕙教师可以使用网络空间的资源进行教学,推动了教学方式的变革。(1)提升教学效果和提升教学精准度。教师在教学过程中可以利用物联网等技术,搜集学生学习过程信息,在大数据和人工智能的帮助下,就可以精确地判断学生学习能力和学习状态,教师的"教学方案"就更具针对性。(2)提升创新教学能力。在教师引导下,学生可以利用网络学习空间的资源,预习相关内容,使得以"先学后教"为特征的"翻转课堂"成为现实,大大提升了教学的效率,强化了教学效果。(4)提升师生沟通效率。互联网突破课堂时空限制,使我校师生之间、学生之间真正实现了无障碍沟通。

打造虚拟空间提升学生的学习能力。对学生而言,虚拟空间可以帮助学生达成如下目标:(1)自主学习。丁蕙的自主学习形式可以是主动的、游戏化的、探究式的,在学习体验中增加知识,培养能力,养成习惯。丁蕙的虚拟空间可以帮助学生真正确立主体学习地位,将口号变为实实在在的行动。(2)深度学习。帮助学生寻找不需要死记硬背的高效学习方式,不停留于知识知晓和了解层次,建立知识之间的深层次联系,像工程师一样应用知识,解决问题,像科学家一样探寻本质,思考问题。(3)无边界学习。丁蕙突破学校界限,挖掘外部社会的学习资源,创造条件在教室、社区、科技馆和企业中学习,我校学生甚至可以去不同城市游学。

信息的载体从宏观物质变成了微观的电子、光子,实现了信息大规模快速传输。虚拟空间通过学习资源的建设、泛在学习的形成、课程体系的重构、教学方式的变革、组织管理的转型等,提升了我校的教学效率;再加上我们应用了初级人工智能,从而真正打破了传统教育中流水线、标准化的作业方式,推动了自主化、个性化、多样化教育教学。

(三)虚拟空间——未来

未来的智能时代是后信息时代,人工智能将得到广泛应用。智能时代知识存储与共享学习、交互与知识生成学习、个性化学习、智能化学习仍然会并存,但智能化学习比例会越来越高。丁蕙的虚拟空间建设已经拓展到了智能时代,丁蕙未来的虚拟空间将更大程度上借助人工智能,让学生更快、更精准地享受高质量的个性化的教学资源,用更少的时间完成知识的积累和迭代,彻底改变以教师为核心的教学体系,真正达到一种以学生学习为核心、因材施教、有教无类的高级学习状态,让学习和教育变成"知识和经验"注入后的"体验、应用和创造"。

二、虚拟空间的打造——总体设计

为了提高师生信息化素养,学校努力做到使信息化应用常态化——"课堂用,经常用,普遍用",构建具有教育特色的"易用,好用,乐用"的信息化常态化应用的生态环境,并使学校朝向未来智能时代发展,我校对接已有资源(各类应用、硬件设备甚至部分物理环境),打造虚拟空间。虚拟空间的构建以智能化校园建设思路为基础,利用物联网、云计算、大数据挖掘与分析等新一代信息技术来改变学校管理者、教师、学生及家长和校园资源互联互通方式,将学校各类教学活动、科研项目、系统管理与校园资源和应用系统进行整合,并将各类资源数据进行融合、分析、可视化处理与精准推送,以提高应用交互的明确性、灵活性和响应速度,实现从数字化到智慧化的改变,最终实现智能化服务和管理的校园模式,如图3-1所示:

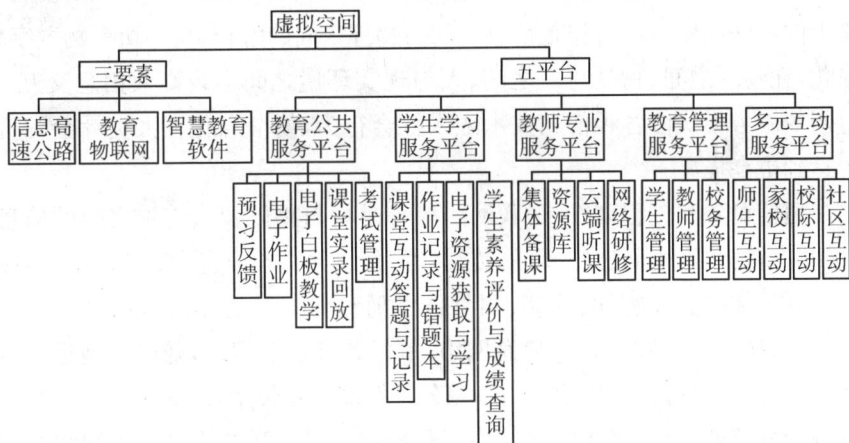

图3-1　智能化服务和管理的校园模式

(一)打造虚拟空间——"三要素"

学校主要依托大数据、物联网和云计算三种信息技术,打造了一条信息高速公路,一张教育物联网和一组智慧教育软件。"三要素"之间互融互通息息相关,共同构成学校数据平台的基础网络。

1.一条信息高速公路,增强信息传递

大数据是一种数据集,它数据量大、处理速度要求快、价值密度低。与传统的数据管理以及处理技术对比,大数据在不同需求下,其要求的时间处理范围具有差异性。大数据的价值并非数据本身,而是由大数据所反映的"大决策""大

知识""大问题"。大数据分析技术能够深入挖掘、分析学生学习的相关数据,为其提供精准的个性化学习服务。大数据分析技术驱动的虚拟现实技术、人工智能技术、云计算等技术的技术集群,通过对数字教育资源应用数据的采集与分析,丰富其个性化属性标签,完善其个性化表征。通过云服务标准接口,依据对用户的大数据分析结果,为其适时提供个性化服务。

大数据技术加持下的"信息高速公路"是一个高速度、大容量、多媒体的信息传输网络。这一条信息高速公路在可接受时间内分析处理大量师生所需要的多种形式的学习资源,并且这样高质量信息的传递不受时间和空间的限制,无论何时何地,这条信息高速公路都可以完成学习资源的搜集、筛选和分享传递,极大地提高了教师教学和学生学习的质量和效率。

2. 一张教育物联网,实现万物互联

狭义上的物联网指连接物品到物品的网络,实现物品的智能化识别和管理;广义上的物联网则可以看作是信息空间与物理空间的融合,将一切事物数字化、网络化,在物品之间、物品与人之间、人与现实环境之间实现高效信息交互,并通过新的服务模式使各种信息技术融入社会行为,使信息化在人类社会综合应用中达到更高境界。

从通信对象和过程来看,物联网的核心是物与物以及人与物之间的信息交互,其基本特征是:全面感知、可靠传送和智能处理。全面感知是指利用射频识别、二维码、传感器等感知、捕获、测量技术随时随地对物体进行信息采集和获取;可靠传送是指将物体接入信息网络,依托各种通信网络,随时随地进行可靠的信息交互和共享;智能处理是指利用各种智能计算技术,对海量的感知数据和信息进行分析处理,实现智能化的决策和控制。以物联网为基础的智慧校园建设,利用感知技术与智能装备对校园的方方面面进行感知识别,通过互联网、移动通信网等网络的传输互联,进行计算、处理和知识挖掘,实现人与人、人与物、物与物信息交互和无缝对接,提高校园管理质量和效率,推动教育、科研模式创新,达到对高效工作以及校园物理环境的实时控制、精确管理和科学决策的目的。

3. 一组智慧教育软件,保障智慧学习

云计算技术是虚拟化技术和基础架构及服务两种技术的有机结合,核心是将某一个或几个数据中心的计算资源虚拟化之后,给用户提供租借计算资源的服务。云计算包括云平台和云服务两层含义。云平台是指提供资源的网站,云服务是指基于抽象的底层基础设施可弹性扩展的服务。云计算能实现资源的规模化和集中化，云计算系统的建设和运维由运营商完成，各种智慧教育软件如电子白板、"TEAM Model"、"Hi-teach"智慧教室系统等，将各种教育资源、系统、服务深度集成整合，按需向各个学科、各个平台提供智能化服务，学校、教师可以集中精力于自己的业务。

建立在云计算技术基础上的各类教育教学软件，采用集中式的数据存放方法建成数字资源系统，系统使用界面应简洁且功能多样，便于学生更透彻地理解知识，帮助学生进行知识的总结和知识框架的搭建；实现科研设备与基础数据的有效共享及资源的充分利用，教师可自助获取所需的资源，如计算、存储、网络等，资源使用完可释放再利用，保障教师有充足的科研计算资源；方便学生、家长与高校交流，能生成在线测评试题，实现测评试题与测试结果的查看与管理功能，并能满足学生、家长与教师之间的有效沟通，平台还可通过评价报告生成功能，每学期末自动生成学生日常行为与学习评价报告，方便老师和家长全面详细了解学生的学习情况；方便各类校务管理业务如招生管理、学籍注册、学籍异动、学籍查询以及公事办理等，可将学校不同的管理子系统，通过云计算技术，实现学生管理、人事管理、招生就业管理等一站式管理服务功能。

(二)打造虚拟空间——"五平台"

五个功能平台是指教学公共服务平台、学生学习服务平台、教师专业成长平台、教育管理服务平台和多元互动服务平台。

1. 教学公共服务平台

教学公共服务平台主要是针对教师实施的整个教学过程进行管理，涉及教学过程中的整个环节，使整个教学过程都被记录于智慧校园平台中，方便相关资源的再次利用。

(1)预习反馈

教师课前推送预习资源，学生在上课前将结果反馈给老师，以便老师在上课前了解学生的预习情况及确定课程的重点难点，提高教学效率。

(2)电子作业

作业一键发布，使得家庭教育与学校教育同步；App 提交作业，使老师的备课和教学更有针对性；及时反馈，平台会智能生成总结报告，上课时老师根据报告可精准地进行课堂讲解，保证了作业反馈信息的及时与精准。

(3)电子白板教学

教师通过电子白板或教学一体机进行电子授课，实现点名、考勤、评价、手机端操控、电子书包、课堂互动等功能，支持电子板书记录保存后可发布于手机

App 班级消息群。

（4）课堂实录回放

此功能对接教室两个监控云台，使平台能实现常态化录播的功能，能够将整个课堂的教学内容进行全程录播，方便学生课后对学习内容进行查漏补缺；也可将优秀的资料纳入资料平台，实现资料的共享，积累校本资源；在搜索时可关联显示教师学科及学科查询，便于用户快速搜索。

（5）考试管理

在线阅卷包括考试数据分析、卷面情况查看和生成考试错题本、阅卷反扫、分步打分等功能。试卷扫描完成后，生成阅卷任务随机分配给阅卷教师；试卷批改完毕，智能生成每名学生的单科班级排名、单科年级排名、总分班级排名、总分年级排名，班级、年级的平均分分析、排名分数段分析、单科分数段分析、年级三率分析、班级间成绩对比分析，学生成绩排名波动曲线、成绩变化预警；提供电子试卷痕迹还原，精准到每一道题的卷面得分情况；从阅卷系统读取错题内容，生成电子错题本。

2. 学生学习服务平台

学生学习服务平台包括在线作业、测练、在线考试、互动讨论、课堂表现、错题本、成长记录、个人综合素质评价等功能。

（1）课堂互动答题与记录

教师在平台中发布题目，学生进行课堂互动，这样可以更好地融入课堂中，活跃课堂氛围，平台能够把学生与教师的课堂互动记录的数据完整保存，便于教师和学生进行回顾和反思。

（2）作业记录与错题本

平台能完整保存学生完成作业的情况，便于教师对学生的课堂反馈进行数据上的分析，学生做错的题目会自动进入自己的电子错题本，可用于学生课后回顾，找到相关题目并进行练习。

（3）电子资源获取与学习

教师在网页端创建新的电子教学资源后，学生在学生端可获取学习资源：精品课堂直播、课件、教案、精品课程，进行电子学习，查看教师创建的课前计划和课后练习，支持在线提问，也可以查看教师回复以及教师批改的答案。

（4）学生素养评价与成绩查询

学生可以在平台上查询自己的道德品质与公民素养、学习态度与学习能力素养、体育与健康素养、审美与表现素养、实践与创新素养方面的评价，查询每次考试的成绩，这些可以帮助学生了解自己，给未来的努力方向做参考。

3. 教师专业成长平台

(1)集体备课

教师通过网盘共享电子教学设计,集体网络备课,最终形成高质量课件,同时基于网络化存储,增强备课资料的安全性和共享的便捷性。此外,平台还支持在线编辑、一键保存和记录导出等功能。

(2)资源库

平台为教师准备了丰富的专业学习资源:本校资源库中的学习资源不断积累和丰富,进一步升级为本地云课堂;校内、校际间资源共享;精品课堂直播、课件、教案、精品课程视频、题库中心(精品试题、试卷资源、智慧平台题库)。

(3)云端听课

校领导、教研组或其他专门机构可通过学校的教室监控,随时随地对学校任课老师的现场教学进行云端听课,对教师任课水平进行评估诊断,帮助教师专业成长。教师也可以通过云端听课学习优秀教师的课堂教学,完善自身教育理念和教学实践活动。

(4)网络研修

为了更好地实现学校的办学理念和办学特色,促进学校的可持续发展和教师的专业化成长,教师定期通过网络进行研修学习,在学习过程中更新教育观念,树立现代教育思想,掌握现代教育技术,优化教师知识结构,提高教师专业水平。

4. 教育管理服务平台

(1)学生管理

学生管理模块具有以下功能:对学生的考勤情况、作业情况、课堂情况、违纪情况、表扬表彰、考试成绩和在校评价、成长情况等进行记录,支持按班级、学期查看各类型记录数据及图表。

学生评价:包含学生作业、平时测验成绩、公告通知、素养评价等内容,评价内容及时以手机消息形式发给学生家长。

进出校信息:监控识别电子校徽,平台记录学生每次进校门和出校门的信息,并能够通过手机短信、微信服务号、手机 App 推送消息给家长。

值日值周:可录入值日、值周、检查卫生数据,迟到数据,违纪数据,值周总表及分数等;查看值周总表、分数、学期值周情况安排,各班级值周分数查询;可通过日期查询班级值周情况;录入分数可批量勾选班级提交默认分数。

心理咨询:专家在线心理咨询,解决学生成长中的烦恼。为保护个人隐私,可使用匿名咨询,并且系统会对心理咨询平台发布的所有消息做访问权限处理,仅个人和心理咨询师可见。

(2)教师管理

教师管理模块将教师基本信息接入平台,以方便后期对教师数据的引用,并能够在已有信息的基础上,进一步完善教师数据。

工作计划:教师工作计划通过工作流程总结上传、查询、汇总。

教师评价:特定账号(如管理员)可查看学生、家长等相关人员对教师的评价数据。

活动考勤:系统在活动开始前后生成动态二维码进行活动签到签退,也可进行人脸识别签到签退,考勤管理支持导出姓名、编号数据。

绩效考评:学校可通过设置评价要素、考评要点、考评细则对教师进行评价,记录每位教师在校各方面的表现。

教研活动:教师可创建目录,把课题论文上传,便于管理者即时查看教师课题论文的发表刊物、论文链接、课题名称等信息;在教研组活动菜单下可查询各科目教研组讨论题,便于及时查询和导出活动数据。

(3)校务管理

校务管理含排课管理、选修课管理、考勤管理、安防监控、消防系统、停车管理、固定资产管理、电子巡更等等。通过管理平台完成子系统的信息交换和业务对接,可随时通过手中的电子器材(手机、电脑、平板)进行管控操作,便于校园生活更好地展开。

排课管理:可设置自动排课,教师可以选择年级、每日课程数、是否允许连续排课等信息,系统自动生成预排课表。

选修课管理:由任课教师或管理员建立可供选择的课程,学生在设定的时间登录账号自行选课。

师生考勤:对考勤时间段和考勤对象设置后,支持查询和统计师生的迟到、早退、事假情况。

安防监控:平台支持对接校园所有监控,可利用教室内监控实现课程录制工作,食堂实时监控打造"透明食堂";学校可在管理平台上直接远程查看各教室、食堂、校区的监控情况;监控系统自动记录校门口的进出情况,对整个校园实施24小时不间断监控,随时警戒可能发生的入侵行为和校园内的不良行为,及时捕获、处理和记录相关影像,对可能发生的危害及时发出预警。被拉进黑名单的人员一旦靠近,平台就会进行识别报警。

5. 多元互动服务平台

多元互动服务平台包含师生互动、家校互动、校际互动以及社区互动。

师生互动:电子作业、电子白板教学实现了师生虚拟空间的教学互动,教师可在平台发布题目,学生在线进行课堂互动,师生互动的记录数据还可被完整保存;电子资源获取、作业记录与错题本等突破时空限制,师生在虚拟空间的教学互动帮助教师因材施教,帮助学生查漏补缺;学生在学校五馆一园中沉浸式学习,与物理场馆进行学习互动,如借助可穿戴VR设备在虚拟情境中与环境互动学习。

家校互动:家长可通过电脑客户端或手机App接收学生在校的各类信息。学校通知公告、学校老师通信录、学生考勤、学生作业、学生成绩详细信息(卷面情况)、学生在校表现情况(老师评价)、班级监控、课堂实录等信息数据可直接查询;学校内部邮件、考勤短信、老师评价短信、成绩预警短信、班级空间、讨论区等信息交流互动也能轻松在线实现。

校际互动:学校本地师生学习资源共享,实现校际资源互动;与浙江师范大学构建师范生协同培养,集结本校教师与浙师大专家开展远程教学课,多方点评指导,开展远程网络教研。

社区互动:学生学籍管理和浙江省学生学籍管理平台统一格式,实现由互动平台进行学生学籍管理数据的收集,直接一键导入浙江省学生学籍管理平台。校园监控连接公安系统,实现了危险预警信息第一时间传达,最大限度地保障校园和师生安全。社区资源与校内资源结合,加强与社区的合作,有效开发和利用皋亭文化、丁兰孝道文化、茶文化、太极文化等社区资源,开展社会实践活动,为学生的发展提供全方位的辅导、搭设发展的舞台,发展和提高学生能力,为学校的发展探索新的特色。

三、虚拟空间的打造——亮点展示

(一)社区——童心蕙园

我校的生态实践基地——童心蕙园位于被誉为"杭州靠山"的皋亭山山腰,在班级合作制的基础上,以轮流制的方式分管田地,聘请当地专业的农林耕作员为向导,以信息技术为平台,指导四季的播种、照看与收获。

传统的校园农耕只是在固定的场地中开辟一块农田种植一些瓜果蔬菜,播种、灌溉、施肥等所有的农作活动还是沿用传统的人工劳动方式,但是传统农耕方式存在反馈不及时、响应速度慢、生长过程欠科学数据等问题,因此在童心蕙园虚拟空间中引进了信息化技术,采用智能化监控、处理方式,力求走智能农耕道路,形成物联网,收集大数据,重构虚拟的空间以弥补传统方式的缺陷,以服务器的开发实现童心蕙园与学校、与学生、与专业部门的实时数据传输。

1. 童心蕙园的虚拟化布局

(1)信息化设备

童心蕙园的虚拟空间依靠大量传感器来采集数据,比如采集土壤的水分、土壤温度、光照强度、空气温度、空气湿度以及植物养分等的数据;视频监控系统,以最直接、最形象化的方式查看农场动态视频;害虫防治系统,安装害虫检测器,每隔一段时间就会把害虫检测器里的昆虫图片发送给后台进行检测,实时防范虫害爆发;自动化的处理设备,比如自动洒水施肥装置等。

(2)网关控制器

这些数据化的装置需要一个智能化网关控制器,通过 Zigbee 组网技术将所有传感器进行组网,从而将传感器采集的数据发送到网关控制器。视频监控系统也和网关控制器连接,适时把采集的图像信息发送给网关控制器。网关控制器除了得到童心蕙园的数据信息外,还可以控制分布在童心蕙园中的设备,比如控制洒水施肥装置等。

童心蕙园的网关控制器的数据会通过 4G 网络将数据实时发送给智能化农业平台的服务器,这个平台可以实时查看农场的数据,而且可以给智能化网关发送反控指令,让网关控制器控制农场的设备。智能化农业平台还支持手机 App、网页版客户端等分之连接,让学生、家长实时查看农场的信息,个别经验丰富的农耕管理员也有权限可以控制网关控制器。

(3)后台支持平台

虚拟化的农耕平台还支持报警系统,当有外人闯入或者遭动物破坏,或者农场环境出现异常,比如温度、湿度超出植物的最佳生长范围,就会给管理员发送警报。管理员可通过声音驱赶外人或者动物,当温度、湿度超过范围后,也可以控制自动灌溉系统,以及通知农场管理员进行现场处理。

2. 童心蕙园的数据化传输

在信息技术爆炸的时代,都提倡用大数据来支撑,所以数据的采集、传输和处理至关重要。相比传统的农耕方式,童心蕙园可以去匹配大量的农作物成长数据来帮助农作物的生长。比如,之前学生种植黄瓜,黄瓜的各个生长期,每个时期的最佳土壤温湿度、光照强度、施肥情况等等数据对种植者来说非常关键,稍有疏忽可能会导致不可逆的影响。因为作为农场的管理员,不论是学生,还是家长,都是离开土壤成长的新城市人,经验也是不足的。

而推进智能化以来,我们的优势在于,可以感知农田里实时产生的数据,这些数据和最佳生长数据进行 24 小时自动匹配,并及时反馈给种植者,给予其改正的方向和意见。利用温室系统,可以不在乎"天公作不作美",能大幅度地降低天气对农作物的影响,甚至自己可以给作物创造一片新的天地。数据的采集来源于传感器的收集,把收集的信息通过 Zigbee 组网传送给智能网关控制器,视频图像信息、害虫检测器图像信息等都可以通过网络传递给智能网关控制器。最后通过智能网关控制器将数据发送给智慧农业平台的服务器。

智能网关控制器将数据发送给智慧农业平台后,剩下的事就由平台来处理了,首先平台会将数据存储在数据库中永久保存,再对数据进行分析和判断,检查现在农田的数据是否异常,如果出现异常则立马通知管理员进行响应。随着数据库中各个农作物的生长数据越来越多,所以越往后,得出农作物的最佳生长数据的可靠性也会越来越好。数据的采集、传输、处理是整个童心智慧农业平台的核心。

智能处理是某些条件产生时,平台会给出最优的方案,并提供很多数据供你参考。这样就算毫无经验的小学生,也可以变成经验丰富的老农民了。

3. 童心蕙园的智能化处理

社会的进步源于经验的积累,学生的成长同样是经验的学习与不断增长,看得多,听得多,感受得多,做得多,自然成功的概率也会越来越大。虚拟化的智慧童心蕙园也一样,随着采集的数据越来越多,它也会越来越智能化、准确化。在大数据的前提下,智能化处理现如今发挥着越来越大的作用。

当害虫检测器检测到害虫后,怎么处理? 如果是传统农业怕是只有农作物出现问题时,农民才会发现这个问题,这时候只能打农药来弥补,但是这样的处理不够完备,如果农药量不足,不能达到消除的目的,但是农药量过度了,又可能殃及周边的作物。有了技术的支持,平台会每天收集虫类的数量,一旦某种虫类达到一定的数量,就会发出警报,并分析是什么害虫。随之,将此害虫的危害以及喷洒什么农药的建议,发送给管理者。如果是比较严重的,则会发送给当地的农业局,农业局第一时间收到数据后进行处理,避免大规模害虫带来的危害。第一时间喷洒农药,第一时间通知农业局,还可以提醒过往的路人此地喷洒过农药的信息。

再比如,通过视频采集,检测到有大量杂草时,会提醒管理者第一时间去除草,当检测到天气干旱,也会事先通知管理员。管理员收到报警信息后,也可以立马做出处理,用 App 去控制农田的设备,比如控制灌溉装置、施肥装置、喷洒农药装置等。智慧平台也可以设置为自动响应,当某些条件发生时,自动干预。

(二)TEAM Model 智慧教室

TEAM Model 智慧教室提供了完整的教学与学习远程服务,包括课堂教学服务(e-Teaching)、评量服务(e-AssEssing)、诊断服务(e-diAgnosing)和补救教学服务子系统(e-reMediation)等四大 e 化工程系统,是一种全新的教学科技服务模式。统和 HiLearning 电子书包学习系统由两部分组成。教师端的 Hiteach Pro 软件结合学生端的 HiLearning 软件,能使教师与每名学生进行双向的高效互动教学,不仅整合了教室里所有的硬体设备,更将教学历程中相关的人和资料都整合进来,并传至云端进行储存与分析。

1. Hi-Teach 互动教学系统

Hi-Teach 智慧教学系统是醍摩豆智慧教室的核心,除了软硬件整合外,能将课堂前、中、后的繁复流程简化,帮助老师轻松翻转传统课堂,成为智慧课堂。

(1)整合多项教学设备,尽在掌握中。整合 Haboard 醍摩豆智慧大屏,随时书写画记,并能声控语音助理"小豆";整合老师手机 HiTA App,移动中进行拍照、换页交互方便快捷;整合 IRS 反馈器及平板,即问即答、飞讯、飞递功能满足各项教学需求。

(2)因材施教,落实同步差异化教学。智慧挑人——针对学生 2—3 次作答的结果进行挑人,让思考的转变在教室里被看见,无论是教学设计还是班级经营,都体现出智慧教室符合生本教育的价值;差异化教材推送——运用标签和推送的功能,通过题目编排与活动设计,即时回应学生不同阶段的学习需求,实现一对一的差异化教学。

(3)活跃带动课堂教学气氛。Hi-Teach 内置多种实用教学工具,方便教师按照教学设计做各种变化,依据课程内容和教材教法选择合适的教具,让学生更投入,教师教学更便利,如:重点标示——聚光灯,问答题目——遮幕,几何教学——直尺、量角器、三角板、圆规,竞赛活动——记分板、挑人、抢权、挑战赛、抢答等。

(4)课前课后无缝接轨。无缝接轨:可在教师现有的课件中直接导入使用 Hi-Teach;更支持 PPT 动画。云端评量:教师可以直接在云平台上编辑试卷并同步至 Hi-Teach,也可以将题库 excel 文档直接导入,在课堂进行测验,验收学习成效。电子笔记:Hi-Teach 的上课记录会自动生成电子笔记,上传保存至云平台,成为该堂课独一无二的记录,学生在个人电脑、平板和手持设备上,皆可搭配 AClass ONE 智慧学伴进行复习。诊断报告:根据 Hi-Teach 施行测验后所生成的数据，生成诊断分析报告，进行深入有效的学习力诊断，让教学活动更完整。

（5）支持 AI 人工智慧分析。支持 AI 人工智慧苏格拉底服务，系统自动采集课堂教学行为数据，在云端智慧分析生成教学行为特征报告，教师与评课专家们通过教学行为大数据，进行个人教学行为表征的科学教研，精准评课。

2. HiLearning 电子书包学习系统

HiLearning 电子书包学习 App 可与老师的 Hi-Teach 进行高度交互，包括教材接收、作业递交、交互评量等，通过图像、数据、文本交互训练学生的思考表达能力，强化小组合作学习成果与个性化学习的目标。

（1）教材接收。学生可以随时接收教师推送的课堂任务或教学教材，并马上在接收页面进行编辑或画记，甚至是拍照等。

（2）作业递交。学生通过文本、图像、拍照等方式随时递交课堂任务及作业，展示个人学习成果。教师可分区指定学生将笔记页面（作业）以飞递功能交至指定区域（分组缴交），同时教师可实时查看作业交收的情况，选择不同学生之作品进行观摩及讨论。

（3）交互评量。学生可通过平板向教师进行反馈，提高课堂交互效率，提高学习专注度，还能将数据上传至云端进行学习诊断分析。

（三）机器人智能课程

随着智能机器人技术的发展，智能机器人教育已经走入中小学课堂。我校也紧随这股浪潮，经过多方调研，了解此项活动对学生综合能力的培养有很大的帮助，它提供了一种素质教育和创新教育与时俱进的教学形式，同时有关机器人的知识内容又具备较强的趣味性、实践性、探索性和综合性，很能吸引学生的积极参与。因此，机器人智能课程在设计之初就面向全体学生，普及机器人基础知识，拓展信息科技等技能操作类课程的学习内容，培养学生的动手能力和良好的思维习惯，不重技术重思路，不重成绩重过程，促进学生综合素质的提高。为开展本项课程，我校也积极创造良好的学习资源条件。

依靠与多家公司的紧密联系以及其所提供的丰富设备，学校的信息团队一直在紧锣密鼓地完善并推进机器人课程，争取让每个学生都能对机器人知识有所了解，能够基本了解机器人技术的发展历史和一些最新成果在生活和生产中的应用，知道各种传感器在能力风暴机器人活动中的作用，了解能力风暴机器人设计的基本知识，初步掌握能力风暴机器人设计的一般程序和基本技能，能对设计的过程、方案和成果做出比较全面的评价。同时在课程学习中，让学生主动尝试与研究机器人的构建，能初步学会模型或作品的制作、装配、调试、优化的方法,培养将创新精神和理论运用于实践的能力,能初步掌握基本的机器人搭建、程序实现和优化的学习方法,培养技术的决策能力、创新能力和终身学习能力。通过此项课程的学习,学生始终保持着对人工智能方面最优解决问题的敏感性和探究欲望,领略机器人领域的奥秘与神奇,关注最新的技术发展方向,精品课程的学员们更能全身心地投入技术创新活动中,具有良好的合作和交流的态度,养成严谨、负责、进取等良好品质。

为了给学生营造更生动的学习场景,信息团队的老师们还积极挖掘校园物理空间资源。比如"点球大赛"中,将学校建设的"笼式足球场"作为学生课堂作品的展示舞台,还让学生们利用自己的作品进行了一场机器人足球大赛,现场邀请了学校领导及学生家长进行观赛,激烈的角逐还吸引了不少校园围墙外的路人。这场球赛也吸引了学校美术社团中的摄影学员,有趣的造型以及激烈的赛况被定格成一张张活力四射的照片,展览在校园橱窗之中,成为校园一道独特的风景线。这项活动收获了多方好评,自此学习课程的学生更有兴趣了。类似这样有趣的课堂还有很多,比如在"各种各样的桥"一课中,老师提前布置任务,让学生认识各种各样的桥,并绘制简单造型(校园里的桥、学校附近的桥、其他种类的桥,等等)。因此在清晨或放学时段,校园十景中的"烟波皋亭"一景前总有络绎不绝的"多事路人",那是一群正拿着画本和笔的学生,偶尔叽叽喳喳和同伴讨论构造,偶尔仔细描摹小桥的造型结构……除了"眼见为实"的经历,我校的学生当然也善于利用机房,通过校园网络见识更宽广的世界,认识更多不同种类的桥。带着一颗热情的心去主动学习、深入探究,是我校机器人课程学子的学习方法,更是我校学子普遍拥有的学习态度。

第三节 文化空间

一、文化空间的打造——总体设计

叶澜教授说过:在当代,文化在教育中的功能更被关注的将是形成学生对周围世界和自己的一种积极而理智的,富有情感和探索、创造、超越意识的态度与作用方式,是开发学生生命潜能的一种力量,它在一定的意义上超越了原来只作为教育内容构成的定位,上升到目的层次。学校不但要求每一门课程而且要求整个学校生活的每一项活动都应渗透、弥漫着文化气息,都应具有共同的文化追求。

打造文化空间在我校培养学生的过程中具有重要的教育功能。

　　一是实现我校的教育管理功能。教育管理功能是我校文化空间最基本的功能，我们追求的终极目标就是促进学生的健康成长，使学生成为有理想、有道德、有文化、有纪律的社会主义建设者和接班人。学校方方面面的工作都围绕着"教育"这一主题，具有明确的意识性和目的性。教育功能具体体现在两个方面：一方面是通过教师的教学，直接面向学生进行有计划、有目的、有针对性的教育，引导学生树立正确的世界观、人生观、价值观，使其全面发展、健康成长；另一方面是通过潜在的校园文化氛围在潜移默化中熏陶师生的情操、意识和行为，这种丰富的校园文化空间有效地补充了学校"硬件"所不能提供的教育管理方式，在无形中为我校教师提供了人性化的育人场，同时也有利于学生发挥自己的聪明才智，积极主动地学习，营造积极的健康向上的校园文化氛围。

　　二是实现对我校学生的凝聚导向功能。校园文化空间的凝聚导向功能使我们校园内全体学生产生了一种向心力和合力，能培养每一个学生的责任感、荣誉感、集体感，引导学生形成齐心协力、团结一致、服务大局的精神风貌，打造良好的校园文化空间，使我校学生保有共同的价值追求。我校共有的精神追求，对学生有无形的、不可低估的感召力和凝聚力。认识并体验到彼此具有共同的理想追求、价值观念、道德情操和行为规范，使我校师生产生了强烈的认同感，并进而升华为强烈的校园归属感，使广大师生紧密地联合在一起。我校文化空间建设的一个理想目标，就是要使学生形成一种内求团结、外求发展的精神风貌。

　　三是实现对学生精神和情操的陶冶激励功能。我校的文化空间营造了一种精神环境和文化的氛围，这种氛围可以对学生产生一种陶冶和激励的作用，在潜移默化中对学生进行文化传递，学生通过提炼校园文化空间中的文化价值，丰富了自身的知识，获得了课堂教育所不能提供的人生意蕴的体验，陶冶了自己的心灵和人格。我校文化空间对师生产生了潜移默化的影响。我校良好的文化氛围使得大部分学生在不知不觉中具有了共同的积极向上的心态。"无声润物三月雨，有心护花二月风"，优良的文化空间浸润、成就了一批又一批优秀的学生。

　　四是实现对学生行为的规范约束功能。校园文化空间的规范约束功能主要是指，用制度、舆论等方式对学生的思想行为进行调整，通过积极向上的校园文化塑造学生的思想观念、行为方式、价值取向，引导全体学生在确定的目标方向上发展。文化既具有包容性也具有排斥性，即包容相向或相近的文化，排斥不同质的文化。它表现于校园文化空间即为：文化空间既要反映社会发展的先进文化目标，同时也要对不良思想行为进行规范约束。一方面，校园本身所具有的制度文化，可以在行为上规范学生的言行举止；另一方面，文化空间可以通过"文化优势"创建出一些非正式的、约定俗成的群体规范或共同的价值准则。校园文化空间的这种规范约束功能,可以使其学生不断完善自身言行并逐步与集体行为一致。

因此,我校立足实际,努力营造宽松与高洁、明丽与清新的校园文化氛围,打造文化空间,使其成为师生舒展心灵,放飞想象的场所。

文化空间建设包括理念文化、课程文化、地域文化、制度文化等方面的建设。通过构建物理空间,依托虚拟网络场,学校致力于营造一个涵盖整个校园的育人文化场,并无限向外辐射,使育人文化场发挥德育、美育等功能。有了文化的支持和积淀,发展有了源源不断的动力。在文化空间中,学校通过文化的有机整体育人,促进人"完整"发展。改变现有的课堂育人活动,超越空间,超越边界,使学校富含深厚文化底蕴,给学生创造一个自由与宽松的环境,营造一个自由的精神世界。文化空间是无形的,无限的,它作为实体建筑和虚拟网络的延伸,发挥着它独特的作用。它是心灵的熏陶,思想的渗透,精神的感召,力量的传达。我们努力将学校建设成为具有文化底蕴的场所,让蕙美少年置身于校园的每一角、每一处都能感受到文化场域散发的浓郁的文化底蕴,实现价值的同化和感情的和谐,如图 3 - 11 所示:

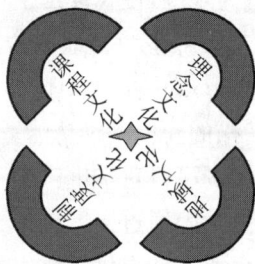

图 3 - 11　文化场域示意

(一)打造文化空间——理念文化

"三生"理念是文化空间建设的根。理念文化是文化空间的核心和灵魂,是学校发展的精神动力。它包括我校的办学精神和办学理念等内容。理念文化是学校在教育实践中所创造和积淀下来的并为其师生员工所认同和遵循的文化传统、价值观念和行为习惯等方面的一种结晶。理念文化不仅要准确表达,而且要运用多种形式承载和反复宣传,使之渗透、内化到师生的思想和行为中。

理念文化上,我们确立了"三生"理念,其具体内涵包括"以生命为基础,以生长为目标,以生态为支撑"。"生命"教育是基础,意图让教育回到原点,让教育首先聚焦在学生的生命体，直面生命，满足生命的需要。"生长"教育是目标，让学生在自然成长的阶梯上走得踏实、稳健、长远，让一切循序渐进，顺势而为。"生态"教育是支撑，从开发学生生态化、生活化的多元思维角度，引导学生珍爱自然、珍惜生活、珍爱生命。我校以培养能"思本源、致良知、应时需"的蕙美少年为目标，以此为核心支柱统领文化场域，在课程文化、地域文化、制度文化等方面进行不断拓展。

（二）打造文化空间——课程文化

课程文化支持"育人文化场"的建设。学校遵循课改精神，根据"三生"理念、地域文化及学校实际情况，整合资源，发挥优势，建立课程文化体系，开发一系列精品课程，持续推进课程"校本化、多元化、特色化、多维化"，建立具有丁蕙特色的课程体系。课程体系由基础课程和拓展课程组成，基础课程指校本化的国家课程，拓展课程的主体是空间课程，学校将空间作为一种重要教学因素纳入课程中，形成独有的空间课程。课程文化如"思本源·致良知·应时需"校本课程的开发，生命与健康、艺术与审美、语言与人文、品德与修养、科学与探究等五大课程群的建立，旨在培养具有"思本源·致良知·应时需"核心素养的学子。

1. 领悟课改精神，打造校本化国家课程

按照国家要求，依据学生学习水平和学习层次的差异，对国家基础性课程内容进行整合，使国家课程校本化。通过选择、改编、整合、补充、拓展等方式，对国家课程和地方课程进行再加工再创造，使之更符合学生、学校的特点和需要。以国家课标为基本要求，根据学校学生实际发展水平以及学生的不同需要，对教学内容进行重新整合和增删，建立课程内容的分层分类体系，在六年内形成本校特有的教学模式。

2. 根据学生需求，开发多元化拓展课程

学校的拓展课程主要分为两类，一类是每周一到周四下午的精品拓展课程，教师根据学生对本课程的兴趣及习得过程进行选择形成，类同"专才"的培养方式，争取五年内三个校区各有特色，有比较成熟的精品拓展课程。另一类是每周五下午的普及性拓展课程，六年内三个校区已经开设 80 个左右的课程；规范课程管理，学生可根据个性发展需求，采用网上终端选择课程，实行走班的形式，选择自己喜欢的课程。两类拓展课程双管齐下，并驾齐驱，让所有的学生都能提升综合素养，尤其是体艺特长类的素养，同时造就一批比较成型的特长型教师。

3. 结合学校优势，建构特色化课程体系

改革育人模式，结合学校的地域文化、校本资源，开发与实施具有活力的校本特色课程,最大限度地发挥课程的整体功能,提升学校办学品位。学校根据所处的地域文化以及现有的智慧教学设施、场馆资源,结合现阶段学生的发展需求,通过整合教学资源,将在五大领域开发"生命教育""蕙美听赏""三色生活""科技创新""儿童文学""童心蕙园""孝廉课程"等主题式特色课程。此外,因茶祖像在皋亭,学校的老师立刻衍生开,设立了三生课程、茶道课程、运河课程等特色课程。

4. 发挥课程优势,实施多维化评价系统

校本课程以满足学生的兴趣需求和发展学生的个性为价值取向,科学合理的校本课程评价方案能使校本课程评价的功能得到最大程度的发挥。学校实施多维化评价系统,采用主体参与式评价、自主选择式评价、阶段综合性评价等评价方式,全面、真实、深入地再现评价对象的发展特点。

此外,对教师的评价从三个方面进行:一是课程资料收集工作,每学期考察教师对课程方案、课程设置、课程纲要、课程小结以及成果等课程资料上交情况,并邀请课程领导小组或聘请专业人员进行资料评定。二是结合每周的课程监控,对教师的课程教学情况进行评定。三是课程成果展示后广大师生的评价以及本课程学生的反馈。

(三)打造文化空间——地域文化

地域文化丰富"育人文化场"建设的底蕴。对地形地貌的尊重、对地域文化的解读与传承,是"环境育人"理念下校园设计的地域化表达。校园设计一方面通过场地设计结合功能布局等方法对环境特点产生积极的回应,另一方面也要从地域文化的角度出发,融入带有地区特色的历史与传统,防止出现"千校一面"的现象。学校坐落于皋亭山脚、上塘河畔,地处孝子丁兰故乡,紧邻千桃园、龙居寺等风景名胜,具有得天独厚的地域文化资源。丁蕙深度挖掘传统地域文化,并将其转化为有用的教育资源,将地域的孝义传达给每一位师生,使孝滋于心,善践于行,进而砥砺学生的德行,并冶炼出具有浓厚地域特色的校园文化。如"孝廉"文化长廊的建设、充满"坚毅精神"的初心学馆、富有诗意的楼宇命名等,目前还打造了校园十景,分别为"三生奇石""草萌木长""济世老姜""秦王鞭石""上善若水""云端食堂×智慧教室""纵横方圆""石磬寸金""王蒙山隐""烟波皋亭"。一草一木,皆有情;一景一物,皆文化。在校园环境设计中,延续校园历史文脉,发掘校园文化精神。

制度文化上如设立"蕙自治"学生自理中心;班级文化上如进行"蕙美班级"月评比,征集中队队名队徽设计,制定班级公约,设立学习园地、作品角、读书角、光荣榜等,同时配备智慧树及校训、名人塑像、学校标志等文化教育项目,体现出环境育人的教育理念,营造充满"生命对话"的人文氛围,让每面墙壁,每一块草坪都会说话,布置光线充足、空气畅通、赏心悦目的教室,全面提高师生在校生活的文化环境质量……此外,学校充分依托实体性博物馆,积极开展丰富多彩的校园文化活动,如"蕙智"科技节、"蕙乐"维也纳艺术节、"蕙乐"体育节、"蕙爱"孝廉节等,让校园处处散发出文化底蕴,形成良好的文化氛围。

俗话说"随风潜入夜,润物细无声"。学校要有意识地利用校园的潜隐机制,挖掘教育内容,如致力于校园的绿化、净化、香化建设,为师生建设"四季有花香,处处绿满园,时时有欢笑"的富有生命成长气息的整洁校园,这不仅能够浸润学生的心灵,促进他们形成思考本源、唤醒良知、应对时需的意识,进一步培养高尚的思想道德品质,还能主导教育的发展方向,超越空间,无边辐射。

(四)打造文化空间——制度文化

制度文化是学校的组织机构以及其相应规范、纪律、制度和约定俗成的系统,它规定了师生的工作、学习、生活等各方面的具体要求。我校制度文化包括学校对人、财、物、时间、空间、信息等的管理制度,主要内容就是管理制度文化。这些管理制度包括教师管理制度、学生管理制度、会议管理制度、作息管理制度、校园管理制度、专用教室管理制度、财务管理制度、档案管理制度、网络管理制度等等。当这些制度内化为师生的行为习惯时,不但能保证学校正常的工作、学习、生活秩序,而且对师生的道德品质的养成,遵纪守法意识、行为习惯的形成具有重大意义。

制度文化提供有力保障。学校不仅在管理学生方面形成了一套颇具特色的制度文化,而且对各项管理制度进行了改革创新。学校采用校级领导全面辐射、分线管理的措施,辐射面虽广,但管理半径太大,各校区空间时间的跨度带来了许多管理上的不便。针对具体情况学校对管理模式加以精细化改进,建立科学的管理系统,并在管理实施过程中利用智慧化设备提升管理效率,让教师也能享受到"轻负高质"。积极做好后勤保障等工作,让管理层、教师、学生等能全身心地投入工作和学习,营造一个良好的氛围。完善学校、家庭、社会联动育人的长效机制。建设我校的家长学校和少年科学院,加大家校沟通力度。针对教师队伍年轻化几乎人人会使用智慧化教学的特点,我校给予年轻教师充分发挥能力的空间、展示才能的平台。建立小班化实施过程中的长效奖励机制,调动教师参与小班化教学研究的主动性;建立师资培训长效机制,满足不同学生的需求,培养小班化教学模式下的"全能"型教师。

学校通过建造"最忆是丁蕙"教师休闲娱乐场所、二十四孝长廊等特色学习场，形成了一个有机统一的育人文化场。优美、整洁的校园给学生和老师提供了良好的学习、工作和生活环境，而且给人以艺术的感染和美的享受。同时，学校利用各种资源，开展各项活动，对学生进行爱国主义、行为规范、道德品德等教育，发挥了育人的作用，使师生无时无刻不在接收积极向上的文化的熏陶。文化具有开放性与时代性，能给人以自由与想象的时空，借助文化这种特性为学生的生存与发展营造一种自由时空，学生的身心才能获得真正自由，成为能够"思本源·致良知·应时需"的蕙美少年。

二、文化空间的打造——亮点展示

孝敬父母是中华民族的传统美德，而廉洁正直也是人所应具有的一种高尚品质。一个人只有从小就懂得"孝廉"精神，长大后才会成为对国家、社会有用的人才。丁兰街道"孝文化"源远流长，"廉文化"根深蒂固。而如今，"智慧教育"又开始盛行，这种利用现代信息技术进行教学的模式已经成为新的"时尚"，并且在不知不觉中渗透到教育的各个领域。在倡导"以人为本"的今天，必定要"落实德育为先"。将"德育""地域文化"与当下热门的"智慧教育"相结合，利用先进的现代信息技术，助力德育活动以一种全新的方式展开。

学校地处孝子丁兰的故乡，而整个丁兰街道都极具"孝文化"气息。除此之外，学校还坐拥皋亭山，许多历史上的文化名人如范仲淹、王蒙，都在此逗留，文化底蕴极其深厚。学校抓住了地域文化的契机，着力打造"孝廉文化"，将"孝廉文化"作为学校德育特色文化。借助文化优势，学校将宝贵的历史文化资源注入校本课程之中，打造了以"孝雅"为核心的校园文化，形成独具特色的学校文化，成了一项重要的课题。我校教师以静态孝廉文化展示为基础，制作了孝廉文化墙，设置孝义体验区，定期进行孝廉宣传；学校还开设了"云超市孝廉课程"，配合德育处开展系列孝雅文化少先队活动；每学年定期开设"黄鹤山樵"艺术文化节……开办第二年，学校承办了江干区"廉洁文化进校园"的开幕式活动，学校精心举办的"小孝行·大爱廉"活动获得了社会一致好评，有效地推进校园廉洁的实行。

"晨谈"作为德育活动的一个重要阵地，它的作用和地位应该被重新唤醒。"孝廉晨谈"会将"孝廉文化"作为教育学生的统领思想。从"孝廉精神"入手，把中华民族的传统美德与现代化信息技术相结合，既突出地域文化的特色，同时又使用了新形式来输出知识，丰富了学校教育的手段。孝廉晨间谈话核心课程的模式，与传统晨谈的区别在于开展的形式更符合小学生的心理发展特点，同时又兼具较高的信息化技术水平,最大限度地将教师的主导地位让位给学生,突出"以生为本"的教育理念,让"晨谈"——这一直以来很少被系统化的教育载体重新发挥它的地位和作用,也为"智慧教育"增加一个可以践行的契机。

(一)自主教育建立心灵体验

如果说激发自我意识是孝廉晨谈核心课程的基础,那么心灵体验则是一种有效的实施途径。"体验"一词本身就具有相当的自主性,因此,这是一种学生亲自体验"德育"中的"德",在教师的引导下进行"自育"的过程。但什么内容才能真正走进学生的内心并产生情感的共鸣,这便需要教师进行充分的准备和预设。15分钟的晨谈时间,可以通过一则真实的案例介绍或是一段视频播放,让学生有所感触,产生对于事件的初步认知,教师再在此基础上深入挖掘,深化这一情感,最终达到教育的目的。

丁蕙将晨谈课作为心理健康教育的又一个载体,是学校全面重视德育,特别是心理健康教育的重要变现。晨谈内容进一步与心理健康辅导课的教育相结合,让晨谈教育更加"走心",让学生形成更加健康并且健全的人格,成长为学校"三生教育"理念引导下的阳光少年!

(二)高效晨谈提高教育效率

很多时候传统的晨谈由于没有形成系统性、规模性而收效甚微,同时若晨谈内容过于零散,对于学生教育的延续性也较差。调查结果显示,虽然晨谈的情况不同,但总体来说都缺乏系统性,这种现状对教育特别是德育而言非常不利,使得育人功能的延续性被限制,如同没有教学计划和教学目标的常规课程一般,教学效果永远达不到应有的效果。与语文、数学等课程相比,德育课程更需要明确的育人计划和目标。因此,应该重视任何一个可以育人的机会。但随着时代的进步,晨谈的模式再维持原状势必被淘汰,这就需要我们对晨谈模式进行创新。

我校在德育实践的过程中也出现了这一问题,因此,学校决定从晨谈入手,改变其低效、零散的现状。这种晨谈方式根本上的变革——"智慧化"的转变,不仅能将课程内容系统化,更是将这15分钟时间效率大大提高,成功发挥晨谈教育的作用。晨谈本身是一种简短的思想教育,它的作用在于加强建设学生的德育阵地。我国著名的高等学府——清华大学将"自强不息,厚德载物"作为自己的校训,许多学校也都将"德"字纳入校训之中,德育的作用和地位无须再强调。要肯定晨谈的积极作用,务必将晨谈模式转变过来,避免说教,还学生自主思考,避免零散,还课堂优质高效。

（三）多维评价渗透文化涵养

孝廉晨间谈话核心课程的模式可以称为"1＋1"的教学模式,学生每周两次学习孝廉晨谈核心课程。其中第一次以"感受体验"为主要方式,教师根据学生选择的结果搜索、制作、整合相关视频,学生通过真实事件或者故事感受体验;第二次则以"互动式"交流为主,让学生们自主交流,畅所欲言。最后将这种新模式发展成每周一个主题,每月一个系列的具有系统性完整教育模式。孝廉晨间谈话核心课程主要通过各种形式的考察、争章进行课程反馈,具体形式分为以下几类:

1. "孝行"进我家

晨谈课程实施过程中,会随着课程内容布置相应的思考题和任务题,比如帮父母洗一次脚、制作孝心小报等。

2. 孝文化长廊考核

根据丁蕙二十四孝标准进行孝文化长廊考核争章活动,如知道爸爸妈妈的姓名、生日;看到长辈主动问好;妈妈买菜的时候帮妈妈提东西;吃饭的时候帮大家盛饭;客人来了,帮助父母端水果;吃饭的时候帮助摆碗筷;父母回家主动拿拖鞋;饭吃好帮爸爸妈妈擦桌子;能自己叠被子;等等。

3. 孝雅主题活动

(1)开学典礼孝心小报传递活动。

(2)重阳节敬老爱老活动。

(3)孝廉主题展演活动等。

4. 争得孝雅章

根据孝雅主题活动将对学生的表现进行考核。

5. 评出孝雅之星

学期末,对获得孝雅章的同学进行进一步考核,评选出孝雅之星。

第四节　三维空间融合

系统论的基本思想是将研究的对象当作一个系统,进而分析系统的结构和功能,研究系统、要素、环境三者的相互关系和变化规律,使系统达到最优。从系统论来讲,宏观上三维教育空间是由相互联系的物理空间、虚拟空间和文化空间按照一定的结构形式连接而成的大的系统。从微观上看三维教育空间内的每一项要素也是由若干子要素按照一定的结构形式组成的有机整体。因此，三维教育空间的建设和应用都是一个完整系统建设与发挥作用的过程。三维教育空间的有序运行其实就是通过对诸多子要素的相互支撑和协调，如五馆一园、智能化软硬件设备、学校文化等，最终形成一个完整的有机系统。三维教育学习空间的运行就是这个有机系统内的各个要素协同发挥作用、支持学习活动开展的过程。

系统具有整体性、相互关联性、等级结构性、动态性四大特征，这也是系统论的核心观点。系统论的思想与观点对我们思考三维教育空间中的物理空间、虚拟空间和文化空间的关系具有指导意义。我们以学校的生态实践基地——童心农耕馆为例来看三维教育空间的系统关系。

(一)三维空间——整体性

自然界和人类社会都是由有机联系的整体构成的，且系统的整体功能是各要素在孤立状态下所没有的性质，即构成整体的每个部分都不能离开整体而单独存在。三维智慧教育空间是随着学生学习需求的提升，对原有学习空间中缺失场域的补充与改进，可以看成是一个系统升级的过程。在此过程中，学校以构建实体性博物馆为物理基础，形成三维教育空间中的物理空间，并在此基础上打造智能化虚拟网络场，有效拓展有限的实体性空间，以育人文化场为指向，通过博物馆特色学习项目的开发和实施，以培育"思本源·致良知·应时需"的蕙美少年为导向，最终形成了三维教育空间这一整体。

童心农耕馆位于被誉为"杭州靠山"的皋亭山腰，它融合了现实的农耕场地、信息化设备营造的虚拟学习空间以及育人文化导向，是三者交织融合，缺一不可的系统。童心农耕馆的运作是在班级合作制的基础上，以轮流制的方式分管田地，聘请当地专业的农林耕作员为向导，以信息技术为平台，指导四季的播种、照看与收获。物理空间即童心农耕馆的耕作园、茶园、桃园和展示园。农耕馆这一物理空间是以培养"优雅生命、文化教养、自由思想、社会担当、品质创新"的"蕙美少年"，以江南、杭州皋城的地域文化，即茶文化、桃文化，乃至中华传统农耕文化为指导打造的。

(二)三维空间——相互关联性

系统内部各元素之间都存在着一定的关系和联系，也正是这种关系和联系才使得系统能够成为一个有机的整体。当前的学习空间已经不能满足教师的"教"和学生的"学"，在这一现实驱使下，不仅需要扩充学习场域，而且在一定的条件下需要实现不同功能的场域,即三维空间之间互相打通,形成物理空间、虚拟空间和文化空间"你中有我,我中有你"的格局。因此,各个学习空间的关联属性便显得尤为重要,因为关联性的建设能够为不同学习场域资源的获取提供很大的便利,如相关资源的关联与绑定,能够实现一种或一类资源的获取,相关的或者绑定的资源都能够推送给教师和学生,为学习者进行自主学习提供更大的便利。

为了让学生认识一个完整的植物生长过程,以及体验一次完整的农耕劳作,学校一般在谷雨时节天气回暖时举办隆重的"开春第一耕"。学校在童心农耕园为每个班级划分一块责任地,即班级的承包地。班级自主决定在责任地上种植何种农作物,大家认真劳作,小组内互相配合,同学们不仅学会了翻地、培土、放苗、浇水,同时也认识了辣椒苗、西红柿苗、黄瓜苗、豆角苗等各种蔬菜;在后期的护理中,果蔬生长的各项数据通过虚拟空间收集,并达成农耕馆与学校、与学生、与专业部门的实时数据传输,学生在物理空间与虚拟空间的关联中了解如何精心护理种植的果蔬,最终达到传承文化、培养素养的目标。

(三)三维空间——等级结构性

系统的等级结构性特征是说由于系统内部元素潜在的可分割性,系统也是由系统构成的,即诸多较低级的系统相互关联再构成较高级的系统。系统一方面表现为一个整体,另一方面又是诸元素的集合,所以从内部结构看它具有有序性、层次性和稳定性的特征。三维教育空间的建造和运行,也遵循了循序渐进、逐步推进的原则。三维教育空间向智慧教育的推进可以看成是低级形态阶段向高级形态阶段转变的过程。根据循序渐进的学习需求,形成每个阶段满足需求的完整的学习空间形态,最终形成满足智慧学习需求的智慧学习空间形态。

丁蕙童心农耕馆的虚拟空间是由信息化设备、网关控制器和后台支持平台这三个稳定的元素集合而成的整体。

农耕馆的信息化设备是由传感器、视频监控系统、害虫防治系统、自动化的处理设备等元素集合而成的整体。传感器用来采集土壤的水分、土壤温度、光照强度、空气温度、空气湿度以及植物养分等数据;视频监控系统,以最直接、最形象化的方式查看农场动态视频;害虫防治系统,安装害虫监测器,每隔一段时间就会把害虫监测器里的昆虫图片发送给后台进行检测,实时防范虫害爆发;自动化的处理设备,比如自动洒水施肥装置等。这些设备集合成有层次的、稳定的信息化设备整体,是三维空间等级结构性的直观体现。

(四)三维空间——动态性

系统是运动的承担者,运动是系统的根本属性,是系统的存在方式。系统中要素的物质、能量、信息在发生变化,相互作用的要素构成的整体也与其他整体之间进行着交流与作用,系统与运动是紧密相连的。学习作为一个自组织的动态过程,支持它的学习空间也需要不断发生变化以满足学习的需求。三维教育空间的建设与应用有着相互依赖、相互促进的关系,即在应用中产生建设需求,在建设中支持应用更好的实施。在这种双向的动态促进过程中,形成了更好的空间建设与应用思路,使得我们的智慧教育不断向前。

为了打破课程界限,提升学生生态环境意识,丁蕙着手打造了以学生的观察探究和体验实践为教学方式的实践性生态课程。丁蕙丰富多元的生态课程是以智慧生态馆和童心农耕馆为实践基地,童心农耕馆具有丰富的生态资源,它是真正的耕作农场,满足了城市学生亲近自然、探究农林的愿望。很多学生在童心农耕馆第一次看到辣椒、南瓜等农作物,也在童心农耕馆第一次体验了翻土、点豆等农活,真正打破了传统生态课程拘于书本的局限性,并且在智能化技术的加持下,创新了生态课程的样态。

二十四节气是我国优秀传统文化的重要内容之一,很多学校将二十四节气引入小学课堂,如在课堂上详细讲解不同节气的时间分布、天气特征等知识,并讲解相关的诗词、故事、习俗,让学生们全面了解二十四节气,但受学校资源的限制,很多学校只能止于知识,却难以践行实践。为了打破课程界限,提升学生生态环境意识,丁蕙着手打造了以学生的观察探究和体验实践为教学方式的实践性生态课程——二十四节气民俗体验课程。

二十四节气民俗体验课程,以时间为纵向轴,根据二十四节气的气候特点,以及相对应的物候特点,设置了丰富的民俗体验活动,在课程中深挖和探究作物的种植技术、生长习性以及生长情况,将科学类的知识性探究到极致,做精做细。与课程相配套的物理空间和虚拟空间便相应生成。如谷雨时节举办"开春第一耕",学校在童心农耕园这一物理空间中为每个班级划分责任地,虚拟空间的信息化设备、网关控制器和后台支持平台,也配合课程做出数据收集与反馈。

第四章　三维教育空间的应用

　　未来教育是多样化的教育信息技术和传统教育的无痕融合，由此促进学生的自主学习和高阶学习，促进学生的合作学习和跨界学习。其特点就是让学习在不同场景下发生。除了国家规定课程、地方课程以外，学校建构了一套完整的"三维教育空间"特色学习场项目体系，开发"场"资源，建设特色课程，让单纯的教学"场地"转化为真正以学生为主体，促进学生成长的"场所"，形成了具有丁蕙特色的学习场新范式。

一、双重·交织·统整：三维空间应用系统设计

　　学校经过建立三维教育空间模式，开发特色学习场，建立层次性群落式项目群，完善教育空间建设范式，尊重学习主体——学生的发展需求，同时突破教室与墙壁的界线，延伸学习空间，形成针对个体的"私人定制"型教育，即"个性化"的教育。三维空间集展示与互动、参观与体验、传统与现代、科学与艺术于一体，带给学生一种创新思维模式，让学生从小感知自然，贴近生活，感受生命，使学生建立完整学习目标，形成知识的建构、素养的形成、生命的成长这三者的深度共鸣。

　　特色学习场的建设重点是平台搭建和活动实施中学习方式的转变，以达成学生不同素养的培养。根据所处的地域文化及场馆资源，综合相关教育教学理论，在原有的基础上对学习的内容进行重新设计与架构。并基于学校"三生"理念的指引，建构了三维空间应用系统的基本框架。

(一)形态设计

　　特色学习场是实施三维教育空间的载体。以此，学校创造性地将从物理空间、虚拟空间、文化空间入手，以建构更适宜学生发展的特色学习场，开发"场"资源，建设特色课程，那就是"三维教育空间"特色学习场项目体系，也就是三维教

育空间应用系统。

　　"三维教育空间"特色学习场项目体系是能动、联通、融合的,必须做好其整体设计,以作为三维教育空间开展各项活动的依据,保证三维教育空间能够科学健康运行。

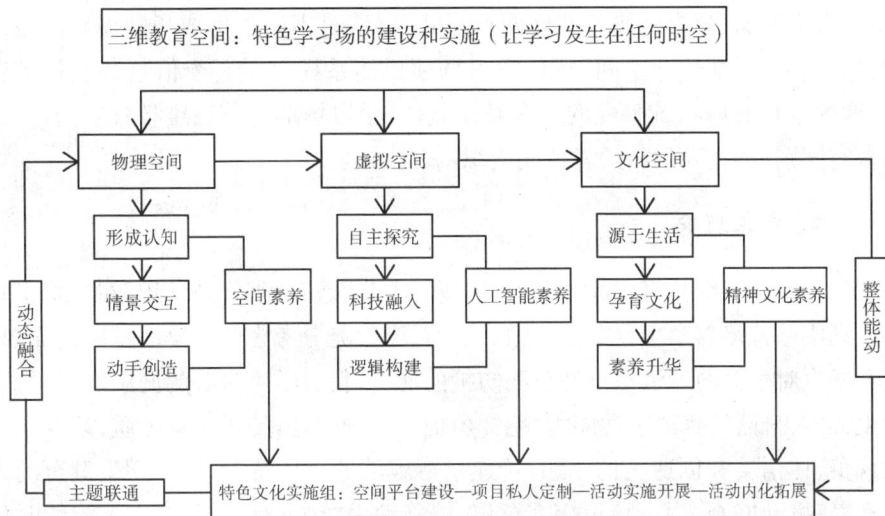

图 4-1　三维教育空间形态设计图

　　1. 统整能动

　　"三维教育空间"特色学习场项目体系是一个整体,其探索不仅涉及诸多教育资源的开发和利用,而且要让学生学会在实际情景中解决问题。只有在物理空间、虚拟空间和文化空间的三维教育空间下,特色学习场项目体系才能正常运行,发挥其育人的场效应,实现学生完整学习的目标,进而提升素养。而特色学习场又是三维教育空间的载体,以三维教育空间的特色学习场为基点,走内生式发展之路,让空间发展与学习场深度契合。两者相辅相成,相宜相适,且有机统一,不可割裂。

　　2. 主体联通

　　物理空间、虚拟空间和文化空间三维教育空间各对应不同的特色学习场,"三维教育空间"特色学习场项目体系的有效创建和架构,分别从不同方面发展学生素养,通过促进个体的发展而显示出自身的独特性。物理空间课程项目主要是针对学生动手探究能力、创新思维能力的培养;虚拟空间课程项目主要针对学生的数据处理,系统思维、判断思维建构,信息技术使用能力等未来人工智能素养的培养;文化空间课程项目则主要针对学生的品质创新、文化涵养、自我控制的能力、自我选择的能力等完善精神人格的核心素养培养。

3. 动态融合

"三维教育空间"特色学习场项目体系的划分,不是单一的割裂的,而是融合和统整的。以相对属性,去体现课程目标转变。同时,每个领域,既有国家基础课,又有拓展课,分为必修和选修两种形式,以满足不同学生成长的需要。三维教育空间为"三维教育空间"特色学习场项目体系提供了一个信息和能量的转换、增生且具有内在统整性的综合系统载体,学习场形塑着三维教育空间,三维教育空间则成为学习场,两者彼此交织,彼此体现。

(二)基本理念

学校打造三维教育空间,重构学习场,做三生教育,创智慧学校,在丰富多彩的活动中坚持培养学生良好的习惯。同时,学校充分考虑学生全面发展的需要,提升学生对生命的珍惜敬畏和自我防护的能力,促进学生身心的健康发展;培养学生大方、自然的言语表达能力,感知历史文化的变迁,传承优良品质;培养学生发现美、体悟美和创造美的本领;传递孝行廉洁的公民意识,培养学生健全的人格素养;拨动好奇之心,培植探究意识,培养动手能力;有德行,有人工智能时代素养与内核思维;有着系统思维、首创思维、判断思维,有着在知识经济时代掌握处理信息的能力、自我控制的能力、自我选择的能力。基于此,学校设定以培育"思本源·致良知·应时需"的蕙美少年为目标,即培育具备"优雅生命、学习创新、文化教养、社会担当"品质的少年,建构了一套完整的"三维教育空间"特色学习场项目体系。

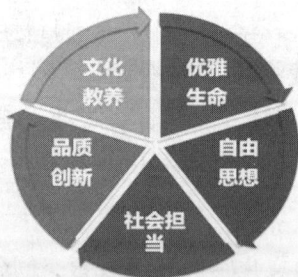

图4-2　三维教育空间学生核心素养

1. 情境体验

通过实践来认识周围事物,或者说,使学习者完完全全地参与学习过程,使学习者真正成为课堂的主角,利用一些可视 、可听、可感的教学媒体为学生做好体验开始前的准备工作,深入具体的、生动的情境体验,让学生产生一种渴望学习的冲动,自愿地全身心地投入学习中。学生通过直接经验来获得知识和技能。

2. 跨界融合

解决真实世界的问题,学生需要动用各种相关知识,来分析问题、讨论对策、设计方案等。因此,三维教育空间的学习开展中,强调解决问题过程中跨学科、融会贯通地运用各种知识的重要性。学生只有打破学科界线,打破已学和未学的界线,以解决当前问题为导向,进行跨学科学习与运用知识,才能有效达到预期目的。这个过程,既是学生消化原有知识的过程,也是加工知识的过程,同时也是获得新知识以及主动探索新知识的过程。

3. 深度学习

深度学习是指教学中学生的学习而不是自学,它是对以往一切优秀教学的精华的概括和提炼,它包含着学生积极主动的学习,是能够引发学生主动学习愿望与积极活动的教学。深度学习是三维教育空间学习开展的主要方式,通过营造真实的学习环境,促进学生进行有效学习,从而使学生通过对知识的深层理解和加工,实现知识的迁移和学习情境中复杂问题的解决。

4. 问题解决

由一定的情景引起,按照一定的目标,让问题通过跨学科知识和经验的论证分析,形成方案,然后借助技术工程原理与方法,通过探究与实践,朝着具体的目标——问题解决的方向前进。问题解决是三维教育空间下特色学习场项目课程的学习目标,每个课程项目都是以问题解决作为前进的方向。

(三)基本要素

特色学习场是实施三维教育空间的载体,根据学生所要培养的不同素养进行划分类别。"三维教育空间"特色学习场项目体系没有固定的模式,但是,其具有基本的课程要素:真实问题、多元互助、项目统整、智慧学习。

1. 真实问题

爱因斯坦曾经说:问题的提出远比它的解决方案重要,解答也许仅仅是数学或者实验技能的问题。提出新问题、新的可能性,以及从全新的角度认识老问题,离不开有创造性的想象力,正是它们造就了科学的进步。真实问题是"三维教育空间"特色学习场项目体系的首要要素,尤其是在物理空间中。营造真实问题的情境,使问题从教科书中走出来,走向教学实际,走向生活实际,让学生解决真实的问题。小学阶段的学习,学生们更多的是基于生活经验,从已有的认知用不完全归纳法迁移得出，因此真实问题的情境尤为重要。

2. 多元互助

多元智能强调每个人具有的优势智能是不同的，而学生以后要面对真实的生活和工作情景，也往往需要与周围的人进行协同工作。因此，"三维教育空间"特色学习场项目体系强调学生根据任务的需要组成学习小组，开展项目学习和研究，在团队协作的基础上，更好地发展交流合作能力、协同工作能力，在群体中发现和认识自身的优势智能。而这一点，在针对品质创新、文化涵养的文化空间课程项目中显得尤为突出。

3. 项目统整

以学生为中心，在一定的时间内让学生选择、计划、提出一个项目构思，通过多种形式解决实际问题，有效提高学生实际思考和解决问题的能力。因此，"三维教育空间"特色学习场项目体系聚焦学生的面向未来的关键能力和核心素养，主张让学习与学生的生活高度关联，学生可以根据学习主题，在真实世界的学习场景中开展基于问题解决的学习。

4. 智慧学习

"三维教育空间"特色学习场项目体系为学生提供个性化学习的机会。基于各特色场馆，利用智能手段，依托智慧学能系统开发五大学习模块，为学习者提供定制化的教育，立足学生熟悉的日常生活，创设以体验为中心的活动平台，营造互动环境，使学生在特色场馆里自由参与、主动体验、积极互动，使学生的学习兴趣得以激发，学习动机得以触发，学习潜能得到开发，学习思维得到生发。

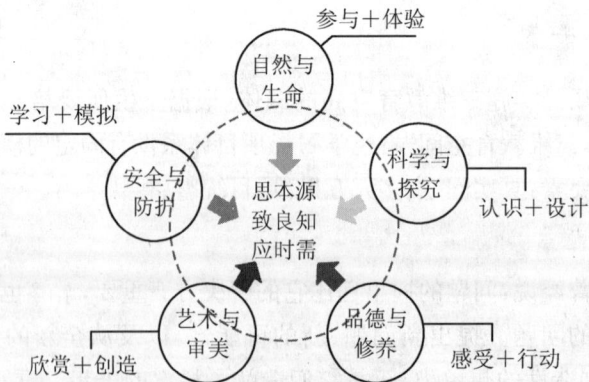

图 4-3　五大学习模块图

综上所述，"三维教育空间"特色学习场项目体系，着眼于智慧学校创新精神的同构，融合了跨界学习、项目学习、深度学习、体验式学习等理论观点及建议，强调以真实问题、多元互助、项目统整、智慧学习等为导向的学习方式,为学生未来素养的培养提供了一种理想构型和价值取向。基于这种价值取向开发、设计的与三维教育空间相适应的课程项目,我们称为"三维教育空间"特色学习场项目体系。

(四)实施架构

三维教育空间中,通过特色学习场项目体系课程的学习,学生认识生命,亲近自然,回归本真质朴,熟悉日常生活,对生命的本源产生认知;关注学生审美能力、道德品质以及探求真知三种素养的整合,在实际行动中实现知行合一;培养学生丰富的创造力,使之学会创意物化,从而主动、创造性地解决学习生活中的问题,培养其问题解决方面的意识和能力。

基于此,"三维教育空间"特色学习场项目体系搭建时,充分发挥学生、教师、学校、场地的优势,满足学生的多元需求,采取同学科、跨学科等多样方式实现项目的合作开发与实施。特色学习场根据学生所要培养的不同素养进行划分类别,在三维空间三大领域中开发五大特色项目——自然与生命、艺术与审美、品德与修养、安全与防护、科学与探究。

1."物理空间"特色学习场课程项目

我们在三维教育空间中特别是在"物理空间"特色学习场中利用好可操作性、实践、探究的创造性资源来培养学生所缺乏的动手实践探究能力。并在大系列中开设自然生态板块、美体艺工类板块、科技综合类板块。

自然生态板块,主要包括生物大世界和童心蕙园,如生物大世界的森林寻踪、地底探秘、平沙落日、童心蕙园的亲子种植、动物共生等内容。

美体艺工板块,包括卢浮宫之画、维也纳之声、奥林匹克村,如王蒙艺术、杂志拼贴、燃情非洲鼓、模拟高尔夫、VR滑雪等内容,培养学生兴趣的同时,也选拔具有体艺特长的学生,让他们尽情发挥所长。

科技综合类板块,分设了科学素养的学习场若干个,包括好奇实验室、哥白尼科技社等,通过动手操作创造,让学生了解现代科技,扩展科学知识,培养探究创造能力。

2."虚拟空间"特色学习场课程项目

"虚拟空间"特色学习场为每一个学生提供了一个无边界、混龄式、自主互动的互联网+平台。学生能够打破班级和年级限制,打破空间区域,进行在线学习,培育人工智能时代素养与内核思维。此特色学习场的课程项目丰富了学生的课余生活,也拓宽了学生的视野,体现了碎片化教育的实时性和可行性。在大系列中开设在线学习类板块、人工智能类板块、智慧创造类板块。

在线学习类板块包括随时随地体验学习的硅谷园、实景与虚拟相结合的"智慧联动"应用软件超市、走出教室、穿越墙壁的科技天地等。

人工智能类板块包括集乐高机器人、数据集、算法启蒙、机器感知和综合实践于一体的科学微途、VR 人文创客课程等。

智慧创造类板块包括 3D 打印、Scratch、对学生进行编程和算法思想的启蒙与渗透的 App Inventor 等图形化编程工具课程等。

3. "文化空间"特色学习场课程项目

一所学校的发展,更需要坚守根本,通过挖掘隐性空间的深厚内涵,发挥其渗透作用,培养良好的个性品质。"文化空间"特色学习场课程项目具备浸润、熏陶、感染的特点,以潜移默化的方式对学生的全面发展产生各种影响。包括生命教育板块、劳动教育板块、孝廉教育板块。

生命教育板块让学生在物化的场馆和无形的场意中体验"艰苦",它包括了不忘本心的爱心驿站、实景与虚拟相结合的"智慧联动"红色体验空间、掌握防灾和救护技能,努力应对各种突发情况与挑战的生命体验课程。

劳动教育板块包括亲子耕种、培育等劳动体验课程,获得了智能化技术加持的耕作园和养殖园生态课程,1+X 家校共建劳动教养课程群等。

孝廉教育板块包括晨间孝廉系列课程、孝廉长廊欢乐奔跑,"孝廉节"系列活动从看得见的场馆和看不见的熏陶中得到美德的洗礼,浸润在这样丰富"在场"和"融入"的美好传统品德中。

我们构建的特色学习场就像魔方里的立体方块一样,它们随着空间因素的生成而不断生成。特色学习场操作的基本实施流程大致一样。

(1)空间平台建设。

(2)项目私人定制。

(3)活动实施开展。

不同空间的特色学习场在活动实施开展上有着不一样的学习方式和学习策略。将在以下三点中进行详细阐述。

二、探究·创造·实践:物理空间课程项目

(一)课程特性

当今社会,学生受限于封闭的学习空间,普遍表现出动手能力差,创新意识

弱等缺陷。为此,物理特色学习场课程项目立足于新课程改革的要求以及学生的成长需求,试图构建具有校本特色的自然生态圈,发掘学生生命潜能,为学生创建体验性、操作性强的特色学习场,进而全面提升学生的生命品质。增加学生对世界的真实感触与事物的感知,提高实际应用的能力,将学生的想象力转化为具象可见的创造性行为,激发学生的自信心与成就感。

物理特色学习场课程群学习的内容主要和学生对物理空间的认知相关,既培养学生的动手操作能力,同时也培养了学生的合作探究能力。通过学习,了解场馆内所涉及学科的相关知识,通过沉浸式学习,学生在"玩中学""做中学",在培养学生创新和操作素养的同时,激发他们团队合作意识,增强动手操作能力。

◆物理性:该课程群是在丁蕙实验小学独有的物理场馆内授课的,学生在上课的同时可以全身心投入场馆内,通过沉浸式教学模式培养学生的物理空间理解力。

◆操作性:该课程群的学习内容能让学生动手做一做,在操作中体验平时的生活,通过看—听—做,让学生们真切感受到这类课程的特点。

◆趣味性:课程的内容比较丰富,和学生平时学习的内容完全不一样,而且学完后就能享受到成功,学生非常喜欢。

(二)主题选择

主题如下:

1.宇宙的奥秘(天文馆);2.生命的起源(海底世界);3.神奇的植物;4.小创客之风力使者;5.我是医生之接骨手术;6.自然灾害馆;7.红十字急救馆;8.拯救企鹅;9.苍穹上的几何;10.防震高塔。

(三)案例举隅

(1)单元课程教学设计和目标

"探秘行星"涉及地理、生物、天文、艺术等学科知识点,通过艺术作品的呈现进行学科知识统整。本单元课程是基于浙江师范大学附属丁蕙实验小学的特色场馆——天文场馆进行设计,充分利用了丁蕙实验小学的校园资源,建构了具有校本特色的 Steam 课程,从物理空间上给学生创造探究的机会,从而培养学生的动手操作能力和物理空间认知能力。教学设计和目标如图 4-4、表 4-1所示。

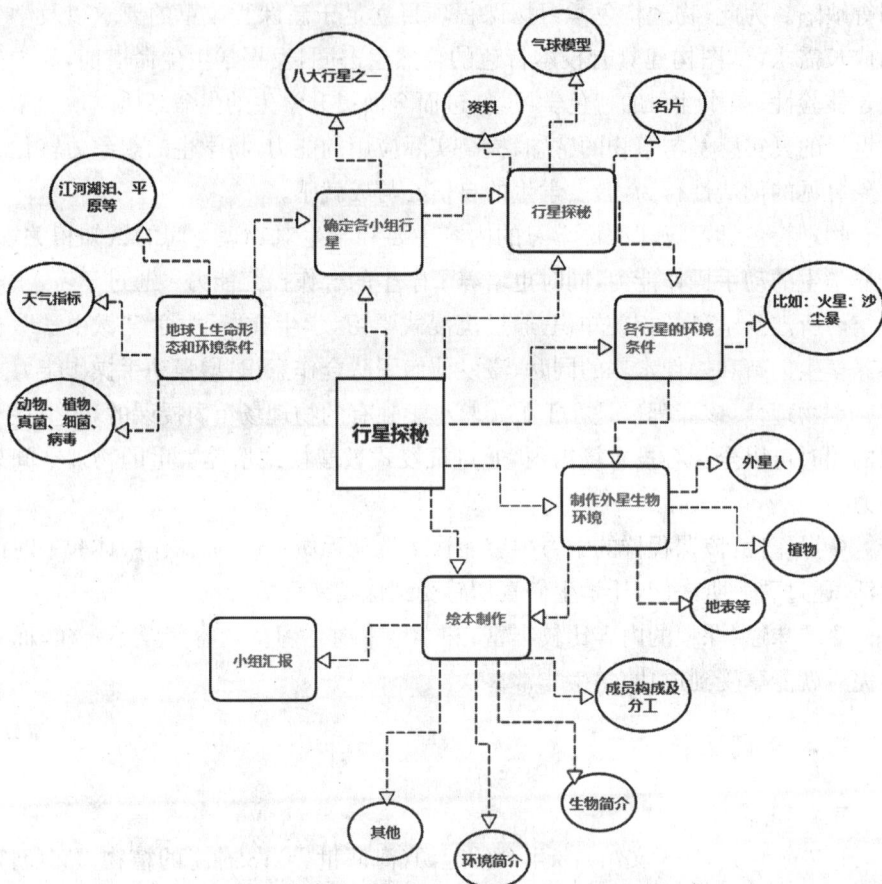

图 4-4 "探秘行星"单元课程教学设计思维导图

表 4-1 "探秘行星"单元课程教学总目标

	涉及学科领域	课时	教学目标	教学资源
探秘行星	地理、生物、天文、艺术等	3	1.学生通过在天文馆里对行星环境与生物的模型制作,明白生物与环境的关系,通过艺术进行学科知识的整合。 2.制作与模型相关的绘本,绘本制作完成后,能够有逻辑地说出此次课程涉及的知识以及创作感想等。	丁蕙实验小学天文馆、超轻黏土、气球、学习单、彩卡纸、其他材料、PPT 等

2. 课时教学设计

(1)第一课时:生物与环境

该课时的教学设计如表 4-2 所示,学生活动如图 4-5、图 4-6 所示。

表 4-2　"生物与环境"教学设计

生物与环境	
一、教学目标	
1.学生自主探索,了解生物与环境的关系。 2.基于科学,能够分析具体生物。 3. 通过生物与环境关系可视化的表现,感受大自然的魅力。	
二、教学重点难点	
1.教学重点:学生能够通过自己的探索理解生物与环境的关系。 2.教学难点:生物与环境关系可视化的表现。	
三、教学准备 课件、马克笔、铅画纸、多媒体设备等	
四、教学过程	
1.引发话题	是否看过关于外星生物的电影或者书籍? 它们的特征? 学生讨论交流。
2.问题展开	• 地球上有哪些生命形态(细菌、真菌、动物、植物)? • 地球上有哪些环境条件(江河湖泊等)? • 生命与环境之间的关系
3.任务开展	每个小组选择一个生物(撒旦叶尾壁虎、水滴鱼、叶海龙、雪人蟹、雀尾螳螂虾、角蝉),进行分析
4.关系可视化	通过资料的查找进行关系可视化的表现,表达方式不限。
五、评价	
本课时主要对学生对生命形态与环境的关系的理解,对关系可视化是否符合科学与是否具有艺术性进行评价。	

　　"探秘行星"单元课程的第一课时"生物与环境"涉及生物学科与艺术学科知识,锻炼了学生自主学习的能力,如图 4-5,图 4-6 所示。

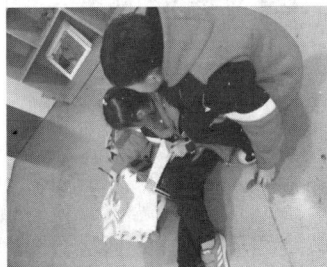

图 4-5　作品绘制　　　　　图 4-6　学生查找资料

(2)第二课时：行星探秘

该课时的教学设计如表 4-3 所示，课程概况如图 4-7 至图 4-10 所示。

表 4-3 "行星探秘"教学设计

行星探秘	
一、教学目标	
1.各小组进行行星知识查找与梳理工作。 2.符合逻辑且科学地进行行星模型与名片制作。 3.了解各个行星不同的特点，并感受它的美。	
二、教学重点难点	
1.教学重点：学生通过模型等制作，对艺术以及相应学科知识有深入了解。 2.教学难点：行星环境与生物的创造与制作。	
三、教学准备： 超轻黏土、废旧材料（废纸板、树枝等）	
四、教学过程	
1.课前知识梳理	课前小组分工后，从丁蕙实验小学一楼的天文馆以及信息技术教室等处对各自小组的行星进行了相关资料查找并梳理。
2.行星模型与名片制作	小组进行资料梳理以后，进行行星的模型及名片的制作（每个小组根据自己组的行星特点进行星球色彩等装饰，最后呈现在一个行星系统中），以此加深学生对行星的理解。
3.行星生命形态与环境的创作	在科学知识的基础上，进行地表以及生命形态的创作。在创作的过程中，每个人分工不同，所以合理安排与创作是很重要的。
五、评价	
本课时主要对学生创作的生命形态与环境是否具有艺术性与科学性进行考量与评价。	

图 4-7 丁蕙小学天文馆

图 4-8 学生查找资料

图4-9　行星名片制作 　　　　　　图4-10　行星模型

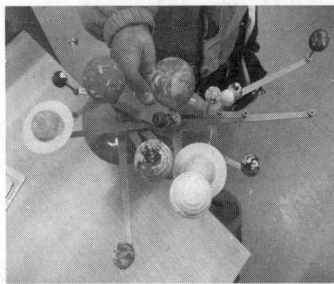

"探秘行星"第二课时主要涉及天文学、生物、地理与艺术学科知识,通过艺术进行几个学科知识的整合,促进了艺术与STEAM教育的发展。

（3）第三课时：行星绘本

该课时教学设计如表4-4所示,课程概况如图4-11至图4-13所示。

表4-4　"行星绘本"教学设计

行星绘本	
一、教学目标	
1.制作行星绘本并且装订成册。 2.能够进行绘本生命形态绘制并且加注文字说明。 3.汇报成果时,语言表达清晰且合理。	
二、教学重点难点	
1.教学重点:绘本文字与图画的结合。 2.教学难点:绘本装订成册。	
三、教学准备: 彩色卡纸、马克笔、打孔器、线等材料。	
四、教学过程	
1.知识整合,绘本制作	在前面两个课时的基础上,学生进行行星绘本的制作。
2.合理分工,动手绘制	小组分工,每人负责一部分内容,比如人员分工、生物简介、感想等。此环节用于加深其知识的理解和消化。（生命形态绘制要有一定的文字说明）
3.小组合作,装订成册	小组分工以后,合作装订绘本,适当增加装饰。
4.小组总结,表达感受	最后的环节,小组组织语言汇报本次课程学习中收获的知识以及感受。此环节对学生的语言能力进行了锻炼。
五、评价	
本课时主要是对学生的动手能力以及语言表达能力进行考量与评价。	

图 4 - 11　"探秘行星"学生学习过程

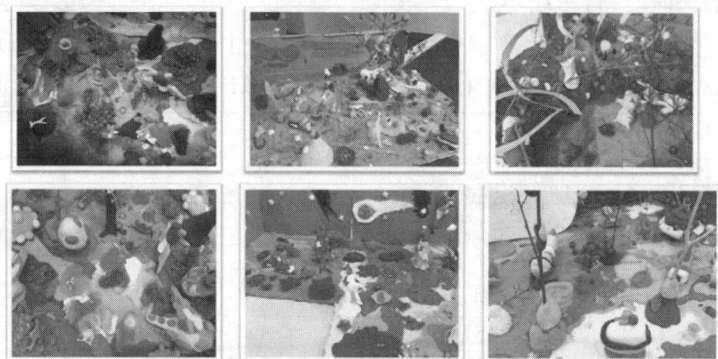

图 4 - 12　学生制作的行星环境模型

图 4 - 13　"探秘行星"绘本

3. 单元课程教学评价

第一,学生在整个单元课程学习活动中,地表环境和外星生物的创作是否有创新,作品是否完成。

第二,学生在整体的学习过程中的反应、小组讨论与分工合作的表现如何。

第三,各小组的展示如何,语言表达是否有逻辑等。具体评价量规如表4-5所示。

表4-5　"探秘行星"单元课程评价量规

项目	分数		
	1分	2分	3分
创造力	明显模仿	有创新部分	有创意且科学
逻辑性	无逻辑	有逻辑漏洞	汇报有逻辑且合理
作品形式	只完成了部分作品	作品全部完成	作品完成且具有艺术性
分工合作	个别无参与	全部参与但分工不明	分工合理、顺利
展示说明	表述不明	内容合理、语言表达弱	内容、语言表达清晰

4.单元课程教学反思

本单元课程在教学过程中与科学知识进行融合,学生在课程中自主探究且表现很好,学习态度积极认真。从图4-14学生在课堂中学习的状态可以看出学生对该课程保持的热情。学生们在此过程中培养了自主探究、分工合作、语言表达等各种能力,最重要的是对天文学、地理、生物等学科产生了浓厚的兴趣。但是该课程用时偏长,且有些问题设置还需再推敲。

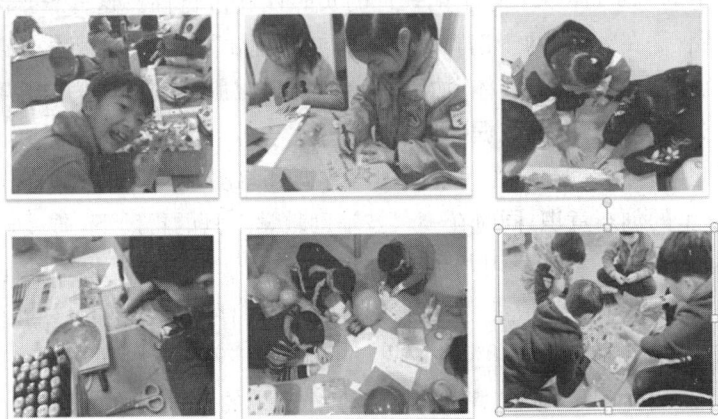

图4-14　学生在课堂中学习的状态

(四)策略提炼

策略一:知识积累,形成认知。

学生在物理空间课程实施之前要对地球生命形态和环境条件有所认知,以更好地利用物理场馆实施课程。因此,在实施课程之前,学生应对物理场馆有一定的了解,并结合课程所学知识进行预习,以达到融会贯通的目的,增强体验感,培养批判性思维与逻辑素养。

策略二:情境交互,沉浸体验。

在进行知识积累后,学生对课程有了充分的认知。学生在课堂中通过物理空间的沉浸式体验,更好地帮助学生进行知识理解,增强其物理空间感。通过在物理空间内的沉浸式教学体验,学生的理解力大大增强。

策略三:创新设计,生成梦想。

通过学生们的团队合作和分工,在知识积累和情境体验的基础上,进行知识的立体式创新化呈现,增强学生的创新能力、语言表达能力、逻辑思维能力及其动手能力,同时培养其物理空间感,在具备这些综合素养的同时,生成梦想,点燃希望。

三、智能·首创·高阶:虚拟特色学习场课程项目

(一)课程特性

虚拟空间为每一个学生提供了一个无边界、混龄式、自主互动的互联网＋平台。学生能够打破班级和年级限制,打破空间区域,丰富了学生的课余生活,也拓宽了学生的视野,体现了碎片化教育的实时性和可行性。这样"全学习"的数字化虚拟圈,是在"互联网＋"背景下,基于"云网端"架构的数字化学习基础设施,支持"随时和网络社交群体"协同的个性化学习服务。可以为学生项目化活动的开展提供更为精准的数据分析支持,使得"全学习"无处不在。

基于此,虚拟特色学习场课程的内容主要和培养学生们的人工智能素养相关,培养学生的创新意识,同时在高科技辅助教学工具的帮助下,通过学习,形成创新作品,培养其数字化学习与创新能力,也提高学生们的逻辑思维能力,促进知识建构与生成,最终养成学生应对未来实现资源存储与共享的目的。

◆信息性:该课程培养学生独立思考的能力,培养学生的发散思维。扩大学生的知识面,培养学生独立思考的能力,培养学生的发散思维,培养学生的协作精神。

◆操作性:该课程群的学习内容能让学生动手做一做,在操作中体验平时的生活,通过看—听—做,让学生们真切感受到这类课程的特点。

◆智能性:课程的学习内容比较丰富,并和学生的平时学习内容完全不一

样,通过对高科技产品的深入了解,学生们可以体验出高科技产品给我们生活带来的便捷与智能。

(二)主题选择

主题如下:

1.创客空间;2.3D 打印;3.VR 海底世界;4.慢下来与停下来;5.盒子吉他;6.车模;7.乐高机器人;8.信息加密与传递;9.光影舞蹈;10.建造高塔。

(三)案例举隅

陀螺是中国最古老的玩具之一,有几千年的历史,是我国从古代流传下来的玩具,随着时代的发展它已经被逐渐改良得更加智能和具有科技感。比如,现在的手指陀螺、陀螺仪等。现在的小学生对传统的陀螺了解不多,由于陀螺是具有浓厚乡土情怀的玩具且与丁蕙实验小学特色校园文化有关,所以我们设计了关于 3D 打印技术与传统文化产物——陀螺的校本课程。相关教学如图 4 - 15、图 4 - 16、表 4 - 6 所示。

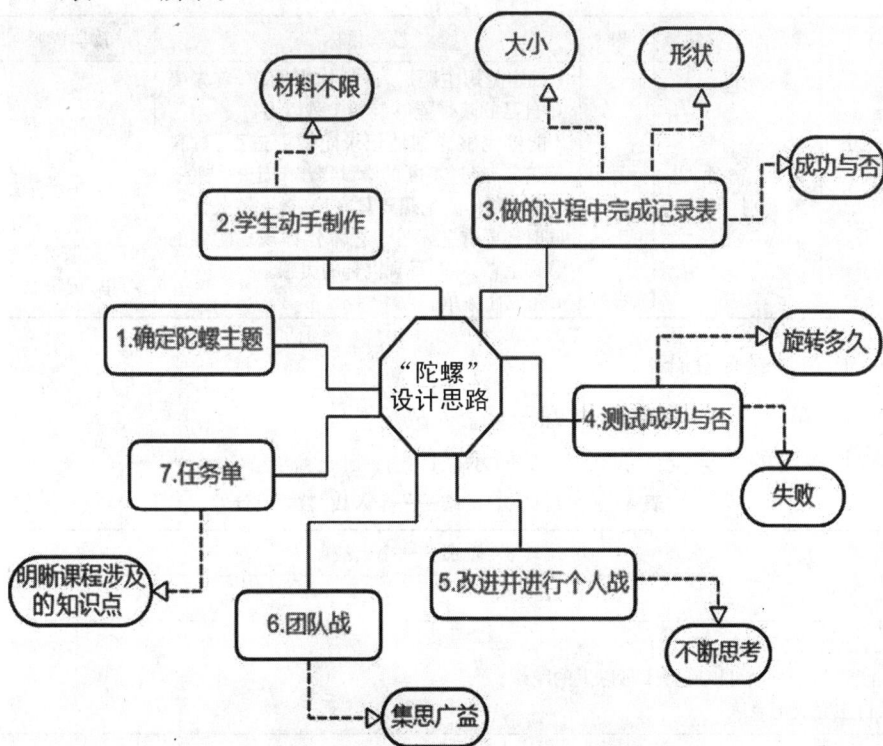

图 4 - 15　"陀螺"单元课程教学设计思维导图

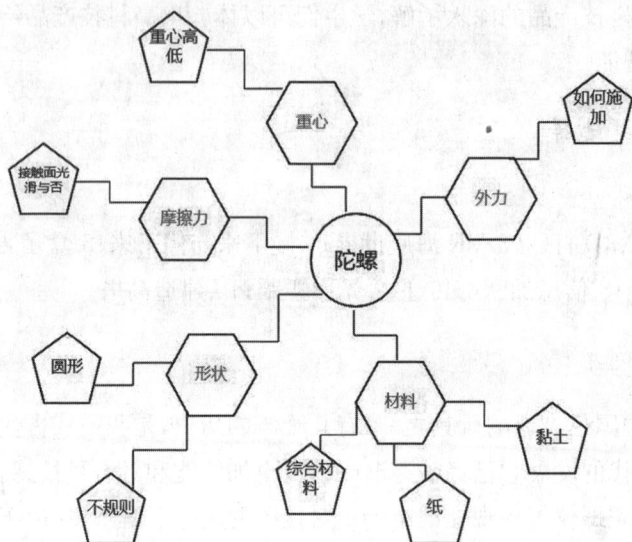

图 4-16 "陀螺"单元课程涉及的知识点

表 4-6 "陀螺"单元课程总教学目标

	涉及的学科领域	课时	教学目标	教学资源
玩转陀螺	数学、物理、艺术 3D 打印	2	1.确定陀螺主题后,进行构思创作,首先要让自己的陀螺能够旋转 1 秒以上。 2.能够完整详细地记录陀螺的造型、材料等信息,经过不断的尝试得出一定的结论。 3.后期制作的陀螺要具有稳定性、持久性的同时还要有艺术性。艺术性体现在陀螺的装饰上,旋转时呈现混合的美感。 4.完成任务单。	丁蕙实验小学 3D 打印室、超轻黏土、可塑橡皮、废旧物、剪刀、胶水、学习单、记录表。

1. 课时教学设计

(1)第一课时:玩转 3D 陀螺——个人战

该课时的教学设计如表 4-7 所示。

表 4-7 "玩转 3D 陀螺——个人战"教学设计

玩转 3D 陀螺——个人战
一、教学目标
1.了解陀螺的历史。 2.能够制作一个可以旋转 1 秒以上的陀螺。 3.自主完成记录表。
二、教学重点难点

1.教学重点:完成记录表。 2.教学难点:陀螺的制作与改进。	
三、教学准备 可塑橡皮泥、陶泥、铅画纸、3D打印相关材料	
四、教学过程	
1.陀螺制作	(1)自己动手制作一个可以旋转1秒以上的陀螺,可以用可塑橡皮泥、超轻黏土、纸等各种材料,可以使用单一的或者综合的材料。 (2)在之前材料的基础上通过3D打印技术进行创作,可以把3D打印技术与传统的创作进行对比,查漏补缺,更好地完善作品。(注意体面、设置内侧厚度等各种要素)
2.完成记录表	此环节学生自己尝试制作并完成记录表,记录表包含外形、形状、直径、厚度、材料、是否成功、能够转多久等内容。
3.比赛记录	每完成一次陀螺的制作,就要在设定的比赛场地进行比赛,老师负责计时,最后决出个人赛的冠军。
五、评价	
本课时主要是评价学生能否完成陀螺记录表、3D打印技术的掌握情况,以及查漏补缺的能力,并且在过程中学会思考。	

在这一课时中学生在完成记录表的过程中要进行一次次的思考:陀螺怎么转得更快更稳? 形状如何改变? 重量、材料、大小如何变化? 如何比上一次做得更好? 从学生的记录表(图4-17至4-20)中可以看出学生在不断尝试的过程中已经明白了陀螺怎样可以转得更稳更久。学生将传统材料制作的陀螺与3D打印制作的陀螺进行对比,可以更好地掌握陀螺相关的知识。学生的3D打印陀螺模型与作品如图4-21、图4-22所示。

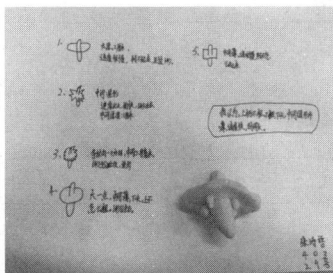

图4-17　"陀螺"学生的记录表1

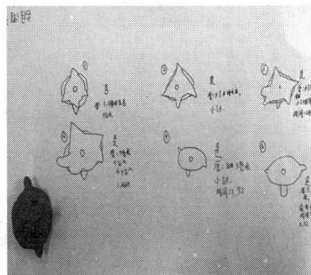

图4-18　"陀螺"学生的记录表2

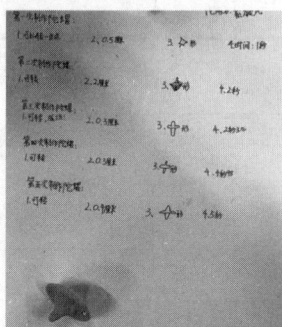

图 4‑19　"陀螺"学生的记录表 3　　　图 4‑20　"陀螺"学生的记录表 4

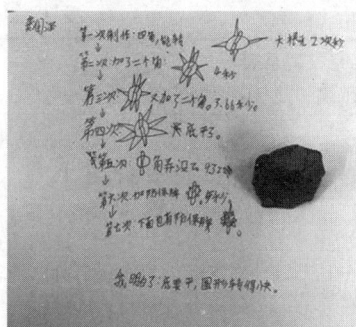

图 4‑21　3D 打印陀螺模型　　　　　图 4‑22　学生 3D 打印陀螺作品

(2)第二课时:玩转 3D 陀螺——团队战

该课时的教学设计如表 4‑8 所示。

表 4‑8　"玩转 3D 陀螺——团队战"教学设计

玩转 3D 陀螺——团队战
一、教学目标
1.小组成员集思广益,思维碰撞。 2.小组合作完成一个陀螺。 3.完成任务单。
二、教学重点难点
1.教学重点:完成任务单。 2.教学难点:小组合理采纳意见,完成陀螺。
三、教学准备 可塑橡皮泥、陶泥、铅画纸、3D 打印相关材料等
四、教学过程

续表

1.自由组队	(1)每 6 人组成一个战队(有男有女),进行团队赛陀螺的制作。更好地发挥大家的团队协作能力,通过交流可以收获更多的方法和角度,使得陀螺变得更好更有艺术性。在平时的生活中,很多时候是需要集体智慧的。STEAM 教育可以让学生在团队协作中体验到创造的快乐。 (2)小组制作一个 3D 打印陀螺,在检验学生对 3D 打印技术掌握程度的同时,还能对比两种材料的优劣。与此同时,锻炼学生的逻辑思维能力及判断能力。
2.参加比赛	在完成团队赛陀螺后,进行团队比赛,决出小组赛的冠军。此环节是对陀螺转速以及稳定性的考量。
3.售卖环节	在前面的基础上,进入陀螺的售卖环节,每一个团队都要重新思考美观以及受众人群(男女生)等。除此之外,还要考验学生的口才能力,如何更好地把陀螺卖给对方也是能力的体现。(3D 打印陀螺可以适当添加其他陀螺所使用的材料,进行结合)
4. 任务单	此环节每个学生都要填写一份任务单。该任务单里面的问题涵盖了陀螺所涉及的知识点,以此来回顾、加深、明晰这节课所涉及的知识。
五、评价	
	本节课主要是对学生制作的陀螺是否具有艺术性,两种陀螺优劣势的对比,是否相辅相成、相互促进,以及能否正确完成任务单进行评价。

该课时学生的任务单和作品如图 4-23 至图 4-26 所示。

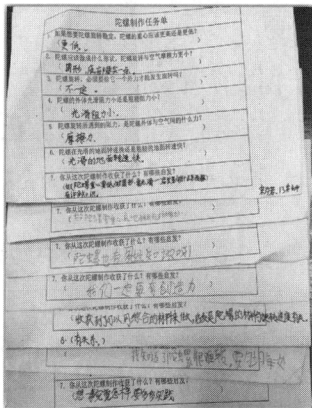

图 4-23　"陀螺"任务单 1　　　　图 4-24　"陀螺"任务单 2

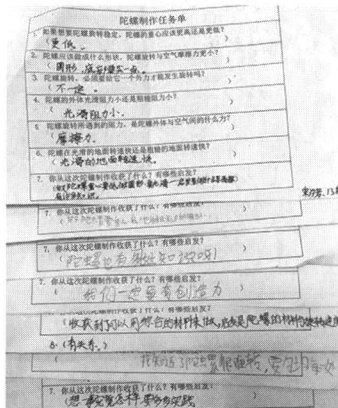

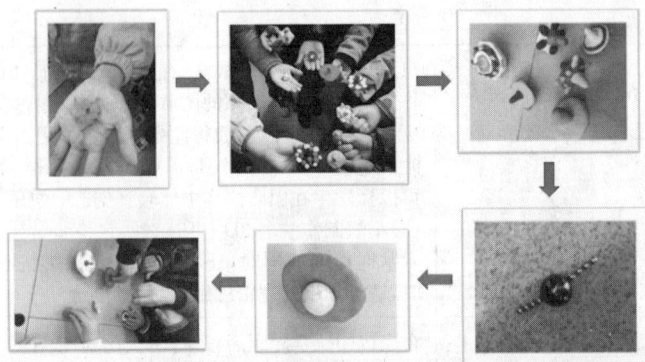

图4-25 "陀螺"学生普通材料作品

图4-26 "陀螺"学生3D打印作品

2. 单元课程教学评价

第一,重要的是陀螺是否能旋转,以及记录表的完成度。

第二,能不能通过任务单的填写理解这次课程所涉及的知识点。

第三,陀螺是否具有艺术性,能否体现一定的乡土气息和当地文化。

第四,对3D打印技术的掌握程度,以及两种陀螺的比较与结合。

相关评价量规如表4-9所示。

表4-9 "玩转3D陀螺"评价量规

项目	分数		
	1分	2分	3分
旋转	不能旋转	能旋转但不超过1秒	时间超过1秒且更久
记录表	未记录	记录部分内容	详细记录
任务单	完成但错误答案较多	完成但个别答案错误	完成且答案正确
艺术性	缺乏艺术性,不够美观	艺术性一般	美观具有艺术性
3D打印	未完成成品	成品质量一般	成品具有艺术感

3. 教学反思

陀螺的制作过程是一个不断思考问题、解决问题的过程,也是一个持续学习的过程。在陀螺课程结束的几周甚至更久时间,总是有学生拿着自己制作的陀螺跑到老师的办公室说他的陀螺转得特别久、特别稳,这个过程学生有强烈的自我满足感。他们的作品从开始的结构简单、色彩单一到后期的美观且具有艺术性,他们甚至用到了各种各样的材料,包括断掉的铅笔头、卡片、橡皮、玩具的零件等,生活中的各种小物件儿都被他们利用起来。可见,本节课加强了学生与生活的联系等,也让学生对古代的玩具和游戏产生了兴趣。但是,陀螺这堂课还应该多强调艺术性以及乡土气息,使课程更加具有丁蕙实验小学特色。而且,该校本课程还与3D打印技术结合,在传统基础上增加了科学性,也锻炼了学生辩证思考的能力,可以选择更好的材料及技术,提高学生的信息素养及创新能力。

与此同时,"玩转3D陀螺"也受到了很多女孩子的喜欢,做的陀螺美观且旋转很久,这一点解决了校本教育模式性别方面的问题。当然,她们对中国传统的玩具乡土文化和信息技术相关技能产生了极大的兴趣。

（四）策略提炼

策略一:确定主题,自主探究。

基于丁蕙特色校本课程"玩转陀螺",确定陀螺与科技相结合的主题。学生自主探究,材料不限,且在过程中完成记录表,锻炼其独立思考能力、不断试错能力等。此环节主要锻炼学生个人的深度学习能力以更好地为后期科技的融入做知识储备。

策略二:科技融入,增强趣味。

在学生对传统陀螺的制作基础上进行科技的融入,以3D打印陀螺为例。由于学生在前期已具备关于3D打印技术的相关知识储备,因此,在传统与科技的融合后,学生可以更好地体验到科技为学习带来的趣味性和科技感。

策略三:玩转科学,逻辑构建。

在制作了传统陀螺和3D打印陀螺后,学生可以自主探究传统陀螺、3D打印陀螺以及两种形式相结合陀螺的任意形式,以增强其批判性思维能力,形成多角度思考问题的弹性思维,且把这种能力应用到生活之中。玩转科学的同时进行逻辑构建,培养其人工智能素养。

四、乐学、共享、生长：文化特色学习场课程项目

（一）课程特性

借助文化优势，学校将宝贵的历史文化资源注入校本课程之中，打造了以"孝雅"为核心的校园文化，形成独具特色的丁蕙文化。一所学校创新的空间设计，会成为学生自由成长的"生命场"。而文化特色学习场课程项目的实施便显得尤为关键。

文化特色学习场课程的内容主要和构建学生的精神文化素养紧密相关，既培养学生的完善健全的精神人格，同时也培养学生对学校、社区、社会的情感认知。认知是情感发展的基础，知学校才能爱学校，系列课程以主题方式组织学习内容，课程内容力求贴近学生的精神世界，引导学生关注校园文化的事物和问题，激发学生兴趣，拉近学生与学校文化的距离，让学生了解社会历史文化知识，知道国家的文化名片，产生热爱学校、社会、祖国的情感。

◆生长性：学校即学生生长的环境，教育的目的就是把学生培养成独立自主的人，成为他自己，管理、教育的最终结果，就是实现个体的自我管理、自我教育，促进自我发展、自我成长，有了这些才有学生的生长、校园的生长。

◆文化性：校园精神是一所学校发展的灵魂，是凝聚人心、展示学校形象、提高学校文明程度的重要体现。校园精神对学生的人生观产生着潜移默化的深远影响，而这种影响往往是任何课程所无法比拟的。健康、向上、丰富的校园文化对学生的品格形成具有渗透性、持久性和选择性，对于提高学生的人文道德素养、拓宽学生们的视野、培养跨世纪人才具有深远意义。校园文化建设对于素质教育的作用更是不可低估，它能给予学生精神食粮，使学生做到道德提升、人格发展、快乐生活，有个人价值感和自尊心。

◆情感性：该课程在培养学生对学校、社会、国家的情感性上有很明显的特征。作为"情感共同体"的情感学校，借助文化情感这一纽带，使学生与学校、社会、国家形成一个精神集体与情感集体，为学生的个人情感提供了环境支持、理性支持。

（二）主题选择

主题如下：

1.读万卷书——木书签制作；2.象箸玉杯——木杯垫制作；3.笔笔皆是——笔架山；4."筷艺"人生——金丝楠木筷；5.书法传承系列课程；6.初心讲习所；7.孝廉礼仪课程；8.国粹珍宝——国画讲堂；9.茶道精品课程；10.长征主题系列课程。

(三)案例举隅

1.单元课程教学设计和目标

该单元相关教学如图4－27、表4－10所示。

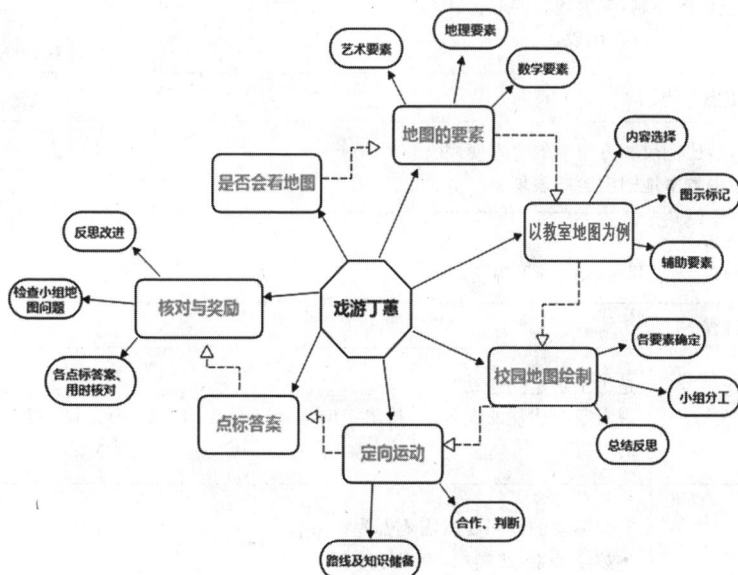

图4－27　"戏游丁蕙"单元课程教学设计思维导图

表4－10　"戏游丁蕙"单元课程总教学目标

	涉及学科领域	课时	教学目标	教学资源
戏游丁蕙	工程、地理、数学、艺术	3	1.独立绘制教室地图，对内容有所取舍。团队合作完成学校地图，分工合理。 2.定向运动中团队进行竞赛，能够快速决定最佳路线以及人员分配。 3.定向运动结束后能够找出小组绘制地图的不足并进行修改。	丁蕙小学文化场馆地图、指南针、绘画工具、PPT。

2. 单元课程教学过程

(1)第一课时:教室地图

该课时教学设计如表4－11所示。

表 4-11 "教室地图"教学设计

教室地图
一、教学目标
1.了解比例尺、方位标等地图要素。 2.完成教室地图绘制,知道内容的取舍。 3.与生活中的地图进行比较。
二、教学重点难点
1.教学重点:比例尺和方位标的合理使用。 2.教学难点:教室地图内容的表现。
三、教学准备 铅画纸、测量工具、尺子、笔、PPT 等
四、教学过程

1.兴趣引入	是否了解定向运动? 观看定向运动的视频,并找出定向运动所需要的工具。(地图、指南针、点标的设置)
2.交流问题	定向运动的地图要素需要哪些? • **数学要素**:比例尺、方位标等。 • **地理要素**:地图内容、自然要素。 • **辅助要素**:图例、插图等。
3.比例尺、内容选择等知识	进行地图绘制,重要的是比例尺以及内容的选择和表现。所以,学习比例尺等知识是完全有必要的。
4.绘制教室地图	先以教室为例,学生进行地图绘制。该环节主要让学生学会地图内容的选取以及细节的考虑。比如:比例尺、方位标、图示与标记等。

五、评价
本节课是对教室地图绘制、比例尺选择是否合理,内容是否有取舍的评价。

第一课时是为第二课时做准备的,学生通过这节课了解比例尺等要素,并且以教室为例进行地图绘制,明白地图所需要素,更好地为校园地图的绘制做准备。

(2)第二课时:校园地图

该课时教学设计如表 4-12 所示,学生作品如图 4-28、图 4-29 所示。

表 4–112 "校园地图"教学设计

校园地图	
一、教学目标	
1.合理选择校园地图比例尺。 2.完成校园地图绘制,内容有取舍。 3.地图绘制具有艺术性。	
二、教学重点难点	
1.教学重点:合理完成校园地图绘制。 2.教学难点:方位标以及内容取舍。	
三、教学准备:铅画纸、尺子、笔等	
四、教学过程	
1.小组对校园进行实地考察	小组对校园环境进行考察(选择哪些内容),以及比例尺的选择、地图的表现形式。
2.小组思考	小组需要思考以下问题: • 如何确定比例尺大小? • 哪些物体可以出现在地图中? • 方位标与图示标记放哪里? • 如何表示绿化植物等?
3.小组合作绘制校园地图	小组进行地图绘制的同时,需要考虑到地图的合理性与正确性,为第三课时的定向运动做准备。
五、评价	
本节课评价校园地图绘制是否正确,是否具有艺术性。	

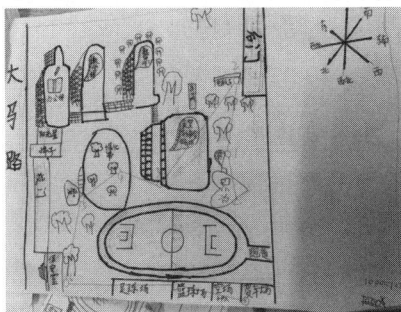

图 4–28 "戏游丁蕙"地图 1

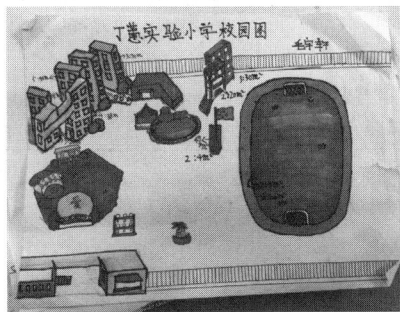

图 4–29 "戏游丁蕙"地图 2

第二课时已经完成了本次单元课程的作品,但是作品的合理性等没有得到验证,所以需要第三课时的"定向运动"来检验地图绘制得是否合理。

(3)第三课时:定向运动

该课时的教学设计如表4-13所示。

表4-13 "定向运动"教学设计

定向运动	
一、教学目标	
1.合理规划路线,找到点标。 2.团队合作,分工合理。 3.检验自己小组地图正确与否。	
二、教学重点难点	
1.教学重点:检验地图合理与否。 2.教学难点:找到全部点标。	
三、教学准备 本子、笔、计时器等	
四、教学过程	
1.老师进行点标设置	考虑到公平性,定向运动的点标由老师在课前设置。(点标的问题涉及数学、英语、语文、生活等问题)
2.小组进行定向活动	各团队进行点标的寻找以及路线的确定。该环节是本单元课程的重点,因为此环节可以促进学生逻辑思维、批判性思维以及各种能力的发展。
4.点标答案评价	通过点标答案的核对,以及定向运动时间的记录,评出此次活动的前三名并进行奖励。
5.学生反思	学生通过定向运动的实践,检查自己的地图绘制是否有问题。此环节学生可以很快地找出自己的地图中出现的问题,所以定向运动的实施不仅为地图的绘制提供了动力,也为STEAM课程实施提供了检验的工具。
五、评价	
本节课主要是对学生分工合作、逻辑思维以及地图绘制正确与否进行考量。	

该课时的相关教学活动如图4-30所示。

图 4 - 30 "戏游丁蕙"定向运动

3. 单元课程教学评价

第一,地图绘制是否准确。

第二,绘制的地图是否具有艺术性。

第三,团队分工情况以及定向运动过程中的表现。

该单元的课程评价量规如表 4 - 14 所示。

表 4 - 14 "戏游丁蕙"单元课程评价量规

项目	分数		
	1 分	2 分	3 分
合理性	没有按照比例进行绘制	按照比例,但是有明显错误	按照比例绘制,无明显错误
艺术性	缺乏艺术性	艺术性一般	美观具有艺术性
分工合作	分工不明	有分工但不系统	分工合理有序
定向竞赛	找到部分点标	全部找到,但答案不正确	点标和答案正确

4. 单元课程教学反思

"戏游丁蕙"单元课程的设计是根据学生生活成长的学校设计的,学生根据自己学校的特色和文化进行地图的绘制,融入了学生对学校的情感。在此基础上所绘制的地图不仅实用而且具有艺术性。学生们由此也不再认为地图仅仅是帮助人们的工具,而且可以融入自己的想法和创作。另外,对这节课学生们虽然有极大的兴趣和积极性,但是这堂课所呈现的作品——地图,艺术性并不高。学生对地图的认知已经固化,所以创作出有趣且有艺术性的地图就变得稍有难度。

(四)策略提炼

策略一:源于生活,以小见大。

以丁蕙校园为课程主要场地,在了解绘制地图所需要素后,学生绘制自己熟悉的教室平面地图,目的是让学生与其所学习的场所进行情感的联结与文化的交互。通过对地图的绘制,展现学生对校园文化的热爱,为培养其校园文化素养做铺垫。

策略二:基于校园,孕育文化。

在结束了教室地图绘制后,对校园文化场馆进行地图绘制,将校园内的红色文化、孝廉文化等场馆融汇于一张校园地图内。学生通过定向运动这项游戏,对其所涉及的文化进行全方面了解和探究,感受丁蕙校园内所具有的精神文化带来的独特魅力。

策略三:生命体验,素养升华。

前期,学生对校园内场馆所具有的文化底蕴进行深刻感受与理解,给学生的精神层面带来不一样的体验。在提高学生的文化素养的同时,培养其人格魅力,使之在了解自然生命、精神生命的同时,充分理解校园内精神文化学习场,全面体现丁蕙小学"三生"理念中"生命"的意义,即培养完善精神人格的人。

五、融合·动态·协调:三维空间应用系统价值

教育空间对一个人的发展意义重大,它的变化能推动教育变革,打造全新的三维教育空间,重构更适宜学生发展的学习场,开发"场"资源,建设特色课程,让单纯的教学"场地"转化为真正以学生为主体、促进学生成长的"场所"。

(一)适切·支持·生成:三维教育空间与课程项目关系

1. 三维教育空间与学习场

上文提到,三维教育空间和学习场存在着内在统一和不可分割的关系。三维教育空间为"场"提供了一个信息和能量的转换、增生且具有内在统整性的综合系统载体,学习场形塑着三维教育空间,三维教育空间则成了学习场,两者彼此交织、彼此体现。它们是以"知识"为中介,"学习"是学习场构建的核心,它因行动者的策略而存在不同的模式。"学习场"凭"三维教育空间"中的信息、能量等来运转并演化,知识在学习实践中获得,又持续不断地发挥各种实践作用。两者被这种实践不断地形塑,又一直处在知识的生成过程之中,并相依相存。

2. 三维教育空间与"三维教育空间"特色学习场项目

"三维教育空间"特色学习场项目体系是三维教育空间运行与应用的最主要载体，也是三维教育空间中重构了小学生的学习场的最显著特征。学校利用"场"重新认识学校、认识学生、认识师生的教与学，通过各种空间资源的重组建立新型的互动的有利于学生学习、有利于学生成长的三维教育空间，延伸和扩展原有"学习场"，同时将空间资源作为课程进行开发，以引导师生进行教与学的变革，让学习和探索可以在任何地方进行。

在三维教育空间重构的学习场中，学校实施"三维教育空间"特色学习场项目，教师立足学习场的基本立场与特征，通过对物理空间、虚拟空间、文化空间做可选性、开放性、动态化的设计与调适，构建学生自我连接的学习场，连接多元的现象场、开放的发现场、对话的思维场，以匹配每一个学生，为学习的真正发生而教。学生在三维教育空间重构的学习场中，带着任务走进各个场景，成为各个重构学习场中思维的主角，主动进行意义连接，不断构建的动态过程，指引着学生真正朝着自主和自由的方向成长。

（二）混龄·真实·自主：三维空间应用支持策略

1. 项目导师制

学校在课程设置的过程中，严格遵守省、市、区各级文件精神，确保国家课程开足开好，同时把国家课程、地方课程、学校课程进行合理搭配、适度整合、创新开发，根据实际情况，开发丰富多样的"三维教育空间"特色学习场项目体系，让每个学生在广阔的空间里自由学习、自主学习。

在具体的"三维教育空间"特色学习场项目体系应用过程中，为促进多维学习场高效运转，学校创新学习支持，启用了"导师聘任制"。导师指的是学生在项目学习过程中所需要的引导者、促进者、合作者以及评价者，主要由教师承担这一角色。

教师的角色至关重要。他们是"三维教育空间"特色学习场项目体系的开发者，根据现有空间资源、学生知识水平与接受能力，进行项目开发。他们是多维学习场的合作者，不是主宰的权威，是学生学习共同体中的一员。他们是学生在物理空间、虚拟空间、文化空间特色学习场学习的促进者，积极营造有活力的学习氛围，激发学生的学习热情和信心。他们是评价者，对每一个学生进行评价，对多维学习场进行评估并反馈给建设组，以此不断调整、探索，达到完美。

学校深入挖掘教师资源，为每个场馆、每类项目配备专用导师。一是挖掘校内教师的潜力,教师在专业之外根据自己的特长开展更多研究,从而成长为一专多才的教师;二是借助校外师资力量,聘请有相当技艺的家长志愿者和社会专业人员,以补充师资;三是运用虚拟空间,启用网络导师,实现线上指导。如图4-31所示。

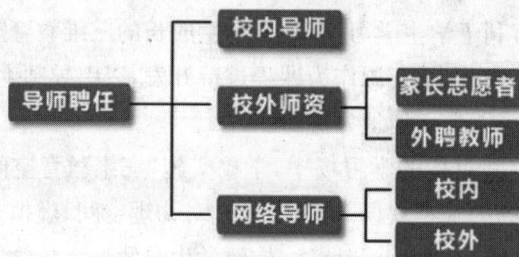

图4-31 导师聘任

2.自主选学制

"三维教育空间"特色学习场项目体系具有开放性,强调"自主选择",学生可以根据自己的兴趣特长选择自己喜欢的项目,参与学习体验,在选课的过程中学校完全尊重学生的主观意愿与兴趣,没有年级和班级限定,给予学生充分的自主权。

学校自主选课主要采取以下流程进行:自主申报—了解课程—网络选课—微调—上课。如何从全校60多门课程中选到自己心仪的课程,对学生来说也是一个不小的考验。在自己选定的课程中,学生可以尽情享受课程带来的快乐,让学生的个性得到充分的展示。如图4-32所示。

图4-32 自主选课流程

◆自主申报　学校以班级为载体,发放问卷调查书,学生可根据自己的兴趣、特长以及家长意见,每人进行两门课程的自主申报,如表4-15所示。学校老师依据学生自主申报的情况,结合自身特长,进行项目设计与实施。

表 4-15 课程申报表

×××小学 2018—2019 学年第一学期"快乐星期五"课程申报表

学生　　　姓名　　　班级　　　性别　　　家长联系电话

我最希望本学期学校可以开展这样的课程：

序号：　　　课程名称：

序号：　　　课程名称：

学生签名：　　　家长签名：

年　月　日

◆了解项目 为了让学生进一步了解每一门课程的目标、内容、评价、任课教师等，我们通过多种途径对课程进行了宣传，如展板、网络、告家长书等。如表 4-16 所示。

表 4-19 社团报名通知

×××小学 2018—2019 学年第一学期"快乐星期五"社团报名通知

亲爱的家长：

　　为了丰富学生课余生活，促进学生身心健康发展，培养学生兴趣和特长，创建特色学校，本学期学生社团活动课程将于第三周周五(9 月 21 日)开始，具体安排如下：

　　×××校区、×××校区、×××校区三校区社团由学生进行自主选课。请家长务必在指定时间内手机登录钉钉完成选课工作。

　　选课时间：

　　×××校区 9 月 17 日上午 8:00—下午 8:00

　　×××校区 9 月 18 日上午 8:00—下午 8:00

　　×××校区 9 月 19 日上午 8:00—下午 8:00

　　请各位家长按照时间段及课程名称标注报名，若出现无法报名、漏报名等现象请及时联系学校进行登记。

　　附：本学期社团开设一览表

×× 小学

×× 年 ×× 月

◆网络选课 学校采取网络选课的方式，通过钉钉等选课平台，将本学期开展的拓展性课程录入选课系统，由学生进行自主浏览与选择。如图 4-33 所示。

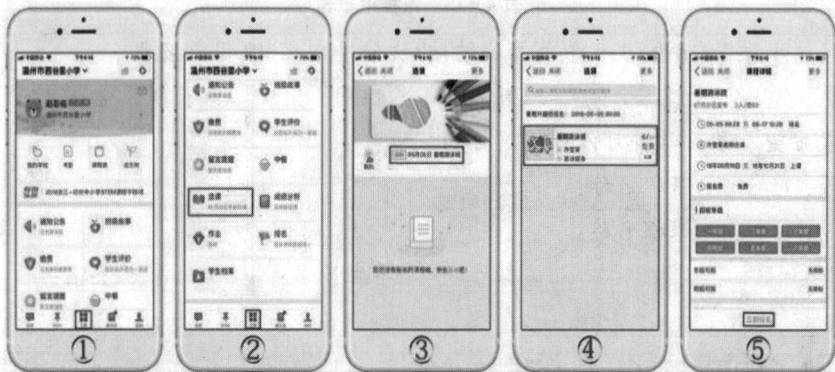

图 4-33　家长选课报名操作步骤

◆微调　学校会根据学生实际选课情况和班额情况进行网络微调,既满足了学生的实际需求,也满足了老师对课程实施效果的需求。

◆上课　学生选课成功后,会收到该课程的录取通知和上课时间、地点等信息,开始走班上课。

3. 混龄走班制

在选定课程之后,走班的过程可以让不同年级、不同班级的学生组合在一起,每个学生都有机会跟不同的学生进行交往。

为满足不同课程内容的需要,学校对课时进行整体调整。微课时、中课时、长课时、个性课时长短相间:微课时 20 分钟,针对蕙美听赏、小实验等;中课时 40 分钟,服务红色孝廉、生态项目;长课时主要用于融合后的综合项目,如美术课的"大课堂"模式;个性课时则针对支撑项目的内容和实施方式灵活设置,使学生能够更好地运用自主、合作、探究的学习方式开展学习,如童心农耕园的生态实践项目。长短课时交错,张弛有度,时间安排趋于合理,学生学习也更为有效。

其中,"三维教育空间"特色学习场项目体系分为"快乐星期五"与"缤纷特长时间"。

◆"快乐星期五"　学校设置"快乐星期五",将每周五的课堂时间开放,学生将自由走读博物馆:多维学习场,自主选择喜爱的课程、教师,能够掌握学习内容、学习进度,成为学习的主人。而教师也从知识的传递者变为学习的组织者,组织学生参加各个空间活动,通过各种方式帮助学生完成概念性、知识性学习和能力提升等,师生之间和谐共生。如表 4-17 所示。

表 4 - 17　杭州市×××小学×××校区 2018 学年"快乐星期五"课程安排(部分)

校区各年级组	负责人	社团名称	上课教师	开班人数	上课场地
三年级	×××	说文解字母	×××	30	302
		英语话剧情	×××	30	301
		拉丁舞台	×××	10	舞蹈教室
		美食字典	×××	30	306
		思维训练	×××	30	501
		木工坊	×××、×××	5	木工教室
		……	……	……	……
四年级	×××	手工作坊	×××	28	401
		快乐 ABC	×××	28	401
		儿童文学生	×××	28	402
		游览世界	×××	28	406
		玩转数学小游戏	×××	28	402
		健身气功八段锦	×××	25	403
		……	……	……	……
五年级	×××	越剧社团	×××	15	音乐教室 1
		古风古韵	×××	25	501
		舞台剧社团	×××	25	音乐教室 2
		爱上篮球社团	×××	25	操场
		魔术社团	×××	15	科学教室 2
		奇妙的生物世界	×××	20	科学教室 1
		……	……	……	……

◆"缤纷特长时间"　学校设置"缤纷特长时间"(如图 4 - 34 所示),在丰富多彩的选择性课程之外,根据学生实际情况,增设了部分特长班,并错时安排,让有特长的学生能有更充分的学习机会,进行适度的提升。

(三)自主·互助·增长:三维空间应用评价策略

过程评价与结果评价结合。过程评价重在激励学生积极主动地参与学习,使他们的个性和潜能得到持续发展。结果评价侧重于了解学生某一方面的知识或技能是否取得进步,兴趣、爱好、特长是否得到培养,学习态度、意志品质、团队合作意识、实践创新能力等方面是否得以养成。评价方式采用多种形式,学习成

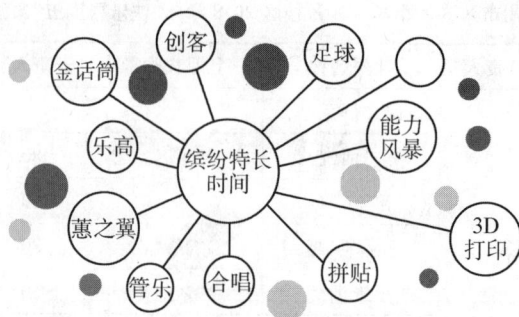

图 4 - 34 "缤纷特长"

绩以等第、评语、事件等形式记入。

1. 自主评价——做最好的自己

自主评价可以让学生学会自我反思，及时总结自身的胜败得失，总结经验教训，并通过不断的自我定位、自我比较、自我调控，增强内心体验，不断激励自己。长期积极自主的评价对坚定自我信念有着不可估量的作用。在活动中，每个学生都要对自己前一段时间的兴趣倾向、学习行为、学习收获等进行反思，找出不足，调整努力方向。

营造评价氛围。在"三维教育空间"特色学习场项目体系课程活动的评价中，我们更加注重营造民主平等的氛围，让学生自己评价自己，自己教育自己。

情感态度评价。在课程的学习中是否有积极主动的态度，是否愿意对课程内容进行深入持久的探究和学习等，引导学生做出客观公正的自我评价。

学习能力评价。在课程学习的过程中，能否按计划进行主动探究，如何对学习过程进行自我监督与调控，遇到了哪些困难，通过什么途径解决等，做出自我评价。

2. 互助评价——做快乐的自己

课程的发展是所有学生的共同要求，而学生之间的互助评价对学生自身的发展有着重要意义。在"三维教育空间"特色学习场项目体系课程活动过程中，构建了相应的伙伴互助评价机制，开展多项评比活动，实现了个人与团体的共同成长。

(1)同伴互助学习。三至六年级的学生采取的是混龄走班上课，在一个课程学习中来自不同年级、不同班级、不同能力、不同特质的学生一起学习，这也为同伴互助学习提供了得天独厚的条件。

(2)既合作又竞争。衍纸艺术是学生非常喜爱的课程，活动时，老师有时会采用小组合作的方式进行。组内成员需要有效分工,同学间的关注会激励他们在学习中投入更多的精力,当他们获得进步时,同伴会给他们更高的评价,他们会产生更多的信心,变得更加投入,有助于学习效率的提高,有助于他们营造互助、积极向上的学习氛围。

(3)学习者互相评。在课程学习的过程中,学习者以小组为单位,依据共同商定的评价标准,同伴之间对学习过程、学习效果等做出评价,通过相互评价来鼓励学习者合作学习,向他人学习。

3. 增长评价——做幸福的自己

(1)日常活动评价,注重积累

为确保"三维教育空间"特色学习场项目体系课程活动的正常开展,我们逐步规范三大特色学习场中课程的管理,要求负责老师按计划开展活动,做到有准备、有活动记载。为鼓励优秀课程的发展,出台了《杭州市×××小学优秀社团和社团活动积极分子评比办法》,根据各课程一学期的活动情况及目标达成度组织开展优秀社团评比(全部社团的 30%)、社团活动积极分子评比(社团成员的30%)。注重活动资料积累,保留学生在课程活动时的情景,通过拍摄照片、拍摄影像,将学生们最真实、最生活化的瞬间定格。

(2)专题活动评价,形成系列

每学年结合学校传统节日定期举办主题系列活动,如孝廉节、英语节、科技节、艺术节、体育节、读书节、生命教育周、文化周等。这些活动的开展,与我们的"三维教育空间"特色学习场项目体系课程活动紧密结合,充分展示了学生的风采,在各种各样的活动中,把崇廉敬孝、诚信公正、自律自强的优良品德贯穿于日常学习中,润物细无声地感染学生,促进他们的成长。

第五章 支持三维教育空间："互联网＋"与教师智慧深度融合

三维教育空间的设计、实施乃至愿景达成,需要依据有效性多维学习场的课堂教学整合框架,以信息化、智慧化手段推动智能,以数据驱动三维教育空间教学评价,提供有效的教师专业发展项目,为改善三维教育空间教学实践,将"互联网＋"与教师智慧深度融合,为整合性三维教育空间的系统提供支持。基于以上情况,在查阅分析大量教育空间和学习场的文献后,在初步探索三维教育空间后经过总结与成果展示,我们提出建设"'互联网＋'与教师智慧深度融合支持系统"的构想,希望凭借信息化的力量去解决这些难题,同时为促进国家大力推行的学生教育空间改革做出实践探索。

"生命、生态、生长"的三生理念是我们学校一直以来践行的教育理念,我们学校一直坚信教育是为孩子的幸福人生奠基,是为社会培养好公民,为国家培养高素质的建设者。我们关注孩子发展的"三重性"——自然生命、社会生命、精神生命。因此,为了使孩子的"三重性"得到发展,我们着力打造三维教育空间。三维教育空间,就是让孩子全面地、和谐地、快乐地成长。物理空间的打造是基础,三维教育空间是学校在空间建设上的第一次探索和突破,也是物理空间建设最精彩的一笔。物理空间建设的支持离不开社会各界对我们学校的帮助。资金、设计、建设等大量前期工作无疑是一个难题,但是在我们的坚持下,我们已经成功打造了物理空间,使得三维教育空间的运作有了坚实的基础。在此基础上,虚拟空间和文化空间随之衍生,三者成为既独立又不可分割的整合性空间。物理空间的支持系统已经比较成熟,虚拟空间和文化空间的支持系统还需要进一步的发展与改进,也显得尤为重要。

在当前"互联网＋"的时代背景下,我国的教育正面临着前所未有的变化,在互联网与教育深入融合的过程中,教师应充分发挥自身的主观能动性,积极主动地认识和适应互联网背景下教育发生的新变化,及时调整自身的教育策略和手段,自觉地、有目的地、有计划地应对这种变化。在我们的支持系统中,互联网和教师则是最重要的两个元素。在"互联网＋"时代,教师们在教学中不断探索运用互联网优化教学的策略,以增强课堂教学效果,提高教学质量,提升自身专业水平,为社会培养更加优秀的建设者。随着现代信息技术的日益发展和普及,尤其是因特网与校园网的接轨,优质的网络资源以其海量的信息营造了信息时代终身学习的优质环境。翻转课堂、慕课、创课大数据这些词不再是抽象的概念,逐渐改变着教师和学生教与学的方式。教师要运用自己的智慧,跟上时代发展的步伐,运用现代信息技术把握时代的脉搏,迎接新时代的挑战,在三维教育空间中提供坚实的支持。

因此,基于我们学校的实际情况和需求,我们把三维教育空间支持系统的基本概念界定为:为三维教育空间提供与时俱进的技术支撑的智能支持系统,为三维教育空间提供高效有序运行的管理支持系统,为三维教育空间提供智慧的灵活的教师团队,总称为"互联网＋"与教师智慧深度融合支持系统,如图5-1所示。三维教育空间支持系统的建设有着既为教育空间教育教学工作服务、又能扩充教育空间教育功能的重要意义,同时也有着明确的建设目标和内容。

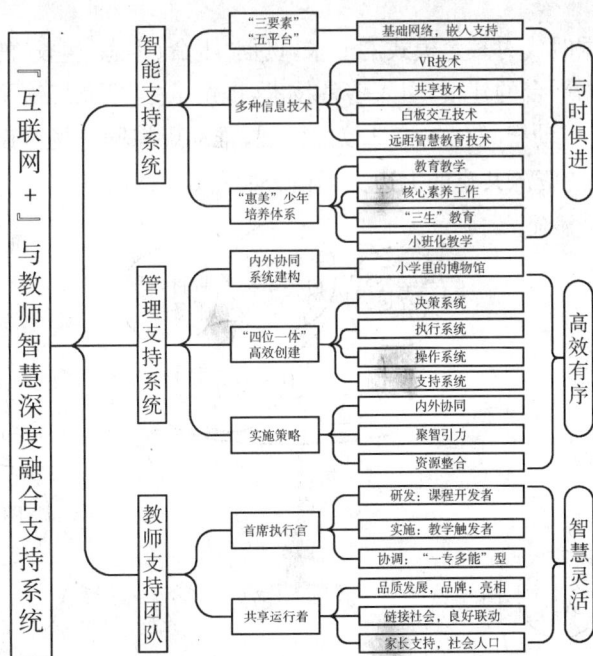

图5-1 "互联网＋"与教师智慧深度融合支持系统

第一节　与时俱进:三维教育空间的智能支持系统

随着信息技术的发展,我们迎来了大数据时代。2015 年,我国开始战略部署教育大数据,中国教育大数据研究院、教育大数据应用技术国家工程实验室等研究机构相继成立,各地教育信息化发展规划也纷纷将大数据列为"十三五"期间大力发展的重要内容,大数据已经成为推动教育变革的新动力。

大数据现已成为驱动教育变革与创新的强劲力量,大数据的个性化教学、科学化评价、精细化管理、智能化决策、精准化科研等功能,将对促进教育公平、提高教育质量、培养创新人才具有不可估量的作用。而平台建设是教育大数据落地的关键,它覆盖了从数据采集、存储计算、分析挖掘到具体应用的整个生命周期。基于此,全球学校依托"三要素""五平台"网络化联结构成新型虚拟平台,延伸学习场,扩大多维学习场功能,发展多维学习场的开放性、共享性和便利性以保障空间智慧化发展。

一、搭建"三要素""五平台",保障空间智慧化发展

基于大数据时代对教育模式的要求,贯彻"生命、生态、生长"的理念,学校一直致力于大数据平台的建设,引入多种技术,提供了"三要素""五平台"和"云端"服务方式,积极推动智慧化教育学校的发展,推动虚拟网络场建设,延展学校的多维学习场,打造资源共享的无边界场馆。如图 5-2 所示。

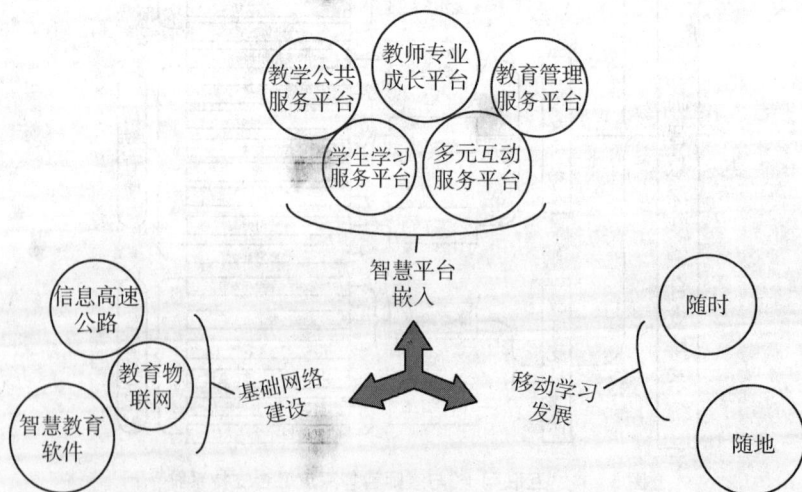

图 5-2　"三要素""五平台"搭建图

(一)"三要素"构成基础网络

"三要素"是虚拟学习场的重要保障,指的是一条信息高速公路、一张教育物联网和一组智慧教育软件。"三要素"之间互融互通、息息相关,共同构成了学校大数据平台的基础网络。

1. 一条信息高速公路,增强信息传递

所谓"信息高速公路",就是一个高速度、大容量、多媒体的信息传输网络。"信息高速公路"比目前网络的传输速度高 1 万倍,一条信道就能传输大约 500 个电视频道或 50 万路电话,此外,信息来源、内容和形式也是多种多样的。通过这一条信息高速公路,学生和老师可以在任何时间、任何地点以声音、数据、图像或影像等多媒体方式相互传递信息,使知识的传递突破了时空的局限,增强了信息传播的流通性和共享性。

2. 一张教育物联网,实现万物互联

物联网最初的定义为:在互联网的基础上,利用 RFID、无线数据通信等技术,构造一个覆盖世界上万事万物的网络(Internet of Things),以期能够实现智能化识别、管理、定位、跟踪和监控。通俗地讲就是实现物物相连的互联网。"互联网＋"时代的到来,让之前以信息孤岛形式存在的数据存储管理模式,发展成开放、共享的趋势,物联网通过相关的技术手段实现对现实实物的识别、追踪以及实物信息的共享。物联网与教育行业相结合,可以充分发挥物联网的优势,人们通过改善教育环境、丰富教学资源以及改变学生的学习方式,使课堂教学、课外学习得到优化。同时教育物联网还能提高教育管理的效率。例如在固定资产管理方面,学校通过将固定资产录入计算机生成相应的二维码,轻松实现固定资产的管理核对工作,只要扫一扫每个固定资产独有的二维码便能轻松知道相关信息,大大提高了管理的效率。

3. 一组智慧教育软件,保障智慧学习

智慧教育软件是智慧学习环境的重要组成部分,决定了学习环境的智能程度。智慧教育软件应紧密结合教育需求,为教育教学活动提供实现目标的手段,是教育教学目标实现的技术保障。智慧教育软件的目的即为营造智慧学习环境,以达到辅助智慧学习的效果。

从软件的分类来讲,智慧教育软件主要可以分为系统软件和应用软件。系统软件主要用于终端调度,常见的有操作系统,我们这里所说的智慧教育软件主要是指应用软件。例如电子白板、"TEAM Model"智慧教育软件、Hi-Teach 智慧教室系统等,以云计算架构为基础,深度集成整合各种教育资源、系统、服务,按需向各个学科、各个平台提供智能化服务。

(二)"五平台"嵌入给予支持

"五平台"分别是指教学公共服务平台、学生学习服务平台、教师专业成长平台,教育管理服务平台以及多元互动服务平台。"五平台"将嵌入物联网给予教育发展以强大的支持。

1. 教学公共服务平台:整合资源

近几年来,云计算技术的不断兴起,给数字教学的发展提供了一股更强大的推动力。在传统的数字资源管理系统中,系统网络经常是只供给机构、学校内部,用户量少,资源也不足。各个教学系统之间缺乏连通性,数据相对闭锁,没有交互过程,形成了"信息孤岛"现象,导致教育资源的使用效率较差。所以建设具有云服务的数字教学平台,互通有无,就显得尤为关键。学校通过架构基础建设,如全景教室、远程教室、录播教室、无边界高级资源教室丁蕙"三生"馆、皋亭文化语音导览系统等,利用无边的资源教室构建教学公共服务平台,提升资源的整合与开发能力。

2. 学生学习服务平台:高效学习

学生学习服务平台是一个基于测试、诊断、评价与反馈的,运行于互联网、移动通信网间的个性化学习平台,它通过对学习资源信息和学生行为信息进行收集、统计与分析,最终为教师设计个性化教学方案提供帮助,为学生提供精确、省时、高效的个性化课后复习方案。例如通过乐课网进行课堂直播、在线答疑,课堂上可以通过快速问答、在线测试实时收集学生学习数据,生成学生学习轨迹。

3. 教师专业成长平台:云端教研

教师是开展教育教学改革的主体,如何促进教师专业发展成为教育技术研究领域面临的课题之一。教师专业成长平台可以将教学准备、实施、备课检查等各个教学环节有机组织起来,并定位到课堂的教案库、素材库、习题库,组建校本资源库,实现校内、校际间优质资源共享。如利用教育资源共享平台重塑教师教育理念,优质资源共建提升教学知识管理能力,利用苏格拉底平台在线分析培育教师教学诊断能力,网络研修培养教师自主发展能力。

📖 **链 接** ▶▶▶ 省委书记现场观摩丁蕙实验小学协同培养活动

2019 年 9 月 10 日是第 35 个教师节。省委书记到浙江师范大学与老师们共度教师节,代表省委、省政府向全省广大教师和教育工作者致以节日的问候。在教师教育培训中心,书记观摩了浙江师范大学附属丁蕙实验小学和浙江师范大学的远程教学课,希望学校积极推动现代信息技术与教育教学深度融合,大力发展智慧教育,努力构建与未来社会相适应的新型教育形态。

本学年开始,学校与浙江师范大学创新师范生的培养模式,在浙师大附属学校之间建构师范生协同培养的网上教研活动模式。本次"互联网+"师范生协同培养教研活动,集合了多所浙师大附属学校的老师,通过远程直播,聆听丁蕙新老师和师范生协同合作的学科融合课程教学,并由现场专家、兄弟学校、师大教授、师范生指导教师进行点评。

学校校长一改以往教研评课方式,以苏格拉底为平台,呈现课堂教学相关数据,借助数据从多维度、多层面进行课堂深度点评,给予师范生和新教师专业化的指导。

图5-3　省委书记与老师们共度教师节

4. 教育管理服务平台:智慧管理

教育管理服务平台通过综合管理系统、图书管理系统、透明食堂、透明传达室、微信办公、固定资产管理系统、财会报账系统,实现了对学生和教师等相关信息的综合管理。例如透明食堂,通过食堂内部的电子监控,大厅屏幕上清楚地显示食堂内部环境卫生情况和食堂员工工作的各个操作过程,让老师和孩子们都吃上放心饭。学校采用智能的固定资产管理平台,不仅解决了手工记账繁杂的问题,更为以后的后勤提供了便利保障。学校信息老师将每个科室的资产进行电子输入,并设置二维码,只要扫一扫,就能随时随地了解各科室固定资产的情况。同时学校还引进了当前"电子巡更系统",在全校范围内设置多个巡更点,保安定点定时进行巡逻打点,这样既可以自行对打点情况进行记录和统计,也可以显著地提高巡逻巡检工作的质量和安全管理水平。智慧云网络手段的尝试,使得学校能够大大提升工作效率和管理水平,让复杂重复的工作变得简单有序。

5. 多元互动服务平台:交流成长

各类交互设备进入课堂,将课堂中的人与人联网关系扩展到包含物与物联网的关系。利用交互式白板,营造交互式学习环境;IRS互动反馈系统,提高课堂互动性与反馈效率。云端联通与管理,为家校沟通搭建桥梁。例如学校使用了新一代的电子校徽,学生每日经过校门,无须手动刷卡,系统即会自动识别校徽,并以手机短信形式将学生进出学校的时间发送到家长的手机上,家长可观看学生进出校门的视频。学校引进当前先进的可视空间,教室前后安装摄像头,让全班学生都置身于镜头下,家长只要在手机上登录翼校通,可同步观看孩子的课堂表现,让课堂更加开放。

二、引入多种信息化技术,助力多维学习与教学

近年来,网络学习空间、电子书包、电子白板、翻转课堂、空中课堂、MOOC、微课等的出现,促使传统课堂教学模式与在线教育相互融合。在这种新型学习环境下,大量网络化、数字化的学习系统不断被开发,多种信息化手段被应用到了教育行业,使智慧化教学成为可能。在互联网万物互联的背景下,我校积极引入多种信息化技术,打造信息化的学习环境,助力学校的智慧化教学。

(一)借助 VR 技术,优化学习场的体验性

VR技术也就是我们通常所说的"虚拟现实"技术,是指运用计算机在用户眼前生成一个虚拟的环境,给人以环境沉浸感,使人犹如身临其境一般的一种技术。VR技术问世以来一直被广泛用于娱乐方面,但随着教学改革的不断深入,在课堂实景教学中也不断开始引入和应用。

学校结合VR技术的特点,积极将VR技术运用于物理空间的建设之中。例如我校建构的无边界的三生场馆,三楼的生命体验馆和四楼的智慧生态馆就利用了VR技术,提升了学生的体验性。在生命体验馆里,学生可以利用VR眼镜,体验自然灾害,掌握逃生技巧;在智慧生态馆里,VR技术结合环境营造音响效果,再现了生命的起源和进化,将大自然搬进校园里,学生足不出户就可以领略到大自然的魅力,让学生更亲近大自然、了解大自然。

除此之外,学校也大胆地在课堂中引进VR技术,让学生将自主想象与VR场景相融合,使得想象也有了依靠,有了参照。基于VR技术在课堂上所生成的这些真实的场景,对激发和唤醒学生的生动体验具有显著的效果。小学阶段的很多课程,如科学、美术等与VR技术结合都能更好地发挥学科自身的优势,通

过 VR 技术可以使课堂所需的情景形象逼真地在眼前出现,使课堂教学变得生动有趣,还能让学生在逼真的教学情景中多角度、多视野、多层次地去探索,优化学习场的体验性。VR 技术课程实况如图 5-4 所示。

图 5-4　VR 技术课程实况

例如一节传统的《渔歌子》诗词讲授语文课,应用了 VR 技术,让学生足不出户就领略到了桃花盛开、鳜鱼流水的湖光山色,情景再现让学生们的感情自然流露,更好地运用语言文字表达真情实感,理解诗人笔下的那种情怀。

(二)借助共享技术,增加学习场的包容性

共享技术是虚拟空间建设不可缺少的部分,也是现代远程教育中一个有效的辅助工具。现代远程教育以学习者自主学习为主,以现代信息媒体为依托,其学习环境是高度开放的,学习者借助各种媒体和现代化手段,在教师的指导、帮助或协助下独立学习。学校关注到远程教育中"以生为本""注重差异"的特点,结合学校教学实际情况大胆将共享技术运用于现实课堂教学之中。

借助共享技术可以更好地贯彻"以生为本"的指导思想。"以生为本"要求在教学活动中一切教学活动的设计、组织和实施,都要充分考虑学习者的实际条件、个体差异、认知特点和学习需求,旨在使每一个学习者都得到充分发展。借助共享技术可以实现学习材料由教师提供,而学习活动则由学习者自己控制。学生可以自定学习目标、自选学习内容、自选学习方式,独立思考、自主学习、自我评价。

例如《麻雀》一课,课堂中借助 Pad 中的资料包,根据不同的难度等级提示,让学生可以自由选择与课文相似的几篇文章,进行自主学习和分析,增加了课堂的容量,并将汇报的内容实时投到大屏幕上,让大家分享汇报同学的思考,这点燃了学生思维的火花,增加了课堂的包容性,真正从教变成了学。如图 5-5所示。

图5-5　共享技术学习现场

(三)借助白板交互技术,拓展学习的思维性和互动性

随着现代化信息技术的发展,交互式电子白板已经作为新一代教学媒体逐渐取代了传统的教学媒体,在教育中发挥着至关重要的作用。

交互式电子白板不仅仅是投影幕、触摸屏与计算机的联合体,它还能与电脑进行信息通信,将电子白板连接到计算机,并利用投影机将计算机上的内容投影到电子白板屏幕上,在专门的应用程序的支持下,可以构造一个大屏幕、交互式的教学环境。同时教师还可以利用特定的定位笔代替鼠标在白板上进行操作,可以运行任何应用程序,可以对文件进行编辑、注释、保存等在计算机上利用键盘及鼠标可以实现的任何操作。

除此之外,它还自带一个强大的学科素材库和资源制作工具库,并且是一个兼容操作各种软件的智能操作平台,教师可以在白板上随意调用各种素材或互动资源进行教学。有效运用交互式电子白板创造出声形并茂、丰富多彩、多元交互、反馈评价及时的小学课堂,改变了传统的教与学的方式,有效地提高了课堂效率。

例如在数学课上,教师通过电子书包端 IRS 互动反馈系统,设置抢答环节;学生利用 Pad 进行拍照并上传教师端,展示探究成果,提高教学反馈效率,问题解决的思维活动贯穿于整个释疑、展示、论证的过程。英语课上教师采用了 Hi-Teach 的教学手段,跟学生更好地进行互动,在教学设计中巧妙融合运用展台、Hi-Teach 视频、照片同步和投屏技术,定格学生的实验过程;TEAM Model 及时记录呈现学生的科学思维过程,反映学生的真实认知情境。

(四)借助远距智慧教育技术,实现教学无边界互动

"桃李满天下"是对一个老师的赞美,也是很多老师一生的追求,在互联网飞速发展的今天,桃李满天下已不再那么艰难,只要通过一个远距智慧教育系统,

就可以轻轻松松办到。远距智慧教育系统通过录像设备和互联网科技就可以实现在大屏幕中与千里之外的学生进行同步教学,实现教学的无边界互动。

📖 链 接 》》》

案例:2017年4月,我校进行了两地同步教学的展示。在录播教室中教师同时给我校学生和成都的学生授课,同学们一起学习了著名的京剧曲目《卖水》中的选段。在课堂上,教师一边指导教室里的学生,一边给成都的学生做示范,整个课堂热闹且生动,最后,两地的学生同时上台,咿咿呀呀地唱起了京剧,拉近了两地学生的空间距离。

远距智慧教育系统能真实再现授课情景,实时生成高清流媒体文件,自动上传到指定服务器,同步实现在校园网 Internet 上直播教学,成为网上可实时直播、点播的学习资料。在《渔歌子》一课中,更是与香港、成都、阿克苏等五地互动,颠覆了传统课堂的模式,增强了学习的共享性,实现了远距课堂的从两地到五地的升级和突破。

远距智慧教育充分体现了优质资源的共享共通,吸引了不同国家、不同地区的学校前来缔结友好联盟,不仅增强了跨文化交流沟通的能力,增强了不同文化之间的深度互动,也是无边界教育的精彩体现,学校也将以更加开放包容的心态参与智慧教育的实施和创新。

三、建立"蕙美"少年培养体系,提高学生核心素养

核心素养是学生在接受相应学段的教育过程中逐步形成的适应个人终身发展和社会发展需要的必备品格和关键能力。围绕着教育要"培养什么人、怎样培养人"这一重大问题,基于我校"生命、生态、生长"的三生教育理念,我校建立了培养以优雅生命、自由思想、文化教养、社会担当、品质创新为核心素养的"蕙美"少年培养体系。通过设立"蕙自治"学生自理中心,"蕙美班级"月评比不断优化学校的制度文化;开展"蕙智"科技节、"蕙乐"维也纳艺术节、"蕙乐"体育节、"蕙爱"孝廉节等丰富多彩的校园文化活动,提升学生素养,让校园处处散发出文化底蕴,形成良好的文化氛围,打造具有学校特色的文化空间。

(一)通过教育教学实践,培养学生核心素养

我校积极实行课堂教学的改革,改变传统课堂教学模式,提高教育教学质

量,不断推动学生核心素养的形成。

学校将核心素养作为智慧教育体系的基点和核心,充分利用"信息高速公路""教育物联网""TEAM Model"智慧教育软件等信息技术手段打造智慧课堂;实现 IES 系统下即问即答、实时反馈、及时诊断的精准教学,形成 TEAM Model 之教学、评量、诊断和补救等四大 e 化服务下的智慧课堂模式;实现"TEAM Model"电子书包学习系统下的一对一教学或群组教学,将教育的本真回归到学生健康成长和个性发展的轨迹上,促使学生的核心素养内化。学生如何造就自己,如果把社会和家庭的影响作为外因,那么学生本身所具备的核心素养就是内因,是学生造就自己的关键力量。学生要造就自己良好的未来,都必须把握自己成长和发展过程中反映"非智"的方面。这种"非智"的不断沉淀和内化,对自身的成功乃至成就具有非常重要的影响。为此,智慧教育更需要从微观层面考虑人的培养问题,注重学生的个性化发展。

(二)提升核心素养工程,打造学能卡学生评价体系

学能卡是一种学习能力的综合体现,是一种多维学习的评价方式,是大数据时代下的一次教学尝试。学能卡学生评价体系以"优雅生命""自由思想""文化教养""社会担当""品质创新"五大核心素养作为评价基础,以三维空间和特色学习场作为孵化场,以现代信息技术作为支撑,以智慧手段收集大数据提效,整合学校的多种评价方式,从不同阶段不同维度评价,体现学生多方面的能力。根据学校的学风"蕙雅""蕙思""蕙行""蕙美",分别设立"蕙雅"少年、"蕙思"少年、"蕙行"少年、"蕙美"少年。"蕙雅"主要注重德,也就是文明品质;"蕙思"主要注重智,也就是思维创造;"蕙行"主要注重体,也就是行动能力;"蕙美"则是注重综合素养,从德智体美不同维度对学生素养进行评价,并通过建立学生的电子学能档案,记录点滴教育历程。

(三)结合学校"三生"教育理念,建设规划阶梯式德育评价

通过每月评、学期评、学年评等三评五奖形式,对学生进行激励,培育全面发展的"蕙美"少年。通过校级特色章、兴趣章以及区级章等争章活动,五年内力求培养江干区火炬银奖少年不少于 5 名。通过搭建"德育课堂""主题德育系列活动""校园文化建设""学生实践活动""三维德育网络"五大平台,推进学生培育工程。落实德育指导工作,以学生行为规范为抓手,通过形式多样的主题体验活动,保证学生参与率达到 100%。积极推进十大"蕙美班级"的打造。

(四)借助小班化教学优势,提升学生创造力。

针对学生个体差异大的特点,借助小班化教学人数少,时间和空间多的优势,通过小组合作学习中同伴间的讨论交流,优化学生的知识结构;结合小班化教学中不同学生天性的差异,采用"虚与实相结合"的方式进行分层教学,打开学生的个性发展空间;利用每个学生都有成为发现者、探究者的原动力,采用"新与美相结合"的方式为学生提供"贴近生活的、新颖的、现实的、富有挑战性的"内容,提升学生的创新品性。

第二节 高效有序:三维教育空间的管理支持系统

除了软硬件设施,学校在各项管理制度上也进行了改革创新。学校构建了"金字塔"形学校治理蓝图,创造一套跨校区的智慧化管理模式,以校园文化、教育科研、团队建设、后勤保障、多校区教育治理等常规工作为塔基,以智慧教育模式、三生课程、家校联动、教师体系建立等特色工作为塔身,以"蕙美"少年培养体系、学生核心素养培养为塔尖,层层递进,达到生本教育的最终目的。积极做好后勤保障等工作,让管理层、教师、学生等能全身心地投入工作和学习,营造一个良好的氛围。完善学校、家庭、社会联动育人的长效机制。建设丁蕙实验小学的家长学校和少年科学院,加大家校沟通力度。

一、组织形态:内外协同,系统建构

小学里的博物馆:多维学习场需要良好的管理机制与策略以保障学习场的有效创建。学校以系统建构为基本要素,上下协同,健全组织运作系统。

创建小学里的博物馆:多维学习场以转变学生学习方式、发展学生素养为目标。为达成这一目标,多维学习场的创建组织系统必须有针对性,其架构必须基于区域、基于学校、基于学生。在新教育命运共同体背景下,与浙江师范大学合作办学,我校已经成为江干区教育新共同体院校合作的模范学校。由于我校地处江干区最偏远的地区,很多学生是外来务工者的孩子,在"三生"理念的指引下,我校为学生们打造了体验式生本课堂,让他们充分享受幸福教育;同时,学校结合江干区教育局"以标为纲、以生为本、以学为主、以导为方"的"四为"教育方针,全面提升我校学子的"优雅生命""自由思想""责任担当""文化教养""品质创新"五大核心素养,发展受益终身的品格与能力。

二、基本流程:"四位一体",高效创建

多维学习场的组织运作以"四位一体"为系统,分为四个子系统,即决策系统、执行系统、操作系统、支持系统。

(一)决策系统:组织健全,职责明确

多维学习场的架构与运行需要学校进行有效的管理,而在学校的管理运作中,一个有效的决策系统至关重要。学校采用的是校级领导全面辐射、分线管理的模式,辐射面虽广,但管理半径太大,各校区空间时间的跨度带来了许多管理上的不便。针对学校具体情况对管理模式急需加以精细化改进,建立科学的管理系统,并在管理实施过程中利用智慧化设备提升管理效率,让教师也能享受到"轻负高质"。

研究核心以校长为第一责任人,统筹多维学习场运行的总体目标和开发走向,下设多维学习场创建组、特色博物馆学习项目组和多维学习场保障组,从理念引领、内容架构、技术保障等方面确定负责多维学习场的架构和设计,同时结合专家指导以及家长支持形成定期诊断。

1.组织机构建设

组　长:吴××

副组长:胡××、沈××、郑××、郑××、方××、王××、杨××

组　员:全体教师

2.制度建设

完善多维学习场创建和之后运作的相关制度,并在实际操作中不断加以完善,如管理制度、考核制度、评价制度等。

3.队伍建设

完善学校博物馆创建队伍和博物馆特色学习项目师资建设队伍。加强学校博物馆特色学习项目开发团队建设,形成教师、外聘老师、高校、社会人士共同开发的多元格局。同时依托教研组,注重培训,制定学校项目开发、开设培训制度,采取专家报告、同伴研讨等多种形式,定期组织一些专题研讨活动,激发团队开发特色学习项目的兴趣,提高学习项目的开发和实施能力。

(二)执行系统:六级层推,保障执行

决策之后,学校完善"六级层推"执行系统以辅助与支持决策的有效实行。

1. 专题研讨

学校组织各类专题研讨活动,包括多维学习场的创建、学习整合、有效管理三大类;实体性博物馆建设,虚拟网络场有效拓展,育人文化场浸润式营造,博物馆特色学习项目开发、实施、评价,博物馆高效运行保障与评价诊断等详细类别。学校上下在研讨中碰撞,在研讨中发展,共同促进多维学习场的高效运行。

2. 资源整合

学校充分挖掘多方资源,有效进行资源整合,包括区域资源、高校资源、社会资源、家长资源等,以支持多维学习场的有效创建与运作。

3. 校本教研

学校在开学初和每月开展校本教研活动,以同学科、跨学科各类别设计和架构博物馆特色学习项目,并在研究和实践中不断改进。

4. 项目推进

学校博物馆特色学习项目确定之后,项目负责导师进行个人、团队等形式的开发设计与实施,并进行各项目活动的展示、评比,项目组和保障组负责跟进、管理、考核、评价,保障项目的推进。

5. 反馈诊断

根据具体学习项目的开展情况与评价,从质量和效率出发,进行相应的反馈诊断,并在研究和实践中不断进行微调,提升项目质量。

6. 分享发展

定期对多维学习场运行过程中各阶段的总结与经验进行分享,提炼多维学习场发展特色与策略,涵盖创建、学习整合、管理等各个方面,使运行管理更加精细化。

(三)操作系统:分步实施,有效推进

多维学习场的组织运作系统中,操作系统最为关键,是多维学习场组织运作的核心,也是检验多维学习场是否高效运作的实践活动。学校稳扎稳打,按照顶层精准化设计—组织梯队化建设—活动多样态实施—成果多形式呈现—组织可持续发展的顺序进行分步实施,有效推进多维学习场的运作。

多维学习场的操作系统的基础层是物理空间。学校通过打造实体博物馆,培养学生核心素养,激活学生无限学习力,让学习和探索可以发生在任何地方。再往上一层是虚拟空间。学校创新发展智能化虚拟网络场,虚拟网络

场为特色学习场提供有效支持,助其拓展。学校引进各种前沿网络技术设备,在实体性博物馆中运用色彩、科技、声光等多种手段连接过去、现在与未来,以网络化、信息化、智能化的设施创建虚拟情境,增强学生体验和互动,加强"在场"与"融入"。在这个操作系统里,多维学习场打造了顶层空间,即文化空间。通过构建实体性博物馆,依托智能化虚拟网络场,学校致力于营造一个涵盖整个校园的育人文化场,并无限向外辐射,使育人文化场发挥德育、美育等功能。力求将学校建设成具有文化底蕴的博物馆,让"蕙美"少年置身于校园的每一角、每一处,都能感受到文化场域散发出的浓郁的文化底蕴,实现价值的同化和感情的和谐。

操作系统的三个层面互相依存,无法分割。现实空间的改进中渗透着虚拟空间的支持和文化空间的生成,在虚拟空间里也同样有着现实空间的改进。

(四)支持系统:智慧监测,多元支持

为保障多维学习场有效创建与运行,学校多方位开发支持系统,以智慧化手段辅助监测与评估。

学校建立科学指标体系,由多维学习场保障组牵头,联合学校各管理部门,积极做好后勤保障等工作,让管理层、教师、学生等能全身心地投入工作和学习,营造一个良好的氛围。针对教师队伍年轻化的特点,建立小班化实施过程中的长效奖励机制,调动教师参与小班化教学研究的主动性;建立师资培训长效机制,满足不同学生的需求,培养小班化教学模式下的全能型教师。完善促进学生发展和教师学习项目开发实施能力不断提高的监测和评估机制,准确了解多维学习场的实际运作情况,定期对多维学习场的运作状态做出反馈和评价。

同时,学校聘请有能力、愿意服务的家长进校园参与管理校园,参与决策学校空间重构的发展大计。完善学校、家庭、社会联动育人的长效机制。建设丁蕙实验小学的家长学校和少年科学院,加大家校沟通力度。如开办家庭教育专场,开办家长学校,成立校级家委会,奖励模范家长。寻找丁蕙学子家风家训,树立50个模范"蕙美家庭"。在虚拟空间成立云端家校,共享在线课程资源,穿越时空,让学习发生在任何地方,在空间内可开展1对1或群组交流互动。对多维学习场的最新消息,最新的教育资讯、教学资源开展互动,分享教育经验和教育信息。

三、实施策略

(一)内外协同策略

多维学习场的创建组织系统是一个复杂的系统,单靠个别因素整个多维学习场是不能够实现高效运作的,需要学校内部、外部各个要素进行整合协同,密切合作。学校内部自上而下,从领导核心到各层级行政部门到各学科、各教师,都需要明确多维学习场运作的目标与操作流程,并达成一致;学校内部与外部也要进行协同,联合社会、家长、各大高校等共同保障多维学习场的高效创建,实现智能联动。如图5-6所示。

图5-6　多维学习场智能联动图

1. 三维教育空间融合支持的关系模型

从家庭支持、社区支持、高校支持、社会支持之间的关系看,一方面它们都是相对独立的实体,各自承担着不可替代的任务。如图5-7所示,a表示家庭对三维教育空间的支持,主要体现在家庭对物理空间和文化空间的支持;b表示社区对三维教育空间的支持,主要表现在对空间安全的维护和对物理空间的支持;c表示高校对三维教育空间的支持,主要表现在对教师专业发展的支持以及网络空间的支持。三维教育空间与这三方面的融合,增加了其平台的可行性。另一方面,社会作为一个整体,它包含着家庭、社区和高校这三个个体,社会既是对这三个个体的支持,同时也是对三维教育空间的支持。此外,来自社会的支持,除了以上三个方面,还有来自社会其他方面的支持,比如上级部门的支持,可见图5-6中d区域。

从图形上来看,三维教育空间与家庭、社区、高校和社会共同构成了"学生的头型",其中三维教育空间是"头",象征着领导力;社会是"脸";家庭和社区是"两只眼睛";高校是"嘴"。只有在家庭、社区、高校和社会的共同支持下,三维教育空间才能体现它的领导力,才会富有创造力,才能为学生创造出更美好的明天。

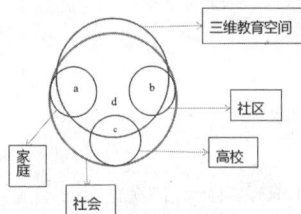

图5-7　家庭、社区、高校和社会对三维教育空间的融合支持示意图

2. 三维教育空间融合支持的系统分工

三维教育是一项系统工程。家庭支持、社区支持、高校支持和社会支持在整个系统中有不同的分工。

（1）与家庭的融合支持

三维教育与家庭教育的合作是家庭与学校以促进未成年人的全面发展为目标，由家长参与学校教育、学校指导家庭教育，相互配合、相互支持的双向活动。三维教育与家庭教育合作可谓是多赢的策略：通过双向沟通（比如家长与学校的电话联系、家长会等），以及协助子女学习（比如在家辅导子女学习、照顾子女等），可以促进学生的健康成长与学习进步。

此外，我校开通了"云端家校"，家长可以通过手机，随时随地查看孩子在校情况。在移动公司的大力支持下，我校家长都开通了"翼校通"，学生进出校门，家长都会收到短信通知。这些都增强了家长对学校安全的信任，对孩子在校情况非常放心。

有了家长的充分信任，他们自然对学校的工作非常支持与配合。我校每学年都会成立校级家委会，他们主要负责校服的征订和农耕活动的开展等工作；成立膳食委员会，主要负责监督学校的膳食，征求家长们的意见，提高饮食水平；成立护学岗，每天上下学维护校门口车辆和行人的秩序，保障学生的安全；成立志愿者协会，帮助学校顺利开展比如春游、秋游活动，校园义卖，游园等大型活动。可以说，学校的活动都离不开家长们的支持与全力配合。

（2）与社区的融合支持

学校紧紧依托社区资源共创和谐校园，具体工作如下：

①为了实现资源共享，丁兰派出所定期为学校提供消防救助的指导。

②学校与丁兰街道建立了良好的协作关系，经常请有关领导来校商谈共建文明的举措。

③学校与丁兰街道共创文明城区的协作关系，拉近了学校与社区、社区与居民的距离。

④与丁兰派出所合作,在整治城市交通的活动中,师生在街头与协管员一起维护道路的畅通,共同争创市级文明交通岗。

(3)与高校的融合支持

我校是浙江师范大学在杭州的第一所附属小学,是江干区教育新共同体院校合作的模范学校,也是一所现代的智慧化学校。浙师大不仅为我们输送了很多优秀的教师资源,也为我校的教学和科研提供了很多帮助。我校成立了"蕙美学府",并聘请浙师大各科教授作为导师,全面指导各科的均衡发展。此外,我校近两年分别成功举办了"2017浙港智慧化教育论坛暨浙派赴美校长联盟"和"钱塘之春"教育高峰论坛——"互联网十"背景下的智慧教育,这些重大的活动都离不开浙师大对我校的大力支持,都是三维空间与高校融合支持的典范。

(4)与社会的融合支持

这里所指的社会是除了家庭、社区和高校的其他相关部门。上级部门对我校的建设非常重视,不仅在硬件上对我校的各方面建设提供资金来源,在我校建校的每一个环节都是亲身经历,实地考察,做到全方位指导。在软件建设上,教育局对我校精准施策,为我校智慧平台的搭建给予有力支持,并一直保持对我校的宣传力度。通过争取每一次大型活动的举办权,对我校进行媒体曝光,提高知名度。我校把握每次机会,做好每一个细节,使学校不断发展壮大。

(二)聚智引力策略

多维学习场的架构是一项操作性极强的工作,不仅需要学校各行政层级和管理部门的支持与保障,还整合了一大批教育学、心理学、学科教育等方面的专业资源,向科研院校和高校引智汇智。与国际化院校的合作,也加快了多维学习场的架构进程。

1.单位共建

学校自2014年办学以来,与香港、台湾、西藏等24个省、区和特别行政区的名校结对,与中国中科院、中国教育协会、中国海洋学会、浙江省艺术教育协会、中国杭州青少年低碳科技馆等12家省市级教科研单位结为共建单位。图5-8为相关留影。

图 5-8　教科研单位共建留影

2. TDS 联合办学

学校与浙江师范大学合作办学五年以来，多次聘任浙师大专家和教授来校做讲座、培训。浙师大专家也多次指导我校进行重大课题讨论、研究。浙师大的专家智慧，不仅为我校的建设做出了贡献，也为我校科研水平的提升提供了强有力的帮助。

链　接 ≫≫≫ ××小学与浙江师范大学专家团队关于学校整体规划及顶层设计论证活动

2017 年 5 月，为优化完善学校顶层设计，××小学开展学校整体规划及顶层设计论证活动，邀请浙江师范大学钱旭升教授、吴惠青教授、张华龙教授、钟晨音教授、郎建胜教授等多位专家前来指导。学校作"三维空间"建设、多维学习场创建与学习整合、"生命德育新共同体"等汇报，浙师大专家做深度论证工作，为学校整体规划进行分析指导，是多维学习场创建、整合与管理的一次重要分享。

3. 国际化联动

学校借助新教育共同体这一平台，加快了与国际化院校的合作，实现教育资源共享，现已与澳大利亚、美国，以及中国的香港、台湾等 10 余所国际化知名学校结为友好学校，开展教研互通、教学互动等活动；借助浙江师范大学的优质高校资源，加深了与国际专家的交流，建构教育文化理念互通的桥梁，陆续与美国明尼苏达州大学的教授、美国得州农业大学专家、日韩教育学者等交流办学经验，碰撞教育理念。如图 5-9 所示。

图 5-9　国际合作促教育

4. 家校共赢

为进一步获得家长和社会对学校多维学习场创建的支持,形成学校、家庭、社会共同关注学生健康成长的育人环境,学校完善层级家长委员会制度,明确家委会分工,定期召开家委会议,充分挖掘家长潜在的优质教育资源,助力多维学习场发展。

📖 **链　接** >>> 邀约家委,携手共赢

为更好地搭建学校和家长的沟通平台,凝聚学校和家庭的合力,不断完善以家庭教育为基础、学校教育为中心、社会教育为依托的三位一体教育网络,实现"互信、理解、协作"的良好效果,2020 年 1 月 12 日,××小学召开了"邀约家委,携手共赢"校级家委会会议。出席本次会议的有学校校级领导、校家委会班子成员、各班家委代表以及各班蕙美家长。

(三)资源整合策略

多维学习场的创建中,资源整合尤为重要。决策系统中,整合各方资源,进行科学、精准的顶层设计;执行系统中,整合各方资源,上下贯通,保障执行;操作系统中,整合各方资源,分步实施,有序推进;支持系统中,整合各方资源,加强多维学习场的智慧监测与评估。多方联动,资源整合,以促进多维学习场高效创建。

1. 以浙师大为主体,整合多方资源的办学模式

我校依托浙江师范大学,并与之合作,现已成为江干区教育新共同体院校合作的模范学校。整合其他多元主体的教育资源,可以实现多维学习场的有效建构。

(1)充分发挥其他高校作为合作院校的主体之一的优势,参与多维学习场的建构。浙师大尽管是主体,但其教学资源、师资力量毕竟是有限的,加强与省内外,甚至国内外其他高校的有效合作,可以发挥它们的教学软硬件设施的优势及人力资源优势,发挥这些高校参与科研建设的优势。

(2)充分发挥其他同类型的学校作为多元主体之一的优势,参与多维学习场的建构。省内外、国内外同类型的学校,与我校合作已经非常多了,要充分借鉴它们的办学优势,交流经验,有效整合资源,发挥各个办学主体的合力。

2. 加强教师队伍的管理,服务多维学习场的构建

没有一流的师资,就没有一流的教育,对于任何教育类别而言,教师都是第一资源和教育发展的基本保障,教师是推进三维教育空间多维学习场构建的基础资源。优化教师队伍结构,初步形成一支"以老带新,以新助老"的教师队伍,以"师徒结对"的方式互帮互助,初步形成一个成熟的管理团队,用有效的制度,服务教师队伍,以达到服务多维学习场构建的目的。

3. 建立三维空间数据库,有效实现信息资源的整合

三维空间资源数据库建设是一项系统工程,它利用网络空间实现信息资源的高效利用和广泛共享,有利于解决当前教育资源短缺和教育信息资源利用率不高的问题。我校以生命教育为核心,以智慧教育为特色,不断提升办学水平,先后获得"全国智慧校园示范校""中国智慧教育工程实验校""全国青少年人工智能活动特色单位"称号,这都是对我校三维空间建设的极大肯定。此外,"之江汇教育平台"的推出,为我校的智慧教育添砖加瓦,为三维空间资源数据库的建设提供了强有力的保障。利用"之江汇"这个平台,我们的信息资源得到有效整合。未来我们还将不断探索,寻求更大的数据库,以便整合更多资源。

第三节　智慧灵活:三维教育空间的教师支持团队

随着信息技术的发展,教育信息呈现出开放性、多元性、动态性的特点,教师和教材不再是信息的唯一来源,互联网的开放性与资源共享特性,使信息在很短时间内就会发生翻天覆地的变化,网络技术和通信技术的发展,使教育信息不仅丰富多彩,形态多样,而且时效性强,使世界变成了地球村。因此,教育工作者必须更新观念,紧随信息发展的脚步,不能死读书,更不能教死书,要从多种渠道和途径搜集和处理教育信息,应用信息技术手段使教学过程信息化,实现教育信息化。信息时代赋予教师以全新的内涵,传统教师角色正遭遇挑战。当今丰富的

网络资源为学生提供了海量教育信息,但学生并不能很好地利用,需要教师引导他们去获取知识,所以教师应成为学生自主学习的引导者和促进者。这就要求教师必须具有信息技术意识和能力,同时具有很强的专业能力。通过学习,改变传统的教育思想、教育观念和旧的教育方式,将"以教师为中心"转变为"以学生发展为中心"。具体地讲,就是教师要从"权威者"转变为"合作者"和"指导者",将学生从"吸收者"转变为"主动参与者",这样才能自如地与学生进行真诚的交流讨论,扮演好辅导者、合作者的角色。教师的功能更应集中地体现在如何把"信息"转化为"知识"、把"智能"转化为"智慧"等方面。

一、教师是多维学习场的首席执行官

在多维学习场中,教师起着非常重要的引领作用,将各种信息技术有机融合在课堂中,促使学生学习发展。教师是多维学习场的首席执行官,只有教师运用智慧化的手段,灵活融入,多维学习场的学习活动才能正常开展。而教师在执行过程中,主要是通过课程来体现。因此,学校把深化学校课程建设,作为提升学校教育质量、推动学校育人机制创新的关键,在创新课程管理机制方面进行有效的制度设计。学校构建满足学生发展"思本源、致良知、应时需"素养需要的学校课程体系;推进校本课程的弹性课时制、课程融通、选课走班、特殊禀赋儿童教育实验等多个小学课程改革试验项目。与智育、美育、体育有机融合,构建学段纵向衔接、学科横向融通、课内外活动有机融合的校本课程体系。教师从三个维度明确开发精品课程的要求,为校本课程开发提供价值引领;通过专题研讨、现场观摩、网上展评、学术论坛等形式进行成果推介和经验分享,深化学校课程建设研究和实践,促进成果转化和资源共享;分项目组联合攻关,系统整理研发并资助出版了几个学术含量高、实践效果好,具有推广价值的原创性精品课程;组建"精品课程超市",通过有偿供给、动态管理、优胜劣汰,建立优质课程资源共享机制,供全市学校选用;强化成果交流研讨机制,为学校课程建设提供示范引领。

(一)研发:教师从课程施行者转变为课程开发者

1. 增强课程开发自主意识

在传统的教学中,教学与课程是彼此分离的。教师被排斥于课程之外,教师的任务只是教学,是按照教科书、教学参考资料、考试试卷和标准答案去教,课程游离于教学之外。教师丧失了课程的意识,丧失了课程的能力。在多维学习场下,课程必须与教学相互整合,教师必须在课程改革中发挥主体性作用。因此,教师不能只成为课程实施中的执行者,更应成为课程的建设者和开发者。为此,教师要形成强烈的课程意识和参与意识,改变以往学科本位论的观念和消极被动执行的做法,要了解和掌握各个层次的课程知识,包括国家层次、地方层次、学校层次、课堂层次和学生层次,以及这些层次之间的关系;要提高课程建设能力,使国家课程和地方课程在学校、在课堂实施中不断增值,不断丰富,不断完善;要锻炼并形成课程开发的能力,教师需要具有开发本土化、乡土化、校本化课程的能力,语文教师要培养课程评价的能力,学会对各种教材进行评鉴,对课程实施的状况进行分析,对学生学习的过程和结果进行评定。只有做好角色的转变和定位,才能积极推进课程改革。

2. 成立课程开发中心

学校三维教育空间的建构,主要立足于自身挖潜。校长为领导小组组长,谋划学校三维空间教育工作整体推进思路。分管科研的副校长任副组长,负责校区和部门的协调工作;部门副校级负责人监控所在校区空间建设和课程实施的工作落实情况;科研处和教导处具体负责指导课程的教师开发和实施。学校成立三维教育空间研究和课程开发中心,鼓励教师根据自己的专业特长跨学科整合,合作开发;又聘请专家顾问作为教师培养和课程开发实施的指导团队,定期邀请专家到学校讲座引领,课堂观摩指导;提供校内外进修学习的机会,在课程的开发和实施过程中将各学科知识自然有机地进行统整,培养学生的核心素养。在课程开发中心,学校有序组织开展课程编写。我们编写了一套"小学里的博物馆:多维学习场的创建与整合"课程,为了培养"思本源、致良知、应时需"的"蕙美"少年,建立围绕这目的的课程体系,全面在校实施校本课程。这一课程体系分为五个系列:红色空间课程、生命体验课程、情意生长课程、科技博览课程、自然生态课程,共编写了 16 个校本课程。其中"智慧大世界"校本课程在 2019 年江干区第四届精品课程评比中获得优秀课程荣誉。

3. 收获课程研发成果

学校鼓励教师以科学的方法去开发与实施课程,教师的教育专业素养得到了较大的提升。相关主题报告在全国范围内推广。以"现代化学校空间建设创新"为主题的报告在中国教育学会论坛进行主题演讲;"当教育遇到互联网——×校'智慧校园'分享"在浙江大学教育信息化领导力培训班中做主题报告;"三维教育空间:小学生学习场的建设"在乌鲁木齐第八届教育科研高峰论坛等大会上做学术交流;"现代化小学生学习场的建设"在教育部"沃土启师计划"中做学术交流。相关课程展示也得到了全国范围内的推广与一致好评。在江干区钱塘之春论坛、区第六届信息化推进会中 VR 远距智慧课"渔歌子"

与香港、成都、阿克苏等五地互动,实现从两地到五地的突破,远距智慧联盟辐射扩大到全国。同时,三维教育空间承担2018年杭州市"轻负高质"暨"课程改革"第十五次现场交流会,开放50多门空间课程,展现了学生综合素养。相关研究成果《课程整合的建构和反思》发表于《湖北教育》;《打造孝廉文化 深化教育改革》发表于《华声教育》;《以三大空间创建促教育空间创新》发表于《未来教育家》;《三维教育空间下的教学模式重构》发表于《教育名家》。相关课题获得区、市立项,"童心蕙园:基于三生理念的三维教育空间的营建"在教育部立项。学校探索建立空间建设的模式体系,已建立起较为系统的研究图谱,研发和创生能力得到了稳步提升。

(二)实施:教师从传统教学者转变为学生思维的触发者

在传统的班级授课制中,学生的主体地位或独立性受到一定的限制。教学活动多由教师直接做主。实践性不强,学生动手机会少。探索性、创造性不易发挥,主要接受现成的知识成果。难以照顾学生的个别差异,强调的是统一、齐步走。不能容纳和适应更多的教学内容和方法,因为它一切都是固定化、形式化的,灵活性有限。不能真正满足智力卫生的要求,往往将某些完整的教学内容和教学活动人为地分割,还缺乏真正的集体性,每个学生独自完成学习任务。教师虽然向许多学生同样施教,而每个学生都会以自己的独特方式去掌握。学生与学生之间并无分工合作,彼此无必然的依存关系。

1. 主题统率,纵横结合

对于教育空间的建设,学校大胆突破以往常规,创造性地构建起主题统率、纵横结合的课程结构。教师从传统的教学者转变为学生思维的触发者和引导者,通过各种方式帮助学生完成概念性、知识性学习和能力提升等,师生之间和谐共生。学生在教师的激发下,在多维学习场中得到了最大程度的发展。

如学校在2019年4月份开设的"四月天,放纸鸢"主题空间课程就是一个极好的例子。具体安排见表5-1。

表5-1 "四月天,放纸鸢"主题空间课程

时间	学科范畴	负责老师	活动内容
4月第一周	人文	班主任	师生一同了解关于风筝的历史、传说等
	手工	美术教师	动手制作一个属于自己的风筝
	英语口语	英语教师	教学关于风筝的单词、短语

时间	学科范畴	负责老师	活动内容
4月第二周	艺术（美术）	美术教师	为自己的风筝画上美丽的图画
	语文	语文教师	学习积累关于风筝的古诗：高鼎《村居》、徐渭《风鸢图诗》、高骈《风筝》
4月第三周	阅读与欣赏	阅读课教师	阅读风筝主题绘本：《风筝》（鲁迅作品绘本）、《蝴蝶风筝》
	数学	数学教师	师生共同发现对称图形的奥秘
	艺术（音乐）	音乐教师	学习儿童歌曲《风筝》，学习表演关于《风筝》的歌曲
4月第四周	综合实践	班主任	带学生前往公园放风筝
	体育	体育教师	在公园开展4月份小型竞赛
	写作与表达	语文教师	指导学生撰写小短文：《放风筝》

　　4月的第一到第三周内，学校通过多门学科的教授奠定了学生对"风筝"这一中国民间娱乐工具的认识，培养了学生的动手能力，形成了一个中心、多个节点的立体式学习结构；到了第四周，学校带领学生走出校园，在活动中学习，学生走进情意生长馆，走进公园，完成了间接经验与直接经验的完美对接；当然，学校同样不忘通过趣味作业的实时布置促进学生知识、技能的进一步内化，将碎片化的知识连接起来。

　　2. 走班教学，个性发展

　　同时，学校每周五进行拓展性课程的走班研学，开展后，对于空间课程的开发和实施进行反馈调查，78％的家长认为"拓展性课程的实施利于学生多维思维的建立"，83％的家长认为"拓展性课程的实施突破了传统教学常规，带给学生更多个性化的发展"，90％以上的家长对"拓展性课程"表示"满意"。

　　3. 教师素养，着力提升

　　学校把教师专业素养提升作为深化学校课程建设的关键抓手。持续推进"卓越教师成长"工程，激发学校课程建设和办学育人的创新活力，让教师成为课程领导的专家，让研究学生学习、促进学生发展成为教师的专业自觉。聘请几位有关课程领域的全国领军专家对课程进行评价诊断，解读亮点、发现问题、反馈改进、跟踪指导，帮助学校和教师对课程成果进行提炼升华。完善教育人才管理体制，全面打造"博爱、优雅、智慧、创新"的"蕙美"教师团队。创新教师专业发展进阶机制，进一步拓宽研训渠道，丰富研训课程，打造"精于学科、善于合作、钻于科研"的高素质专业化教师队伍，基本实现丁蕙教师智慧化转型，即人人是智慧型教师。同时,建成 5 个名师工作室,市区级骨干教师占教师总人数的 40%,研究生学历教师占教师人数的 70%。仅 2019 年,系列推出 30 位教师育人的典型经验和创新成果。只有这支教师团队越来越优秀,在不断地磨炼与成长中转型创新,教师才会慢慢从传统教学者变为学生思维的触发者。

(三)协调:教师从"书匠型"转变为"一专多能型"

1. 以学促教,共同探索

学校依托自然历史博物馆,充分开发教师资源,将相关课程开发与实施作为一种集学习、工作和研究于一体的教师行为。教师必须能对课程资源进行识别、开发和运用,其自身素质决定了课程资源的识别范围、开发程度以及运用广度。课程不再只是知识的载体,而是教师和学生共同探求新知识的过程。日常的教学过程就是课程的创生和开发的过程。认识的提高激发了教师学习的积极性和课程开发的热情,一系列有研究价值的拓展性课程开发使得教师进一步增强了课程意识,激活了专业发展的内在动力。

2. 多方发展,成长迅猛

青年教师也在更高的平台上有更快的发展,在短时间内成长为骨干教师,得到学校大力培育。入职仅半年的新教师有的在全国智慧赛课中获得一等奖,有的向国内外专家展示 VR 语文教学课,有的开设国际远距多地互动课,有的课题研究在浙江省课题申报中立项;有的将零基础的舞蹈队带到了获得区一等奖的好成绩;有的班级创新管理引起十余家省市媒体报道,而由青年教师组成的课题组所申报的课题已在国家立项等。至 2020 年,教师获各级各类荣誉 427 项,抽测学科超区平均分,各级各类课题、论文、展示课达 210 例。

3. 融会贯通,研究创造

三维教育空间的开发、固有教学场所的打破、多学科的整合教学,为教师提供更广阔的研究平台,为教师向"一专多能型"发展拓宽道路。学校鼓励教师发挥所长,开设丰富的课程,并给予教师绝对的自主权,从课程目标实施到学生评价,都由教师自主设计,极大地激发了教师的主动性和创造性。引导教师树立"课堂、课程、课题"融通意识,"一专多能型"智慧型教师越来越多地出现在校园中。

二、教师是多维学习场的共享运行者

我校成立了"蕙美学府",并聘请浙师大各科教授为导师,全面地指导各科的均衡发展。此外,我校近两年分别成功举办了"2017 浙港智慧化教育论坛暨浙派赴美校长联盟"和"钱塘之春"教育高峰论坛——"互联网＋"背景下的智慧教育。这些重大的活动都离不开浙江师范大学对我校的大力支持,都是三维教育空间与高校融合支持的典范。学校的教育影响力不断深化,社会美誉度大大提升。学校作为公共资源,与校外建立了良好的联动关系,公共开放与协调不断扩大,优质资源辐射范围不断加大。教师不仅要在校内将多维学习场的效益最大化,更要将其推向社会,共享经验与成果。把握每次机会,做好每一个细节,使学校不断进步。在每一次亮相中,我们智慧灵活的教师团队总是能够拧成一股绳,团结合作。单独展示时又能抓人眼球,能力出众。

(一)品质发展,品牌亮相

从 2014 年到 2020 年,学校获得了丰富的成果:国家荣誉 21 项、省级荣誉 26 项、市级荣誉 48 项、区级荣誉 125 项。以博物馆为载体,学校进行多维学习场的创建与整合研究,学校获得了"全国智慧校园示范校""中国新样态学校""浙江省教师发展示范建设校""浙江省智慧教育示范校"等 20 多项综合荣誉。在杭州文化广播电视集团"校长来了"系列活动中,学校点击量达到 20 万多,"央视新闻＋"、新浪微博、杭州电视台一套《新闻 60 分》、杭州电视台明珠频道和少儿频道《杭州少儿新闻联播》全媒体关注与播放。

学校的教育影响力不断扩大,平台逐渐扩大。学校承办了杭州市江干区第十六届"钱塘之春"教育高峰论坛、第二届全国名优小学校整书阅读线下会议、2018 年中华青少年生命教育系列公益活动、杭州市"轻负高质"暨"课程改革"第十五次现场交流会、校长来了、教育 12345 等大型活动。

相关研究成果《课程整合的建构和反思》发表于《湖北教育》;《打造孝廉文化 深化教育改革》发表于《华声教育》;《以三大空间创建促教育空间创新》发表于《未来教育家》;《三维教育空间下的教学模式重构》发表于《教育名家》。相关课题获得区、市立项,"童心蕙园:基于三生理念的三维教育空间的营建"在教育部立项。学校探索多维学习场建设的模式体系,已建立起较为系统的研究图谱。

(二)链接社会,良好联动

学校博物馆接待参观人员 150 多个批次 3000 多人次。仅 2019 年上半年,学校再次接待参观人员 150 多个批次 2300 多人次,优质资源辐射到全国 25 个省份。学校的外联活动还扩大到港澳台地区和国外,共接待港澳台地区校长、专家和来自美国、澳大利亚等国家的教育界专家 50 余位,并取得了一致的高度评价。如图 5 - 10 所示。

图 5 - 10　外校联动图

学校对外开放,统筹优化区域,优质资源共享,形成更大的育人场域,并充分辐射,与社区共享联动。学校实体性场馆已成为兼具特色育人场馆和优质拓展性课程的综合研学实践空间,面向全区中小学生和社会各层面开放,连同基于博物馆开展的各类项目活动和所整合、开发的学习资源,同时,借助网络平台,开放博物馆在线虚拟浏览与实体来访预约,吸引了其他学校一批批学生来访,周边社区许多居民也纷纷前来参观学习,学校成为公共资源开放与共享的典范,实现资源共享、资源互学、资源互动。

(三)家长支持,社会认可

我校开通了"云端家校",家长可以通过手机,随时随地查看孩子在校情况。在移动公司的大力支持下,我校家长都开通了"翼校通",学生进出校门,家长都会收到短信通知,这些都增强了家长对学校安全的信任,对孩子在校情况非常放心。

在多维学习场的创建与运行过程中,家长一直是资源整合的重要部分,也是不可或缺的参与者与支持者。从多维学习场的创建到博物馆特色学习项目设计方案的确定,到实施活动的开展,再到学习成果的评价、展示都离不开家长的支持与指导,学校也通过邀请部分家长参与,及时反馈和沟通交流,形成家校合力,共同推进了多维学习场的创建与运行。

链　接 》》》 智慧学能系统

智慧学能系统是虚拟网络场中架构的"学生、家长、教师"三位一体的评价支持体系,它为多维学习场提供物化成果＋网络档案"虚实一体"的动态评价方式,提供更广泛的学习资源;为学生成长提供"大数据"记录;并完善现实"雏鹰争章"活动。家长拥有独立账号与交流云端空间,对学校多维学习场的创建、运行情况提出建议、评价、意见、反馈等。

〜〜〜〜〜〜〜〜〜〜〜〜〜〜〜〜〜〜〜〜〜〜〜〜〜〜〜〜〜〜

多维学习场的创建与运行成果也得到了社会的广泛认可。相关主题报告在全国范围内推广。学校以"现代化学校空间建设创新"为主题的报告在中国教育学会论坛进行主题演讲;"当教育遇到互联网——×校'智慧校园'分享"在浙江大学教育信息化领导力培训班中做主题报告;"三维教育空间:小学生学习场的建设"在乌鲁木齐第八届教育科研高峰论坛等大会上做学术交流;"现代化小学生学习场的建设"在教育部"沃土启师计划"中做学术交流。此外,目前在多维学习场运行中,已有多个学习项目脱颖而出,如"方寸之间——拼贴画""飞扬的旋律——小钟琴"等多项课程被评为杭州市精品课程。

学生在我们搭建的三维教育空间中,不断地去尝试探索,不断地去学习创新,不断地去体验感悟,他们也在慢慢适应三维教育空间的学习方式。每一次学习都是经验的积累,学生在设备先进的物理空间里接触班级里无法感知的事物,但是在摸索中他们逐渐成为物理空间的主人。拥有了主人翁意识的学生会自觉做好上课准备,会利用自己的业余时间去完成课后的拓展内容。学生与教师活跃的双向互动表明"互联网+"与教师智慧深度融合支持系统下三维教育空间发挥了良好的效果。在"互联网"支持下的虚拟空间里,无边界的学习方式给学生带来了极大的便利,拓展了学生的学习时间与空间,学生又在无形的文化空间中受到熏陶感染,他们的学习就更加扎实,进入三维教育空间学习也就更加自信,使得空间效益最大化。

学校在多方资源的优化整合与大力支持下,"互联网+"与教师智慧深度融合,支持三维教育空间不断发展,为三维教育空间的科学创建与持续运行、发展注入新的活力!

第六章 评估三维教育空间:重构学习场发展评估机制

　　丁蕙多维教育空间学习场提供了丰富的学习形态,通过有育人功能的物理空间、虚拟空间、文化空间来满足学生的各种学习需求,并且遵循"生命、生态、生长"三生教育理念,致力于提高学生的核心素养。为了更好地促进学校学习场的发展,完善学校三维教育空间,让学习场更高效地服务于教学活动,成为学生"自主、合作、探究"学习的主阵地,更好地完善我校的"体验式"生本课堂,评估工作必不可少。多维教育空间学习场更加注重培养学生的动手能力,发展学生的探究意识和创新意识,而以往的评估多为结果性评价,不能有效地考查学生的学习实践活动过程,在一定程度上无法准确评估出学生在学习场中得以发展的技能。那么,及时对学生素养发展过程进行综合反馈,有效评估学校学习场势在必行。重构适宜学习场发展的评估机制,以期逐步优化学习场,让学生愿学、乐学、会学,促进学生内在能力与素养的生长性发展,达到"向学而生",这符合学生发展的需要,有利于更好地发挥学习场的作用。学校的发展同样也离不开评估,我校以三维教育空间为依托,致力于发展学生的核心素养,打造了具有丁蕙特色的多维学习场,进行了多维学习场学习整合的独特路径探索,开发了特色博物馆学习项目,进而构建了独特的小学博物馆运行及学习体系。为了不断优化丁蕙三维学习场,使其高效运行,针对学校学习场来建立一个合理有效的评估机制势在必行。

　　本章首先阐述了评估的相关概念及理论基础。其次在梳理前人研究的基础上,致力于结合学校学习场"量身定制"发展评估机制,并且对学校三维空间学习场所带来的各方面影响进行了评估。

第一节 学习场发展评估机制的概念界定及理论基础

一、学习场发展评估的相关概念界定

(一)评估

《现代汉语词典》中对"评估"的解读是"评议估计,评价"。所谓评议,是指衡量、评定其价值之意,而估计则是指衡量。

在教育领域中,"评估"更是教育者关注的热门话题。评估对于教育系统具有导向、规范和改进的重要作用,是促进教育方向发展的有效机制。孙莱祥认为:"评估既是一种激励机制,又是一种监督机制。评估的价值取向是衡量学校对国家、社会发展的贡献,又是对学生个体、学校自身发展的价值判断。"[1]刘智运教授认为:"评估是依照一定的标准对事物进行观察并作出价值判断的过程。并且认为教育评估是根据教育目标和标准对教育工作做出价值判断并改进工作的过程。"[2]也就是说,"入乎其内,出乎其外",评估既是对评价对象的价值判断,更是为了进一步促进其发展。综上所述,在教育领域中,教育评估是主体按照一定的教育评估指标对评估对象的活动所做出的价值判断并改进教育工作的过程。

(二)发展评估

邬志辉在《发展性评估与学校改进的路径选择》一文中提到"学校发展性评估就是为了发展的评估、关于发展的评估和在发展中的评估"[3]。刘朋则把学校教育发展作为发展性教育评估工作的出发点和归宿,关注学校发展的整个过程,以促进学校自主发展为目的,追求教育活动价值的增值。[4] 卢立涛在《发展性学校评价的概念辨析》中明确指出发展性评估是把学校内部评估与外部评估相结合,从而促进学校不断发展的评估活动。[5]

通过梳理总结以上学者对于发展性评估的观点,我们可以知道,针对丁蕙学

---

① 孙莱祥.激励、责任:现代大学评估制度[J].复旦教育论坛,2005(1).
② 刘智运.高等学校教育评估与督导概论[M].高等教育出版社,2005:1.
③ 邬志辉.发展性评估与学校改进的路径选择[J].教育发展研究,2008(18).
④ 刘朋.试论学校发展水平评价的客观公正性[J].当代教育科学,2007(19).
⑤ 卢立涛.发展性学校评价的概念辨析[J].继续教育研究,2010(11).

校学习场进行发展评估就是评估主体依照一定的评估标准,通过科学的评估方法对学校学习场的实施情况和成效进行质和量的价值判断,以对学习场进行监督和引导,从而及时发现学习场存在的问题和不足,更好地促进学校学习场发展和优化的过程。

由此可见,对丁蕙三维教育空间学习场进行发展评估,是我校持续发展并不断创造价值的具有生命力的动态过程,是促进学习场发展必不可少的关键一环。发展评估的最终目的是促进我校学习场的持续改进,即通过对学习场进行评价与估量,提高其教育质量,从而实现价值判断以及价值增值。

二、学习场发展评估的理论基础

(一)增值性评价理论

近年来,增值性评价逐渐在教育评价领域中兴起,得到了教育者的广泛关注。马晓强认为对于增值评价来说,其核心思想是监测和评价学校对学生各项进步幅度的影响程度。[①] 有学者提出增值性评价是在学生原有基础上,对接受一定阶段教育的学生的知识水平、能力水平、道德水平等方面的进步幅度加以价值判断。以往的评价均偏向于结果性评价,仅仅凭借考试成绩来评价学生的学习成果,而增值性评价则是一种发展性评价,评价的主体为学生,并且注重学生的起点因素,充分考虑学生之间的差异,关注学生的发展过程而不仅仅是结果。增值评价更加符合"一切为了学生,为了一切学生,为了学生的一切"的教育理念,使得学校和教师的关注点转移到每个学生的进步情况,更关注学生的成长,有助于激发学生的主观能动性,促进学生各方面素质的全面发展。

丁蕙特色学习场建设是以发展学生素养为首要目标,学校通过特色场馆的打造和特色项目的推送,使学生在知识、品质、能力、个性等方面得到全面、可持续的发展,关注的是每一个学生的发展。那么对其的评估就更应体现出发展性,故而对我校学习场的评估就以增值性评价为理论基础之一,在评估机制中引入增值理念,有效评估出多维学习场课程结构整合在学生素养发展中所起到的作用。与此同时,运用增值性评价也有助于我校办学水平的提高。

(二)人本主义理论

人本主义理论的关注点在于人的本性和价值,人本主义学习理论的代表人

---

① 马晓强.增值评价:学校评价的新视角[J].基础教育论坛,2019(12):78.

物罗杰斯提出教育的着力点是要培养健全的人格,要创造出一个积极的学习环境。并且他认为学习可以分成两种,即有意义的学习和无意义的学习。有意义的学习是指学习者主动地进行学习,建立新旧知识之间具有逻辑性联系的一种活动。对于教学活动来说,其最终目的就是实现有意义的学习,有效地获取有价值的信息进而提高学习者的能力。罗杰斯所提出的有意义学习的观点与我校"思本源·致良知·应时需"的学习项目不谋而合。我校"思本源·致良知·应时需"的学习项目就是在了解学生的兴趣特点和已有的学习资源的基础上制定的,注重学生学习方式的转变,通过丁蕙三维教育空间中不同的场馆和课程学习来激发学生的学习兴趣,帮助学生形成高水平的认知,自发运用高效率的学习模式,完成有意义的学习。

丁蕙多维空间学习场的理念是寓学于乐,学习场是一个给学生提供体验和活动并与学生身心发展相适应的场所。学校基于学生需求与选择,开发和实施数十个学习项目,涉及农耕、生态、环保、机器人、葫芦丝、篮球、管乐、合唱、舞蹈、羽毛球、铜管乐、四驱赛车、木工等多个领域,满足学生的各种发展需求,帮助学生在学习场中获得知识。对于学习场来说,实现有意义的学习是至关重要的,是其出发点和归宿。所以评估丁蕙三维教育空间学习场时以人本主义理论为支撑,这将有助于引导学习场的发展,实现真正为了学生的教学活动,以学生发展为核心,重视和促进学生的自主、和谐、全面发展,让我校学习场的育人价值得以最大化的呈现。

(三)系统理论

一般系统论创始人贝塔朗菲提出:"系统是相互联系、相互作用的诸元素的综合体。"系统理论将研究对象看作一个由多个子系统构成的有机整体,各子系统之间相互关联、相互影响,共同构成一个系统网络。并且他认为整体大于各孤立部分之和。也就是说,系统的整体功能并不是子系统的简单相加,而是各子系统进行有机组合,形成更好的状态,从而促进系统总体功能大于各组成部分之和。

丁蕙的三维教育空间的构建是以多维学习场的整合为基础的,实体性博物馆、智能化虚拟网络场、育人文化场作为三维教育空间的子系统,以发展学生核心素养为指向,相互影响、相互关联,共同组成了学生多维发展的博物馆特色学习项目。各子系统进行全方位协同组织与管理,搭建多维选择平台,进行教育功能拓展,从而使三维教育空间得以最优化,实现整体大于部分之和。

对三维教育空间学习场的评估同样也要围绕系统理论来进行。以三维教育空间为评估对象的评估机制也是一个系统，它涵盖了多个子系统，其中包括评估理念、评估指标以及评估方法等，通过对这些子系统的整合来衡量和估计整个系统的运作成效，并且找到其不足之处，从而更加系统地、全面地对丁蕙学习场进行调整和优化，以达到最大化的发展。

第二节 学习场评估的价值标准

学习场评估的价值标准体现于学习场评估体系中，包括评估理念的确立、评估指标的制定以及评估方法的选择。学习场评估的价值标准起着基础性、导向性的作用，不仅决定着丁蕙学习场评估行为，也对丁蕙学习场的发展产生着重要的影响。

一、学习场评估理念

丁蕙实验小学在"生命、生态、生长"教育理念的引领下，建立以实体性博物馆为载体，以智能化虚拟网络场为延伸，以育人文化场为指向的多维学习场。三维教育空间为学习场提供了一个具有内在统整性的综合系统载体，而学习场形塑着三维教育空间，两者彼此交织，彼此体现。学习场评估是三维教育空间的重要内容，重构学习场评估机制是三维空间发展的客观要求，也是三维空间的组成部分。按照三维教育空间和学习场之间生成建构的动态关系中两者相互协调又相互支持的良性互动要求，无论是在学校管理教育中还是在学生实践的全过程中，都需要学习场评估参与涉入，以支持学校鉴定、诊断，激励学校教育活动，促进学校改进办学实践、提高教育质量，推动实现教育现代化。而且，教育现代化的总体目标达成情况、教育治理现代化的发展水平等，也需要进行动态评估监测。

因此，科学重构学习场评估是实现三维教育空间的关键环节。学习场评估机制是三维教育空间实践过程中制定的用于各项学习活动评估的重要依据。学习场评估的对象是学生的学习活动，包括学习方案设计、实践过程和结果等所有环节，学习场评估的目标是改进和完善教育评估实践，进一步促进教育评估的专业化，同时，通过验证评估信息的科学性、可靠性和全面性，为评估主体提供一个科学客观、公正公开的评估信息反馈平台。

二、学习场评估指标

丁蕙学习场评估指标体系是围绕三维教育空间建立起来的由若干个相互联

系的统计指标所组成的有机整体。丁蕙学习场评估指标是可测量、系统化和操作化的目标。丁蕙学习场评估指标体系是展开丁蕙多维学习场评估的基础性要素,也是开展丁蕙多维学习场评估的前提条件。由此看来,要合理开展多维学习场评估,就必须制定科学的评估指标体系。

在评估指标的选择上坚持"遵循规律,体现导向,符合实际,易于操作"的原则,必须着力处理好全面要求与突出重点、共性与个性、理想与现实、定量和定性等方面的关系。丁蕙学习场发展评估指标体系可分为设计理念、师资队伍、课程实施、学生发展、学校文化五个指标。各指标要素相互支撑,相互联系,缺一不可。实践证明,这一指导思想已经有效地转化为评估的指标体系。

(一)设计理念

丁蕙多维学习场的设计理念(评估指标如表 6-1 所示)是学习场发展的旗帜和导向,是丁蕙教学核心价值观的综合体现,是各项学习活动开展之魂。评估时重点看学习场设计理念的科学定位、发展愿景的一致性及可操作性。丁蕙设定以"生命·生长·生态"的三生理念为基础,以培育"思本源·致良知·应时需"的蕙美少年为目标,即培育具备优雅生命、学习创新、文化教养、社会担当品质的蕙美少年,并以此为操作原则进行多维学习场的创建和整合学习。

表 6-1　设计理念评估指标

一级指标	二级指标	三级指标	评估要素
设计理念	设计理念	定位依据 支持系统 操作原则 彰显特色	设计理念契合学生需求,符合学生认知发展规律,立足学生实际,关注学生发展,富有教育意义;支持系统科学、完善;操作原则清晰、可操作;与时俱进,有前瞻性、创新性
	发展愿景	发展目标	有明确的发展规划,目标清晰可达
	理念声誉	目标达成度 社会满意度	项目目标达成度高,总结反思及时全面,并且有经验规律的提炼;得到学生、家长及社会的认可,社会声誉好

(2)师资队伍

师资队伍是学习场发展的关键,丁蕙教师对学习场资源的深入了解和挖掘是学习场设计和实施的前提。评估时重点查看队伍建设的机制、队伍发展目标的层次性及专业化发展水平(如图 6-2 所示)。丁蕙教师在激发自身学科优势的同时,还要接受和处理其他学科领域的知识、有关学习场资源的知识以及课程开发的知识，进而形成丁蕙教师自己的跨学科知识的理解与运用，将不同学科的内容用新的逻辑进行有机整合。

表6-2　师资队伍评估指标

一级指标	二级指标	三级指标	评估要素
师资指标	队伍结构	学科结构 学历结构 能力结构	教师队伍结构合理，教师学历达标，并有与之相一致的专业化水平
	队伍建设	管理规划 管理措施	有3—5年的队伍建设规划；管理措施可操作性强，注重校本培训，教师队伍成长迅速，群体素质高，管理有成效
	队伍发展	职业规划 校本研修 教育科研	有队伍发展整体规划，并认真落实；通过校本研修、课题研究等途径多渠道提升教师专业水平

（3）课程实施

课程实施是多维学习场发展的有效途径和载体。评估时重点看课程实施的规范性、有效性；校本课程内容是否体系化，是否与办学特色有机结合，校本课程资源开发是否具有自主性、独特性（如表6-3所示）。丁蕙实验小学在筹建三维教育空间学习场时，尊重学生的发展需求，使丁蕙多维学习场的内容和形式与课程体系相适应，让学习场成为培养丁蕙学生"思本源·致良知·应时需"素养的课程基地。丁蕙遵循课改精神，根据三生理念、地域文化及学校实际情况，整合资源，发挥优势，建立课程文化体系，开发一系列精品课程，持续推进"校本化、多元化、特色化、多维化"的具有丁蕙特色的课程体系。

表6-3　课程实施评估指标

一级指标	二级指标	三级指标	评估要素
课程实施	课程规划	课程方案	领悟课改精神，有较完善的课程实施规划，打造校本化国家课程；根据学生需求，开发多元化拓展课程
	课程执行	课程实施	国家课程、地方课程、校本课程三级课程得到有效实施
	课程资源	资源建设 资源整合	学校重视课程资源建设，结合学校优势，构建特色化课程体系；有管理功能的软件系统；有丰富的校本资源，并进行有机地整合利用
	课程研发	课程方案 校本教材 特色课程 师生评价	有较为完善的校本课程开发方案，重视学校资源、社会资源的开发与利用；发挥特色课程优势，实施多维化评价系统

(4)学生发展

学生发展是指学生健康、主动、和谐的发展。丁蕙多维学习场评估重点看学习场是否关注学生的经验和体验,是否成为学生成长和发展的媒介。丁蕙以"尊重差异、赏识个体、开放教育、多元发展"为课程理念,以培养具备"优雅生命、文化教养、自由思想、社会担当、品质创新"的"蕙美少年"为核心,以学生为主体,以学生学习需求为导向,立足学科特点,遵循学生的认知规律、个性倾向和学习力的差异,基于发展学生核心素养而设计的自主学习路径,包括学习空间、学教关系和学习方式变革,实现指向未来课堂的学与教的转变与改进,使学生愿学、乐学、会学、善学,从而具备内在能力与素养,并在此基础上得到生长性的发展。评估指标如表6-4所示。

表6-4　学生发展评估指标

一级指标	二级指标	三级指标	评估要素
学生发展	优雅生命	培养目标 培养途径	以生为本,德育为首,重视学生的思想品德教育
	文化教养	学习习惯 学习方法	激发学习兴趣,触发学习动机,开发学习潜能,生发学习思维
	身心健康	身体素质 生命认知 心理品质	关注学生生命教育,注重培养学生身体、心理健康品质
	品质创新	创新能力 审美能力	重视学生创新能力的培养,通过多种途径培养学生的创新能力和创造力
	劳动实践	劳动态度 劳动能力	重视学生劳动实践活动,组织学生参与实践基地活动,培养热爱劳动的习惯,提高劳动技能
	个性发展	特长发展	通过各种途径促进学生个性发展

(5)学校文化

学校文化是多维学习场内涵发展的土壤。丁蕙以育人文化场为指向,构建三维教育空间。物质文化是由丁蕙师生在教育教学过程中创造的各种物质设施,它是通过学校环境、形象标志、文化设施等物质形式表现出来;制度文化是学校文化的重要组成部分,是精神文化的前提保障;精神文化是学校文化的深层次表现形式,侧重学校价值观、群体精神及学校的主体形象。评估指标如表6-5所示。

表6-5　校园文化评估指标

一级指标	二级指标	三级指标	评估要素
校园文化	物质文化	校园景观 文化理念 形象标志	校园设计与地域文化相结合,打造独具匠心的校园环境;结合办学理念打造学校独特校标
	精神文化	丰富性 稳定性	精神文化内涵丰富,具有稳定性;文化品位高雅,在区域内有一定影响力

　　丁蕙学习场评估的目的和原则是"向学而生,以学生为中心",从这一目的和原则出发,丁蕙学习场的评估强调的不是传统意义上的"终结性评估",而是"形成性评估"。丁蕙特色学习场建设以发展学生素养为第一要义,通过特色场馆的打造和特色项目的学习,使学生在知识、品质、能力、个性等方面得到和谐、全面、可持续的发展,使学习场成为培养学生"思本源·致良知·应时需"素养的学习项目基地。因此,建立多元参与的学习场评估机制,以建设和整合多维特色学习场,以期实现"知识技能+情感素养"同步发展,促进学生生长性的发展。

三、学习场评估方法

　　习近平总书记在2018年全国教育大会上强调,要健全立德树人落实机制,扭转不科学的教育评价导向,从根本上解决教育评价指挥棒的问题。当前,教育评估面临着"重终结性评估、轻形成性评估,重定性分析、轻定量统计,重整齐划一、轻个别差异"等不良倾向,评估繁荣的背后折射出评估理念、价值、指标、方法的贫乏与孱弱。突出表现在三个方面:一是在评估内容上重考试分数,忽视学生综合素质和个性发展;二是在评估方式上注重最终结果,忽视学校进步和努力程度;三是在评估结果使用上忽视诊断和改进。这些问题影响了学生的全面发展、健康成长,制约了学生社会责任感、创新精神和实践能力的培养。

　　丁蕙学习场评估方法是为实现三维教育空间评估目的而遵循的原则,运用的程序,采取的途径、步骤、手段等。学习场评估方法主要包括定性评估方法与定量评估方法。辩证唯物主义告诉我们,任何事物都同时具有质和量两个方面,是质和量的统一体。质,即是对事物进行定性的描述量,对事物进行数量的表达。丁蕙实验小学在对学习场进行评估时,既要进行定性评估又要进行定量评估。

(一)定性评估

　　定性评估是指评估主体针对评估客体的行为,采用定性指标,从质的方面来衡量目标的执行情况或实现程度,是一种用划分等级来衡量教育质量的方法。比如评估一位教师的教学工作,就要看他讲课的科学性和逻辑性,以及学生理解消化的情况如何。定性评价可按优、良、中、可或按 A、B、C、D 等级进行评定,如排序法,就是将评估客体按评估指标进行排队,最好为首位,次好为第二,以此类推。再按各客体指标上所得的序数相加,按总序数从小到大进行排除,最后给出优、良、中、可的等级。

(二)定量评估

定量评估是指评估主体针对具体的与教育质量有关的数量指标。它的最大特点是它的精准性。学习场发展评估可采用的定量方法主要有访谈法、问卷法、观察法等。在定量评估中,定量指标的制定是关键,可根据三维教育空间学习场的具体运行情况,按照上文制定的评估指标来完成对丁蕙学习场的定量评估。将定性评估和定量评估相结合,重构起更加合理的评估机制,更好地促进丁蕙三维教育空间学习场的发展。

因此,丁蕙重构学习场发展评估机制必须以学生发展为核心,以发展性评价为着力点。要坚持定性评估和定量评估相结合的评估方法,以学生培养质量作为评价的核心内容与价值追求,突出考查学生品德发展、学业发展、身心健康、兴趣特长和劳动实践等方面情况。评价方法要基于学生全面发展的需求和培育核心素养而制定。丁蕙学习场评估机制的构建,为个体发展提供了一个学习的标准和成长的镜面;从教师层面来说,给学生评价与量化提供了一个强有力的支撑和保障,让评估有理可循、有章可依;从家长层面来说,对学生的引导和督促有了方向和目标,家庭教育方面有了一定的方法指导。图 6 - 1 是丁蕙学习场评估部分内容及方法。

丁蕙实验小学三维空间教育学习场评估主要聚焦于学生发展的需要,对学生的学习、教师的有效教学、学校的管理与领导、学校治理、学校文化以及家长与公众的参与度进行评估。评估指标和评估内容的明晰有助于丁蕙三维教育空间学习场评估机制的重构与整合,能够实现评价相关各方的交互,实现评估的公正客观,也能够及时有效地进行评测动态关注,让学生、家长和学校实现良性互通和互动。

丁蕙学习场详细的评估内容及方法如图 6 - 1 所示。

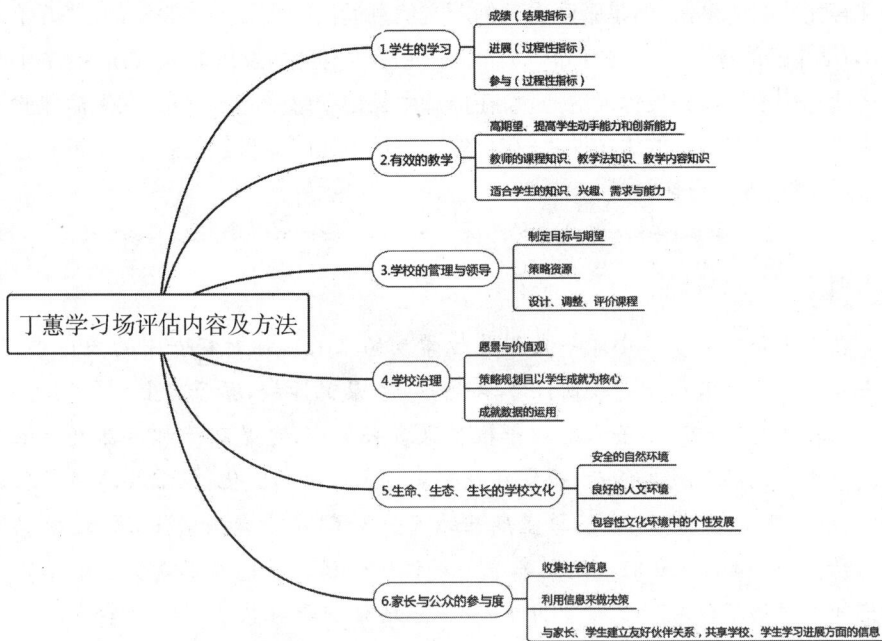

图6-1 丁蕙学习场评估内容及方法

第三节 三维空间学习场的评估

一、三维空间学习场评估视角下的学生发展

(一)三维空间助力丁蕙学子全面发展

教育要促进人的全面发展。在全国教育大会上，习近平总书记强调："要在增强综合素质上下功夫，教育引导学生培养综合能力，培养创新思维。"丁蕙实验小学以"学生全面发展"为出发点，根据所处的地域文化及三维空间学习场资源，开发了五大特色课程，分别是"生命教育""文化蕴养""蕙美听赏""三色生活""科技创新"。每个领域的主题特色课程又根据年龄段的不同有更为细致的课程安排。丁蕙实验小学的三十多间各具特色的功能教室，为学生的个性发展创造了条件，学生自主选择感兴趣的课程，走进不同的功能教室，把选择权交给学生，真正做到兴趣引领学习。如果你走在丁蕙实验小学的校园中，你会发现处处蕴含着教育元素，变"走廊"为"学廊"，教室门口的阅读角……学生们走进校园就被这丰富的教育资源所包围，唾手可得，乐在其中。在如今这个互联网发达的时代，学生获取海量的学习资源是

一件轻而易举的事情,但是眼睛看到的图文信息远没有实际的体验深刻。"五馆一园"为学生们的体验式学习打开了大门,是促进学生全面发展的有效途径:学生在科技博览馆中惊叹科技惊人的力量;在情意生长馆中感受艺术气息;在生命体验馆中体验神秘又有意义的生命课程;在自然生态馆中领略大自然的魅力;在童心蕙园中亲近自然,养成合作精神与实践能力。

链 接

杨女士是丁蕙实验小学一年级某位学生的家长。在对杨女士的采访中,杨女士表示丁蕙实验小学是一所注重学生全面发展的学校,孩子在上一年级之前,性格比较文静,话不多,虽然给孩子报了很多兴趣班,可是孩子都不喜欢。但是经过一个学期的学校生活后,她发现孩子发生了很大的变化,经常放学回家跟她讲学校的"博物馆"多么有趣,讲星期五的下午选了"小小舞蹈家"的课,还给妈妈展示舞姿,讲和小朋友们一起到皋亭山耕种……杨女士感叹丁蕙实验小学的三维空间学习场不仅激发了孩子的学习兴趣,还让孩子在快乐中学习各方面的知识,让孩子得到全面的发展。

(二)三维空间提升丁蕙学子核心素养

在"中国学生发展核心素养"的指导下,结合本校的办学特色以及"生命、生长、生态"的三生办学理念,丁蕙实验小学提出了丁蕙学生的核心素养,即优雅生命、自由思想、文化教养、社会担当、品质创新。丁蕙实验小学的三维空间学习场与课程体系互为依托,融合为一。三维空间学习场的造型设计和空间配置符合学生的学习心理和对学习环境的要求,个性化的特色场馆将培养学生"思本源·致良知·应时需"素养内化其中,观照学生对生命的珍惜敬畏,促进学生身心的健康发展,感知历史文化的变迁,培养学生发现美、体悟美和创造美的本领,培养学生健全的人格素养,培养学生的实践能力。三维空间学习场成为培养学生核心素养的课程基地、实践场所和活动园地。学生核心素养评估表如表6-6、表6-7所示。

表6-6　2018年丁蕙实验小学二年级学生核心素养评估表

	优雅生命素养			文化教养素养		
	珍惜敬畏生命	身心健康发展	生命维护应急能力	发现美的能力	体悟美的能力	创造美的能力
评估等级	B	B	C	B	A	C

续表

	自由思想素养		社会担当素养		品质创新素养	
	言语表达能力	传承优良品质	孝行廉洁的公民意识	健全的人格	探究意识	实践能力
评估等级	B	B	B	B	C	C

表 6-7　2020 年丁蕙实验小学四年级学生核心素养评估表

	优雅生命素养			文化教养素养		
	珍惜敬畏生命	身心健康发展	生命维护应急能力	发现美的能力	体悟美的能力	创造美的能力
评估等级	A	A	B	A	A	B

	自由思想素养		社会担当素养		品质创新素养	
	言语表达能力	传承优良品质	孝行廉洁的公民意识	健全的人格	探究意识	实践能力
评估等级	A	A	A	A	B	B

通过表 6-6 和表 6-7 的数据,我们能看到两年的时间里,丁蕙实验小学三维空间学习场发挥了巨大的促进作用,丁蕙学子的核心素养有了质的提升。

二、三维空间学习场评估视角下的教师发展

(一)三维空间成就幸福型丁蕙教师,寓教于乐

如何实现"寓教于乐"是广大教师一直以来思考的问题。想要实现"寓教于乐",必须有理想的客观环境的支撑。丁蕙实验小学打造的三维空间让"寓教于乐"成为可能。一方面,多功能教室的打造,让教师教学的场地不再局限于普通教室,多功能教室为教师的教学提供了场地支持、技术支持、学习资源支持、学习工具支持等,让教师的教学变得丰富多彩、有滋有味。另一方面,教师和学生的关系发生了变化,教师的角色定位有所改变。教师不再是一味地向学生输入知识,学生也不再是一味地机械地听。教师成为引导者和组织者,在学校的特色学习场中,教师给予学生更多的选择权,学生有更多动手实践的机会,在教师创设的有趣的活动中去获取知识、体验知识,在做中学、在学中做,真正实现了"寓教于乐"。

链 接 >>>

"同学们,你们想玩打地鼠的游戏吗?"一年级的数学课堂上,身穿白色开衫,格子包裙的许老师宛如优雅百合花,只见她熟练地操作电子白板进行教学,这节课讲的是数列,而电子白板的运用让有点枯燥刻板的数学课变得生动而充满趣味,学生们的注意力一下被吸引过来。"教学内容和孩子们喜欢的游戏相结合更符合这个年纪学生的心理,更容易激发学生的学习积极性。"许老师这么认为。学生们熟练地将答案"写"在平板电脑上,不一会电子白板就显示出答题结果,老师可以通过电子白板里的软件迅速分析出哪些学生掌握了知识点,哪些学生还没有学会,真是"高科技"带来不一样的"智慧课堂"。许老师发现了一个学生总是出错,"小宇,你再观察一下这个数列该怎么区分,老师相信你一定可以学会的"。"每个小组的成员互相讨论一下,如果有不会的同学,你们互相帮助一下好吗?"整个过程中许老师面带微笑,鼓励的话语、期待的目光、巧妙的疏导与学生思维共振、情感共鸣。在练习其他类型习题的时候,她尊重每一个学生,允许学生用不同的速度、自己的方法去探索获取知识。智慧课堂不仅仅是先进的设备,更是用一个智慧的生命去照亮许多的智慧生命,用一个智慧的心灵去唤醒许多智慧的心灵的过程。许老师说:"很感谢学校三维空间的打造,我很享受这样的智慧课堂。"

(二)三维空间成就复合型丁蕙教师,一专多能

新时期、新形势向教育提出了培养专业面宽、知识面广、专业技能强、善于学习和接受新知识、新技术,具有综合素质的复合型人才的要求。作为一名教师,仅仅擅长单一领域已经不能顺应新时代的要求了。三维空间的创建为教师成为复合型人才提供了保障。"快乐星期五"的课程设置,不仅让学生兴趣高涨,教师也很是期待。教师通过申报特色课程,在星期五的下午不再是往常学科的任课教师,而是转变成自己感兴趣领域课程的教师,这为教师的宽领域发展提供了机会,有助于挖掘教师的潜能。不仅如此,学校开展"院校、校际、组内"多维合作,为教师的科研活动提供了平台,鼓励教师走出去,拓宽视野,支持教师搞研究,有助于提升教师队伍的整体素质。

(三)三维空间成就高效型丁蕙教师,诲人不倦

教师职业幸福感的提升是近几年来大家比较关注的事情。难免有教师抱怨

教师职业成就感低，除了教学更多的是些杂七杂八的事情要做，专注在教学上的时间太少，工作烦琐，没有享受生活的时间。但是，自从丁蕙实验小学的虚拟空间走进教师们的工作日常之后，教师们不禁感叹"原来还可以这么高效率地工作！"五大智慧平台的嵌入，让教师们的工作真正实现了"减量不减质"。五大智慧平台包括教学公共服务平台、学生学习服务平台、教师专业成长平台、教育管理服务平台、多元互动服务平台。教学公共服务平台包括考勤管理、教师成长档案、排课管理等，大大提高了教师的工作效率，优化了工作环境。教师专业成长平台包括教学资源库、备课系统、授课系统、在线作业教学设计，让教师随时随地都能获取想要的信息，将科技融入教师教学的每个环节，不仅提高了效率还提升了课程水准。教育管理服务平台包括教师个人专业发展、教师考核、资源建设、奖惩信息等，管理信息的公开透明避免了过去因多方信息无法做到及时共享而产生矛盾和误会。教育管理服务平台的运行有助于教师根据自身的情况做规划，更有动力去获得长远的发展。

链 接 ▶▶▶

王老师是 2019 年从外省学校调到丁蕙实验小学的一位教师，当问到王老师来到丁蕙实验小学最大的感触是什么的时候，王老师脱口而出"高效！"王老师谈到，丁蕙实验小学有三个校区，且新老师占比过半，研训任务繁重，每周的学科教研驱使三校区的老师来回奔波，这既加大了各校区管理压力，也加重了老师的负担，因此学校寻找了一条"高质轻负"的研训方式。学校借用远距技术，通过录播功能，变集体教研为分散教研，老师们在各校区收看，既能兼顾班级管理，又能提高自身的业务水平，大大提高了工作的效率。这种智慧化研训并不是随便一所学校就能实现的，她不禁感叹学校三维空间的打造让教师实实在在受益良多。

三、三维空间学习场评估视角下的学校发展

(一)智慧教育,向数字化学校迈进

丁蕙实验小学的三维空间设计实现了网络全覆盖，成为一所数字化学校。无论是教师的教还是学生的学，无论是教育管理工作还是校园运行机制，都实现了数字化。"智慧童心"云平台将学校打造成"互联网＋儿童文学"的乐园，可触控操作的交互式数字书法临摹台，虚拟自习室为学生的学习提供了先进的技术

支持。丁蕙学子在这样一所数字化学校读书,大大提升了幸福感,开阔了眼界,提升了思维能力。学校的智慧平台体系分为教育公共管理服务平台、教师专业成长系统平台和学生学习公共服务平台,三大平台相互交融,涵盖学校的各项工作,触及学校运行的各个环节,平台之间数据同步,是学校工作的有力保障。智慧化学校的创建必须与时俱进,丁蕙实验小学始终走在智慧化学校发展的前列,引领更多的学校实现智慧化。

(二)优质教育,向品牌化学校迈进

链 接

2019 年 10 月 18 日至 20 日,第六届中国(杭州)国际电子商务博览会在杭州国际博览中心举行。我校作为杭州"智慧化""数字化"校园代表亮相于本次展会,吸引多方人士参观体验,收获好评无数。学生通过 5G + VR 远距同步协作智创设计,体验在沉浸式的场景中进行学习与创作,并用 3D 立体打印技术实现作品由虚拟到现实呈现的过程。与会人员可以通过佩戴 VR 眼镜,走进远距课堂,体验课堂教学。现场还有学生展示无人机互动,展现了我校在智慧教育探索路上的成果。

一般来说,一所优质学校的发展都要经历三个阶段:标准化—特色化—品牌化。丁蕙实验小学在短短几年的时间里,已经逐渐建立起了自己的品牌。首先,在三维空间的广泛应用下,我校的教学质量得到充分的保障,教师队伍的整体素质日益提升。我校充分利用学习场,根据学生的需要,开发了五大特色课程,分别是"生命教育""文化蕴养""蕙美听赏""三色生活""科技创新",丰富课程资源,合理安排组织教学内容,满足了学生的个性化发展需求以及多样化发展需求,开发学生的潜能,激发学生的学习兴趣,提升学生的学习质量。对于教师而言,学校的三维空间,改变了过去"工作效率低,工作热情消退"的情况,提升了教师的职业幸福感,挖掘教师的潜力,鼓励教师开展自己感兴趣的科研活动,为成为"一专多能型"教师而奋斗。三维空间成为丁蕙实验小学的品牌,无论是在家长心中,还是在同行业间,可谓是"有口皆碑"。

(三)谐成教育,向国际化学校迈进

首先,想要成为国际化学校,必须更新学校的办学理念。我校遵循"生命、生

态、生长"三生办学理念,倡导"以生命为基础,以生态为支撑,以生长为目标"的教育渐进模式。在"三生教育"理念的指引下,我校致力于培养具有"思本源·致良知·应时需"核心素养的丁蕙学子。我校对人才的培养不仅关注学生的学习,更多的是聚焦于学生的情商培养和人格培养。甚至可以说小学生的心灵成长是能否成为国际化人才的关键。我校生命体验馆中的心灵驿站能够测试学生的身体指数,并且有专业的心理老师时刻关注学生的心理状态并提供心理辅导。其次,丁蕙实验小学的教学方式由灌输式、填鸭式转向交流式、互动式和合作式。创新教学方式实现了教师和学生进行平等有效的对话,师生交谈气氛活跃,有助于培养学生的自我认同感和价值感,这正是如今中国的学生所缺少的品质。最后,丁蕙实验小学积极吸取国外的优秀办学经验,结合本校的实际情况,不断创新发展。丁蕙实验小学现已与美国、澳大利亚、乌克兰等六国建立国际教育友好关系,在课程体系、学校管理、教学方法等方面进行交流与合作,培养国际化人才。

链 接

2019年11月5日,来自俄罗斯符拉迪沃斯托克83中的师生访问团,在丁蕙实验小学开展为期4天的研学活动。俄罗斯学生参观了三生馆,尤其是机器人实验室、车模训练场、3D打印室等,感受到了中国智慧教育的魅力。智慧生态馆和海洋隧道更是点燃了他们的好奇心。丁蕙实验小学为俄罗斯学生安排了15户结对家庭。在中国的家庭氛围中,他们体会到了中国人的饮食文化、礼仪文化等。在学校里,中俄两国的孩子们一起学习基础课程及学校特色课程,在红十字急救中心体验并学习心肺复苏的操作,在传统剪纸课程中见证"手中艺术"的成型,还一起玩了富有童趣的"丢手绢"等游戏。许多结对家长感叹中俄教育的差异,他们发现俄罗斯的孩子条理清晰、沟通大方、生活自理能力特别强,于是开始反思自己的家庭教育。俄罗斯带队老师也感叹丁蕙实验小学的飞速发展。本次活动作为"新教育共同体"的另一种发展模式,更好地实现双向国际交流,实现教育国际化。

四、三维空间学习场评估视角下的家庭教育发展

(一)更新教育观念,与时偕行

如果你对小学一年级的家长进行过家访,你就会发现,家长在开学前就开始

焦虑了,对孩子上学后的表现开始不安,担心万一孩子学习不好考不上大学怎么办。可见,家长对孩子的学习成绩的好差看得特别重。虽然,现在有很多家长会给孩子报课外兴趣班,可都是三天打鱼,两天晒网,真正能坚持下来的很少。一旦开始学习,一切都要为学习让路。然而,丁蕙实验小学要培养的是全面发展的学生,学校为学生提供特色的学习场,为学生量身打造特色课程,为学生开展丰富多彩的活动,学生的在校生活不是只有学习。在学校的努力下,越来越多的家长更新了教育观念,认识到只看重学习是不行的,并且开始主动鼓励孩子多参加学校的活动,注重孩子的全面发展,和学校一起为培养具有"思本源·致良知·应时需"核心素养的丁蕙学子而奋斗。

链 接

刘老师是丁蕙实验小学三年级四班的班主任,一直以来,刘老师和班级家长保持着紧密的沟通。以下是刘老师就"教育观念"和家长进行的访谈记录:

刘老师:您认为孩子在学校中应该注重哪个方面的发展呢?

家长A:我之前一直认为对于孩子来说学习成绩是最重要的,成绩是第一位的,但是经过一段时间的学习之后,我逐渐转变了看法,学校的学习场为孩子带来了更多的可能性,就像是打开了一扇神奇的大门。记得有一天孩子回家后兴高采烈地向我们讲今天上的一堂与众不同的科学课。说学校的海洋馆特别棒,走进海洋馆就仿佛置身于海洋世界,有各种珊瑚和鱼类标本,老师还讲解了很多自然知识。从那之后,孩子的学习积极性明显提高了,对科学课也越来越有兴趣。我意识到学习成绩固然重要,但是更为重要的是培养孩子的学习兴趣。

家长B:我希望孩子在学校里能够得到全面的发展,丁蕙给了我们很大惊喜。没想到小小的校园藏着大大的世界。丁蕙的孩子们在这样的环境中学习成长,简直是家长的幸福。听孩子说学校有各种各样的场馆。智慧生态馆就为孩子们呈现了各种生态环境和科技奥秘,生命馆里的防震等安全教育体验项目更是让孩子们得到基本的逃生训练,让孩子们学会更好地面对成长中有可能出现的危险。孩子们通过学习场学习到了很多课本上没有的知识。

(二)加强家校联动,和谐共生

家校关系是一所学校发展的驱动力量,是家长对孩子进行良好教育的关键。在学校三维空间的建设下,家校关系日益紧密。智慧物联拉近了家长与学校之间的距离，家长通过手机翼校通平台，就能多角度全方位了解到学校的信息：课堂教学、食堂菜式、校园环境等。丁蕙实验小学的远距智慧课堂实现了两地、多地进行同课、同师、同时的课堂教学，家长在家里也能听课并且及时发表评价。校外，我校目前在建生态园基地，鼓励家长和学生一起到皋城村体验农耕，感受农耕文化，培养学生对大自然的敬畏之情。学校三维空间的建设，让家长加深了对学校的了解，让家长参与学生成长的每个时刻，改变了过去家长把学生"扔"到学校就万事大吉的状态。家长和学校的沟通日益频繁，促进了学生的成长，最终走向共赢。

链　接

"摇啊摇，宝宝要睡觉……"稚嫩的童声从教室传来，一袭白裙的梁老师正在给一年级的学生上音乐课，电子白板里的设备播放音乐，屏幕上显示出歌曲内容，学生们安静聆听，"同学们，这是一首什么样的歌曲呢？"一年级的学生积极举手，"是温柔的""舒服的""温暖的"……"同学们，这是一首哄小宝宝入睡的摇篮曲，所以声音很轻柔，舒缓"。这时候，屏幕上出现一张张照片，怎么这么眼熟？原来是班上孩子的家长配合教学提前发来的亲子照，照片中母亲抱着怀里的小宝宝，一脸慈爱。孩子们都瞪大眼睛深情地看着，在音乐声中陷入温暖的回忆里，"孩子们，在你们幼小的时候，爸爸妈妈无数次这样拥抱着你们，想一下，你们有多久没有主动去抱抱你们的爸爸妈妈了？今天放学回家一定要拥抱一下好吗？"接着梁老师弹钢琴试唱并让学生们分组进行角色扮演，更形象进行演绎，在表演过程中她拿出手机把课堂现场录制成视频发到平台上然后点击播放，学生们立刻看到刚才自己的表演。同时，家长可以通过手机平台看到自己孩子的表现。家长感叹丁蕙实验小学的智慧化教学让他们对孩子在学校的表现有了直观的、全面的了解，学校的三维空间像一座桥梁紧紧地将学校、家长和学生连接到了一起。

（三）新型亲子关系，共筑未来

著名教育家苏霍姆林斯基指出：父母是创造未来的"雕塑家"，儿童的"基石"是由父母双手奠定的，教育好自己的子女是每一个公民的基本义务。亲密的亲子关系是所有的家长和孩子所渴望的。小学阶段作为孩子的启蒙教育阶段，对孩子的成长有着不言而喻的重要性，然而作为小学生的家长，很多时候都认为孩子还小，什么都应该听从大人的，而忽视了孩子的感受，造成亲子关系紧张。丁蕙实验小学的特色课程能够挖掘孩子的潜力,培养孩子多方面的才能,这也为家长发现孩子的特长提供了机会,让家长对孩子有了更多的理解。学校的智慧化评价实现了智慧全员评价、每课量化评价、随时随地随点评价。家长也参与学能量化评价,家长通过大数据对孩子的各方面表现有了更加深入的认识,避免了过去家长只能通过和班主任聊天了解孩子在校情况的局面。学校还经常邀请家长来学校参加活动,如学生的科技成果展示活动、特色课程成果展示等。只有家长参与学校的教育,了解孩子的各方面表现,才能因材施教,走进孩子的内心,从而建立起良好的亲子关系。

五、三维空间学习场评估视角下的社会发展

(一)三维空间推动社会文明传承

教育和文明密不可分,教育是传承社会文明的重要途径。一个文明社会的建成离不开教育的推动力量。丁蕙实验小学的三维空间以推动社会文明的传承为己任,把地域文化——皋亭文化渗透到学校的角落,打造传播茶祖文化和孝廉文化的"学廊"和校园景观,目前学校打造了校园十景,分别为"三生奇石""草萌木长""济世老姜""秦王鞭石""上善若水""云端食堂×智慧教室""纵横方圆""石晷寸金""王蒙山隐""烟波皋亭"。一草一木,皆有情;一景一物,皆文化。在潜移默化中滋养学生的心灵,让学生成为传统文化的继承者和传播者。学校还打造了"童心蕙园",农耕园基地就在学校附近的皋城村,有茶园和桃园,创造了学生亲近大自然的机会,体验耕种的快乐,将文化内化于心。

(二)三维空间推动社会行为规范

社会规范是指导全体社会成员共同遵循的行为准则。丁蕙实验小学一直以来都在做社会规范教育。丁蕙学生的核心素养:优雅生命、自由思想、文化教养、社会担当、品质创新。其中"社会担当"意味着传递孝行廉洁的公民意识,培养学生健全的人格素养,做遵守社会规范的公民。教育促使学生不断社会化。学校打造的物理空间是培养学生进行社会交往的"学习场",如变"走廊"为"学廊",学生课间时在"学廊"中品析文化故事,同学之间相互交流思想和态度,彼此加深了解,是学生学习与人为善、建立良好人际关系的机会。对于小学生而言,规则意识的形成至关重要。学校开设了"品德与修养"特色课程群,教师对学生进行习惯培养、礼仪和行为规范培养。班级管理方面,教师和学生一起商讨制定班级的规则,让学生在规则中感受自由,引导学生正确处理好自由与规则的关系。

(三)三维空间推动社会功能优化

社会系统的各个部分具有不同的作用和功能,学校作为社会系统的一部分,依赖于社会发展,同时又作用于社会发展。丁蕙实验小学的网络学习空间,汇聚优质学习资源,开放共享学习路径,实现了同一时刻不同地域、不同国家的人们的学习和交流,开发了社会教育新资源。另外,学校基于全球网络化联结构成一种新型社会生活和交往的空间——学生即使不在学校,也能通过学校的网络平台参与学校的活动和课程,并且能够进行实时互动。

链 接

2019年9月10日,在浙江师范大学教师教育培训中心,浙江省委书记观摩了来自浙江师范大学附属丁蕙实验小学的远程教学课,考察了国家级教育技术中心5G创新实验平台。车俊书记指出,要在面向未来、创新教学上展现担当,发挥"互联网+教育"的优势,以更加积极的姿态推动教育教学数字化转型,最大限度释放教育红利。本次"互联网+师范生"协同培养教研活动,是学校与浙江师范大学创新了师范生的培养模式,集合了多所学校,通过远程直播,结合丁蕙新教师和师范生协同合作的学科融合课程教学,并由现场专家、兄弟学校、师大教授、师范生指导教师利用大数据从多维度、多层面进行课堂深度点评。此培养模式打破了师范生培养的地域限制,借助互联网、智慧化教育手段,真正实现了资源共享、异地共研,既能让更多导师跨越时空助力师范生成长,又能让师范生获得多方的专业指导,积极发挥了教育的社会教育功能。

第七章　三维教育空间的实践成效和未来展望

第一节　三维教育空间的实践成效

三维教育空间重构之后，学生、教师、学校有了巨大的变化，学生获得了前所未有的成长。学生能够敬畏生命，优雅地生活；崇尚自由，有思想地表达；勇于担当，有孝廉地践行；追求品质，有创新地动手；延伸文化，有素养地审美。教师也从乐学、好学走向博学；他们钻研探究，争当科研达人；同时内外兼修，为自己塑造"蕙美"人格，与学校和学生一起成长。学校不仅实现了与社会的联动，也成为教师与学生心灵的港湾，并且开发了多元化的校本课程。

一、个性赋能，助力学生成长

学生是社会的未来，应该具备能够适应终身发展和社会发展需要的品格和关键能力，学生核心素养是国家教育方针的具体化，是连接宏观教育理念、培养目标与具体教育教学实践的中间环节，国家的教育方针通过核心素养这一桥梁，可以转化为教育教学实践可用的、教育工作者易于理解的具体要求，明确学生应具备的品格和关键能力，从中观层面深入回答"立什么德，树什么人"的根本问题，引领课程改革和育人模式变革。

中国学生发展的核心素养包括文化基础、自主发展、社会参与三大方面，如表7-1所示。其中人文底蕴、科学精神、学会学习、健康生活、责任担当、实践创新是最关键的核心素养。

表7-1　中国学生发展核心素养

三个方面	六大素养	基本要点
文化基础	人文底蕴	人文积淀；人文情怀；审美情趣
	科学精神	理性思维；批判质疑；勇于探究

续表

三个方面	六大素养	基本要点
自主发展	学会学习	乐学善学；勤于反思；信息意识
	健康生活	珍爱生命；健全人格；自我管理
社会参与	责任担当	社会责任；国家认同；国际理解
	实践创新	劳动意识；问题解决；技术应用

三维教育空间的开发,塑造了学生完整型的人格,学生的个人素养发生了翻天覆地的变化,形成了具有丁蕙特色的魅力人格,实现了优雅生命、自由思想、社会担当、品质创新、文化教养的五大变革。我校结合中国学生发展的核心素养,本着生命、生态、生长的教学理念,建构了丁蕙学生发展核心素养的新体系,如图7-1所示。

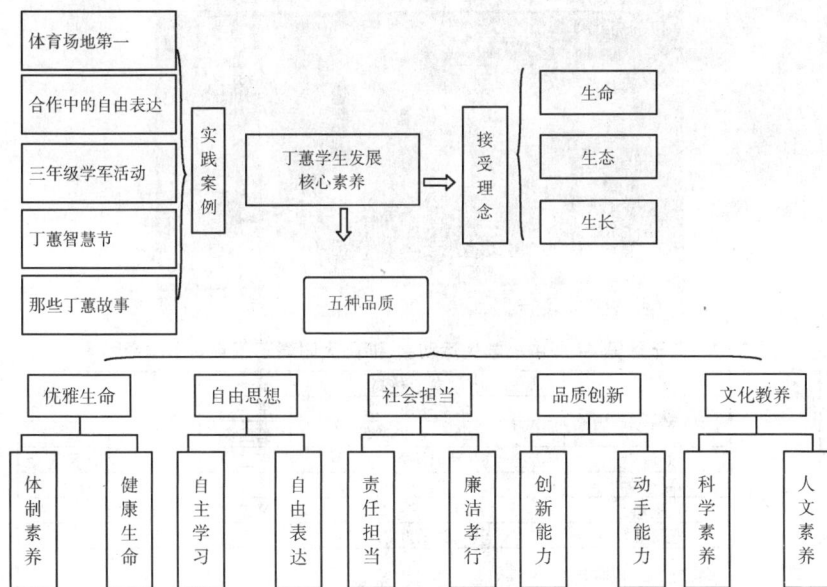

图7-1　丁蕙学生发展核心素养的新体系

（一）敬畏生命,优雅生活

经过三维教育空间的开发,学生进一步认识到生命的意义,更加珍爱生命、敬畏生命,强身健体,提高自己的身体素质,更加健康、从容、优雅地生活。

江干区第44届中小学生运动会学生的表现就是丁蕙学子"优雅生命"品质最好的体现。此次运动会于2019年10月26日至27日在杭州体育中心举行。

仅第三次参加区运动会的浙江师范大学附属丁蕙实验小学就取得现场得分第一,综合得分第二的佳绩！其中刘皓辉破小学男子跳高纪录。参加本次运动会的队员一共有 24 位,有些是历经"沙场"的老将,有些是"初出茅庐"的小将,但他们的心中始终根植着一种梦想:既要强身健体,又要超越自己,要让不可能的奇迹发生在丁蕙少年身上,这样才能健康、优雅地生活。

就是这样一群敢于拼搏的孩子,用自己小小的身躯创造了生命的奇迹,他们追求"更高、更快、更强"的运动员精神,变不可能为可能(如图 7-1 至图 7-4 所示)。接受训练的日子里苦是不言而喻的,烈日下,寒风里,来得早,回得晚,能坚持下来,本身就是一种精神的体现。不经历风雨,怎能看见彩虹? 梦想会照进那些拼搏追求的人。这就是他们对生命意义最好的诠释。

图 7-2　江干区第 44 届中小学生运动会、浙师大附属丁蕙实验小学合影留念

	汪欣悦	小学女子跳高	第一名	9	
	郑春好	小学女子800米	第一名	9	
		小学女子400米	第二名	7	
	刘皓辉	小学男子跳高	第二名	12	破区纪录
	高小帅	小学男子铅球	第二名	7	
	王靓	小学女子铅球	第二名	7	
	王语晗	小学女子200米	第二名	7	
	郑春好、王语晗、姜慧欣、金佳颖	小学女子4×100米	第二名	14	
	陆欣妍	小学女子铅球	第三名	6	
2019年区运动会成绩	姜慧欣	小学女子100米	第四名	5	
	杨欣然	小学男子垒球	第四名	5	
	贾豪强	小学男子垒球	第五名	4	
	王子睿	小学男子跳高	第五名	3.5	并列第五
	张可雯	小学女子跳高	第六名	3	
	陶捷	小学男子铅球	第七名	2	
	金佳颖	小学女子200米	第七名	2	
	林琦薇	小学女子垒球	第八名	1	
	余琪瑞	小学男子铅球	第八名	1	
	刘皓辉	小学男子跳远	第八名	1	
	叶梓栋	参加市运动会获得名次加分		2.5	

图 7-3　2019 年区运动会成绩

图7-4　刘皓辉破小学男子跳高区纪录瞬间

（二）崇尚自由，自主表达

在浙江师范大学附属丁蕙实验小学的课堂里有这样一群孩子，他们五人成群，组长带头执行组内的各项制度，组织开展课内外的合作学习，落实课外预学、课内交流、讨论与汇报，对小组成员进行分工，对活动情况进行评分，组织合作学习活动的有序开展，他们是课堂真正的主人，在课堂中唇枪舌剑，不分高下。

朗读员带着对句子的理解，能正确、流利、有感情地朗读；感悟员会汇报对词语、句子的理解、感悟或体会；发现员对小组汇报内容的深度发现，比如句子所用的修辞手法、写作方法等；答辩员对所汇报内容有深度的理解，能正确回答其他小组的提问、质疑。他们能够在课堂中自由表达，有思想地阐述，比如对某一问题有不同看法时："我对××同学的意见有不同的看法，我认为……"对某一问题或看法有补充时："××同学的理解非常好，我很赞同他的观点，不过我还想再补充一点……"对于合作学习中不同的角色也有不同的表达。比如，主持人经常这样表达："我们小组想跟大家分享的是…… 先请××同学为大家有感情地朗读；下面，有请××同学说说我们读后的感受；接下来请××同学说说我们的发现；我们小组的汇报到此结束，同学们还需要补充或者还有什么疑问吗？"再比如，感悟员这样表达："我们小组抓住××、××等词，感受到……"这些自由的表达方式，在合作学习中，学生的观点和思想在课堂碰撞中擦出许多艳丽的火花。

（三）勇于担当，深度践行

借助学校地域优势，我校三年级学生于2019年11月去距离学校一千米左右的清圆实践教育基地举办集体生日暨学军活动，让学生们在活动中感受军人严明的纪律,增强学生自我管理能力和生活自理能力,增加学生的使命感与责任感;并通过活动的洗礼让学生感恩父母的养育之恩。从学校到实践基地路途较远,但没有学生叫苦抱怨,学生们享受着这段奇妙的旅程。大家在路上不喧哗,不乱窜,紧紧地跟着队伍。因为,出发之前,很多小学生就已经在心中立下了小目标,一定要像军人叔叔一样不怕苦、不怕累,争做坚强的小军人,如图 7-5 所示。

图 7-5　学军活动现场

学生们在一遍遍的训练中,汗湿了全身,但纪律却入驻内心。在第二天的总结会上,学校安排学生们给自己的父母写一封信。写着写着,泪水就无声地掉落在了信纸上;而有些学生更是忍不住,放声哭起来,如图 7-6 所示。这次短暂的分开,让父母和孩子更亲密了。很多学生在信中写到了对父母的感恩,也表明要做一个孝顺的孩子,为父母分忧。

图 7-6　孩子想起父母哭了起来

三年级集体生日暨学军活动让学生们既增强了纪律意识,提高了自理能力,培养了勇于担当的责任心,也让亲子关系更加融洽,丁蕙学子用实际行动践行孝廉。

(四)追求品质,创新实践

经过三维教育空间的开发,学生的创新能力和动手能力得到了大大的提高,在动手中实现了思维的创新。在"体验创新知 智慧伴我行"的智慧节活动中,丁蕙的"科技弄潮儿们""最强赛车手们"和"最强大脑们"闪亮登场!看看未来城堡,2个小时的搭建时间,可想而知这会有多大的工作量,对于一年级的孩子们是个多大的挑战。4个小学生分工明确,你来搭花瓣,我来搭大楼,你来搭道路,我来搭摩天轮。没有人在嬉笑打闹,完全沉浸在自己的任务里,认真地你一点我一点拼出一个梦想的世界,如图7-7所示。

图 7-7　智慧节丁蕙专场

图 7-8　最强赛车手

图 7-9　2019FLL奇思妙想太空之旅

"最强赛车手"的主场上,拼装、调试、试跑、出赛! 一辆辆形态各异的小赛车在跑道上驰骋;通过乐高机械组建、拆、搭、装、卸,加上编程语言,自动执行命令。"启动太空旅行啦!""穿越陨石坑!"组员们脑洞大开,活动现场创意满满,如图7-8、图7-9所示。丁蕙学子在玩乐中真正地实现了有创新地动手。

(五) 多元文化,提升素养

文化素养的提高需要一方水土的浸润,丁蕙学子长期在各种文化的浸润下,形成了良好的科学素养和人文素养。在校园文化的浸润下,丁蕙学子身上也散发着地域特色。他们带着审美的眼光去欣赏校园的每个角落。学生自然而然在地域特色鲜明的环境中学会了审美,并拥有了厚重的文化素养。譬如,丁蕙学生能够带领所有来丁蕙参观的教师或者游客,用一口流利的普通话向大家介绍校园的十大景色。学生自然、流利地告诉参观者,在我们校园里很多景不是花钱买来的,而是靠我们的校领导自己动手去搬过来的。比如说,这个石头是很名贵的广东云英石,在我们学校旁边原先有个农村,有个酒店要拆迁,老板他不懂,就随手扔掉了。后来我们学校领导和男老师一起,去把石头搬到学校来,然后又找专业人士重新拼装成现在的样子。后来这个酒店老板知道后后悔莫及。学生在了解学校的历史和学校的每一个物件来之不易后,增添了自己的审美趣味,用美的眼光和视角来审视校园的一石一鸟、一草一木。

再比如学生介绍学校大门口的石碑和友梅雅亭时说道:在这个石碑上,有我们学校每一位老师和学生进入学校要看的一个字——爱,这也诠释着教育和我们的校园里面要到处充满爱。这个"爱"字取自元代书画家王蒙书法作品中的"爱"字,我们学校是王蒙研究会的所在地。王蒙与黄公望、吴镇、倪瓒合称为"元四家",他的外公是著名的书法家赵孟頫,受他外公赵孟頫的影响,王蒙的山水画冠绝当时。"爱"字边上有两行绿色字体:实施三生教育,成就孩子一生。这也是我们学校的办学理念。这两行字,是范仲淹的第二十八代子孙范光陵先生帮我们题词的,世界人士称其为"三冠才子",即世界桂冠诗人、中华电脑之父和企管大师,目前他生活在美国。还有学校的友梅雅亭,这个亭子边上,有一片梅林,这些梅花当时我们都是嫁接过的,所以到了冬天,梅花一开,一棵树上就会有三种颜色的梅花,非常的好看。那为什么取这个名字呢,因为元末明初的时候有个军事家、政治家叫刘伯温,他曾经说过一个人如果愿意和梅花结为朋友,现实工作生活中他一定也能结交到很多朋友,所以我们叫它友梅雅亭。这些介绍,学生倒背如流的同时,将这些地域文化印刻在自己的心灵深处,同时用审美的眼光来审视自己每天走过的校门口以及成天玩耍的友梅雅亭,不再简单地视如普通的校园景物,当每个校园景色印刻着地域和文化、审美的内涵时,学生也就拥有了审美的情趣,会有素养地去审美。

除了拥有厚重的人文素养,学生也拥有了勇于探究的科学精神。功夫不负有心人,从 2019 年 5 月江干区中小学车模比赛到浙江省车辆模型锦标赛再到年末的"收官大作"——由国家体育总局主办的全国车辆模型公开赛,丁蕙的"车手"们披荆斩棘,取得一个又一个傲人的成绩,在年末的收官赛中,"全国车辆模型公开赛 1/10 电动方程式赛车竞速赛"项目中获得了团体冠军以及团体季军的好名次,我校的方昊、包哲凯同学更是获得了个人赛的亚军、季军,如图 7 - 10 所示。

图 7 - 10　车辆模型公开赛成绩

车模竞赛作为科技学习场普及活动之一,是一个集科技、娱乐、体育于一体的项目,深受学生喜爱,不仅能增强学生的动手能力,同时还能拓宽学生眼界,接触到科技前沿知识。我校学生通过制作和调试车辆,亲身体验在玩中学习、在学习中探索、在探索中发现、在发现中创造的过程,不仅体验了科学知识,同时也提高了创新意识和动手实践能力,在活动中获得了知识、收获了成功、体会了快乐。在学习知识的同时,锻炼了科学探究的能力。

二、四位一体,促进教师发展

三维教育空间的开发,为教师提供了成长的平台,助力教师的发展。丁蕙小学在 2019 年浙江省教师发展学校评估中荣获第一名,丁蕙的教师们以三维教育空间为平台,开发"场"资源,正从"学科教师"向"一专多能型教师"转变,从"教书匠型"教师向"学习型""专家型"教师迈进。在这一转变大潮中,学校涌现出了一大批优秀的青年教师。有依托浙师大的科研团队和平台,积极参与科研活动,获得浙江省规划课题立项并结题的"丁蕙科研达人"乔老师;有借助团队力量迅速成长起来的"2018 年第三届两岸智慧好课堂小学数学一等奖"获得者刘老师;有在"江干区教育信息化推进会"精彩亮相执教 VR 远距课的蒋老师;有在致力于"之江汇教育广场"应用实践的顾老师;有行走在智慧课堂实践路上的教学能者蒋老师;有在第八届浙江孝贤颁奖典礼亮相的丁兰孝星江老师……

三维教育空间带给学生的是核心素养的提升,而它带给丁蕙教师的是科研素养、知识与技能素养、团队素养、人格素养等各方面素养的提升。

(一) 提升:教师从课程施行者转变为课程开发者

长期浸润在三维教育空间的丁蕙教师,在致力于学生生命生长的同时,也不忘用学习浇灌自己的生命之树。顾老师就是这样一位乐学好学的师者。任教一个班的语文兼做班主任工作,还负责学校的德育工作。身兼数职的她,却仍不忘"学习"二字,从教之初,顾老师就在学校开设"知心姐姐"信箱为孩子们答疑解惑,排忧解难;后来她又积极参加浙江省学校心理健康骨干教师的心理辅导课程培训,正式迈进心理健康教育的大门;此后,她一直致力于小学阶段儿童心理学的研究,团队辅导课程"自信不倒翁""校园游戏""挫折我不怕"等多次在区内展示。随着研究的深入,她研究的重点又辐射到了学生个体的心理疏导。从教十多年来,她坚持用爱心和耐心,回应孩子心灵深处的呼唤,引导他们正确认识自我、悦纳自我。2008 年汶川大地震后,灾区来的一个孩子被安排在她的班里借读,那个心灵受到创伤的孩子用碾杀蚂蚁的方式获得心理慰藉。面对这样的情况,顾老师因势利导,循循善诱帮助孩子从阴影中走出来。看似落地无声的教育,却在几年后的一次作文大赛中掷出声响,该生在作文中清晰地展现了当年顾老师对他的帮助和教导。教育是慢的事业,学习也是慢的事业,不论功利。顾老师在心理教育的道路上从不曾停止学习的脚步,从 2018 年开始,她又利用周末的休息时间开始了浙江大学心理学研究生的求学之路,如图 7 - 11 所示。她说:"只有真正了解一个人,才能更好地帮助和爱她。"此外,她在专业知识、教育教学理论、新课程改革等方面的学习也从不放松。她执教的"牧童"得到了上海复旦大学吴志宏教授的详细指点；她执教的"秋天的雨""最后一头战象""跨越百年的美丽"等十多堂课在区里进行教学展示并获奖；她的"逃家小兔"一课受到全国整本书阅读专家的一致认可；她的"搭石"获得全国智慧教育课堂教学成果一等奖……顾老师把学习和提高自身业务素质作为毕生职业之求索。顾老师正在"学习型"的教师路上越走越远……

图 7-11　顾老师周末参加浙大心理学研究班学习

无独有偶，丁蕙的年轻教师刘老师（如图 7-12 所示）也是这样的学习践行者。刘老师是一位年轻又沉稳的数学老师。2018 年 4 月刘老师作为浙师大联合战队成员参加第三届智慧好课堂决赛，取得了小学数学组一等奖的好成绩，如图 7-13 所示。而此时，距离新入职的时间仅仅 8 个月，刘老师用她的努力书写出了这一段美好的奋斗历程。

比赛前夕，有经验的郑老师为刘老师组建磨课团队，一次一次地探讨，一轮一轮地修改教学设计，一遍一遍地试教，来来回回地录播。看起来是学校的团队在推着刘老师前进，而实际是她内心对自己的鞭策。比赛前夕，经常到晚上 11 点还能看到录播教室的灯光，那一个又一个不眠的深夜都留下了她学习的坚实脚印。此外，刘老师还肩负一年级数学备课组长的重任，每一次组内探讨备课，她总是分配给自己双倍的工作量。走近刘老师的办公桌，也总能见到一本本专业书籍、班级管理的书籍。作为班主任、备课组长、数学老师、年轻的新教师，刘老师总是在学习。她说："学无止境，我要做孩子们的大姐姐，也要做孩子的榜样。"

丁蕙的老师们经常开展组内非正式教研活动；会不由自主地发起阅读打卡；会对偶尔才有的学习机会用"秒杀"的形式确定人员……这都只有一个原因——乐学好学是每一个丁蕙教师的一种习惯。

图 7-12　刘老师课堂

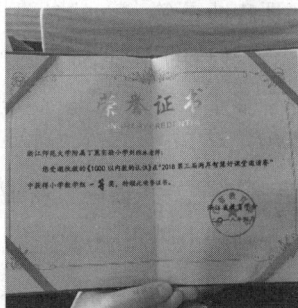

图 7-13　2018 年第三届两岸智慧好课堂一等奖

（二）助推：教师从传统教学者转变为学生思维触发者

学路漫漫，知也无涯，吾将上下而求索。丁蕙还有一批行进在科研大道上的教师。为助力丁蕙教师科研能力的提升，学校借助浙江师范大学的学术、专家资源构建"蕙美研府"，定期邀请浙师大专家、教授以及其他各级各地的科研专家开设讲座，为丁蕙教师的科研提供有力支持，如图 7-14、图 7-15 所示。

图 7-14　浙江师范大学教师教育学院钱副院长讲座"小学教师如何开展教学研究"

图 7-15　浙江师范大学教师教育学院教授夏洪文讲座"意会课堂组织与管理"

在这一背景下，丁蕙涌现出一大批科研达人。乔老师就是其中之一，乔老师作为从浙江师范大学毕业的省优秀毕业生，来丁蕙工作刚刚满三年。年轻的乔老师，在科研方面狠钻，积极参加省市区各级各类课题申报，主持浙江省规划课题 2 项、杭州市课题 1 项、区级课题 2 项，发表国家期刊论文 5 篇，区级论文获奖 4 篇。在工作的第一年申报课题"不同重量书包对小学生行走过程中步态和足底压力影响的研究"获得了浙江省规划课题立项，如图 7-16 所示。

图 7-16　"不同重量书包对小学生行走过程中步态和足底压力影响的研究"结题证书

这项课题缘于乔老师站在校门口值周,他看见学生一个个走出校门,他发现学生背着书包,被压得挺直不起来。而等在那里的家长就会赶紧迎上去接住沉重的书包。这样的场景每天都发生在小学的校门口,书包过于沉重是当前普遍存在的一个问题。乔老师作为一个体育老师对此进行了深入的思考和研究,他刻苦钻研,利用先进的 Simi Motion、footscan、三维定标等仪器设备进行数据采集,耗时一年,成果在国家级期刊《运动》杂志上发表。其成果先后被《中国日报》(英文版)、《中国教育报》、《钱江晚报》、《十堰日报》、《厦门日报》等多家纸质媒体报道(如图 7-17 所示),随后乔老师接受杭州电视台和浙江之声广播的采访,相关研究成果在杭州一套、二套及少儿频道等电视和 FM88.8 等电台进行了报道,同时相关报道被三十多家公众号转发。

2019 年习近平总书记提出:保护青少年视力,全社会要"行动起来"。由此,乔老师的另一课题"专项运动干预实验对学生视力的影响"也于 2019 年被列为浙江省规划课题,开启第二次研究历程……

像乔老师这样的丁蕙科研达人还有郑老师、华老师、陈老师、徐老师……正是三维教育空间的构建,丁蕙才孵化出了一批充满活力、善于观察、富有钻研精神又有科研能力的优秀教师。

图 7-17　《中国日报》《中国教育报》等媒体报道

（三）协调：教师从"书匠型"转变为"一专多能型"

丁蕙小学构建的三维教育空间以其独特的地域文化为依托，教师在这样的环境中潜移默化地塑造了独特的"蕙美"人格。"蕙"是一种植物，就是今天的中国兰，古代称为"蕙"。蕙，有纯美之意。而丁蕙小学教师们所追求的正是内外兼修的美，包括"自由思想、生命优雅、文化教养、社会担当、品质创新"五个维度。三维教育空间中的校园十景、孝道文化长廊、为教师量身打造的休闲阅读空间——最忆是丁蕙（教工之家）、独具特色的安心食堂、充满温馨的妈咪小屋……都保障了教师的身心愉悦。在这里，教师们能从繁杂的教育教学中觅得一份宁静与思考，塑造出更健全的人格。

丁蕙所处的丁兰街道，自古便是孝道之乡。丁蕙小学更是把孝道文化作为学校特色文化进行教学。丁蕙的江老师，自 5 年前，机缘巧合来到此地，遇见"丁兰"。江老师作为学校教师一员，通过参与孝廉课程的开发、孝廉长廊的打造，把中华传统美德的孝之大道传于学生，使他们明孝义、践孝行、传孝道。在这里，她是"孝文化"的传播人。在学校孝廉课程的实施中，在孝廉节的活动里，她多次组织学生，在重阳节慰问敬老院的老人们，送去小辈的问候与祝福；在春节期间，为留守家中的老人献上对联、新福,表达新年的祝愿……她教育孩子,自己能做的事情自己做,不劳烦父母,这是孝道;自己能帮着做的事情积极做,为父母减轻劳务,这是孝道;自己能妥善照顾自己,不让父母担心,也是孝道;做一个知礼、明理的孩子,少让父母操心狂躁,也是孝道。2019 年 9 月 29 日,第八届浙江孝贤颁奖典礼暨文化善治论坛在省人民大会堂举行,江老师作为"丁兰街道十大孝星"之一,出席本次会议并接受表彰,如图 7 - 18 所示。

更有一大批丁蕙教师在用他们的行动展现"蕙美"人格的魅力:是在假期开设"特色书法课"免费为无人看管的孩子提供帮助的黄老师;是致力于家校合作而在每周末开设家长课堂给家长上课的蒋老师;是把父母无法看管的孩子接回自己家照顾的洪老师……

孝敬父母不是一种责任,当是一种本能;爱岗敬业是一种精神,当一以贯之;社会担当是一种使命,当勇往直前。在丁蕙,能如此践行的人不止一个,因为这是所有丁蕙人所拥有的丁蕙精神!

图 7 - 18 江老师接受表彰照片

三、扩大影响,铸就学校品质

三维教育空间的开发与运用,不仅带来了学生的成长与教师的蜕变,更是使学校发生了翻天覆地的大转变。作为一所兴起的智慧化学校,实现了三维教育空间的"重构",打造了学校与社会的联动平台,构筑了教师和学生的心灵港湾,更是涉及了学校多元化校本课程的开发。

(一)品质发展,品牌亮相

我校致力于三维教育空间的创建与整合,形成了无边界课堂形态的三维教育空间,搭建了学校与社会的联动平台。在这个联动平台的打造过程中,我们利用线上平台和线下平台两种方式,使得学校与社会的联系更加密切,扩大三维教育空间的辐射维度。

丁蕙实验小学通过打造智慧管理服务平台、智慧学习平台、智慧教研平台、多方联动平台和公共资源平台等,不断推进智慧校园的升级和优化。借助智慧化,在未来社会建构完善的 IT 基础框架;以科技持续创新学生的学习思维,助力快乐成长;以智慧提升能力的培养,发展竞争力。"钱塘之春"教育高峰论坛——"互联网+"背景下智慧教育的现场,执教教师是浙江师范大学附属丁蕙实验小学的蒋莎老师。这堂课引起了大家的广泛关注,受到了一致好评。蒋老师的这堂语文智慧教育课强调了技术与教育服务的融合、人和技术的融合、现实物理空间与虚拟空间的融合,形成了一个技术完全融入学习的和谐教育信息生态。她从对技术要素的关注转向对人和技术的关系的关注,强调人和技术的相互作用的整体优化与变革。教学理念从"教师的教"转变为"学生的学",教学呈现的范式从"教师教什么"转变为"学生学什么"。在学习方式上,蒋老师已经从单一的正式学习转变为非正式学习,采用了多种混合学习的方式,使得技术充分融入,培养学生的非正式学习习惯,并且让培养学习智慧的主动学习习惯成为课堂教学新的重点,使得课堂更富有挑战性,如图 7-19 所示。

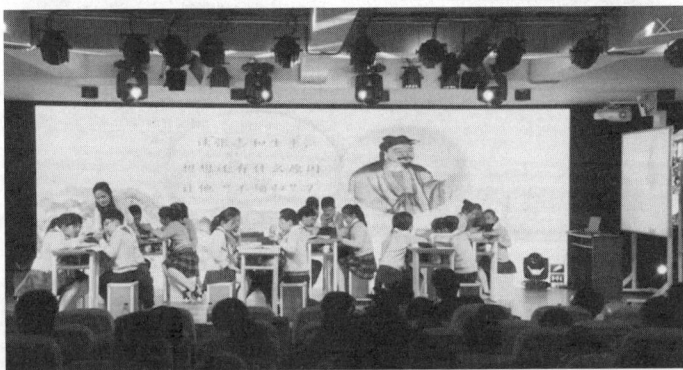

图 7-19　学生多样化学习

2019 年 9 月 1 日教师节,浙江省委书记现场观摩了浙江师范附属丁蕙实验小学与浙江师范大学的远程教学课,希望学校积极推动现代信息技术与教育教学深度融合,大力发展智慧教育,努力构建与未来社会相适应的新型教育形态。我校在面向未来、创新教学上展现担当,发挥"互联网+教育"的优势,以更加积极的姿态推动教育教学数字化转型,最大限度释放教育红利,造福社会。

在线下平台的打造与推广方面,我校作为全国智慧教育示范校承办了杭州市"轻负高质"暨"课程改革"第十五次现场交流会、杭州市政府工程"校长来了"活动等重大省市活动,并在 2019 年亮相杭州西湖国际电子博览会,向全世界展现智慧化教育成果。作为杭州"智慧化""数字化"校园代表亮相于本次展会,吸引多方人士的参观体验。丁蕙实验小学作为江干区新教育共同体—院校合作的典范。凭借几年来院校合作积累的经验和收获的成果,将新教育命运共同体升级为 UGS(Universities Schools Government Company),大学、政府与学校,三辆马车并驾齐驱,最大化提供教育动力,政府引领、高校协助为学校发展提供支持和帮助,并把学校作为人才实践和培养基地,三方互惠互助、实现共赢。办学以来接待 200 多个批次,近 4000 人次观摩、学习、研讨等,优质资源辐射到全国乃至世界。

远距智慧教育实现了无边界互动,充分体现了优质资源的共享共通,吸引了不同国家、不同地区的学校和丁蕙缔结友好联盟,不仅增强了跨文化交流沟通能力,增强了不同文化之间的深度互动,也是无边界教育的精彩体现,如图 7 - 20所示。学校现已与澳洲、美国,以及中国的香港、台湾等地区 10 余所国内外知名小学结为友好学校,增进与不同地区学校的友谊。

图 7 - 20 智慧校园推进无边界国际教育影像一览

(二)家长支持,社会认可

学校的建设应以人为本,是学校"师生的建设",不但要建设好和谐共生的校园环境,更需要建设好师生的心灵环境。丁蕙是一个爱潮涌动的温馨港湾,是一片充满希望的智慧绿洲,是一处温暖人心的心灵家园。

学校全面打造教师幸福场。你看,爱心妈咪小屋温暖来袭。妈咪小屋旨在为备孕、怀孕期、哺乳期的女教师提供一个私密、卫生、舒适、安全的休息场所。

为她们在特殊生理阶段提供更加人性化的温馨服务,也体现了学校工会对女性哺乳权和妇女儿童权益的尊重。学校为教师改造了食堂,为老师们提供集饮食、学习、教研、休闲、娱乐于一体的多功能场所。为奋斗在一线的老师们提供营养晚餐。学校不仅为教师们开设健身房,使教师在工作之余,能够不忘锻炼身体,同时学校还在每周三晚上正式开设瑜伽练习课程,学校聘请了资深瑜伽教练开设教学课程,提供专业的瑜伽习练方法教学,瑜伽培训班的开设,帮助我校教职工陶冶情操、保持活力、静心养性,收获健康与快乐。学校处处诉说着丁蕙的人情之美。学校正在打造"最忆是丁蕙"(如图 7 - 21 所示)教工之家建设工程、办公室、教师公寓,让丁蕙成为师生心目中温馨幸福的家、向往的地方。

图 7 - 21 丁蕙鸟瞰图

学校深化学生学习场建设。设立学生自理中心"蕙自治",培养自主创新的学生,让学生自主管理学校,让学生成为学校的主人。打造了"红树林"儿童文学馆(如图 7 - 22 所示)、建设智慧型儿童文学阅读和分享中心,帮助学生养成热爱读书的习惯,多读书,读好书,提高读写能力,充实文化底蕴,陶冶情操。为了让同学们有浓厚的阅读兴趣、良好的阅读习惯,提倡学生养成阅读习惯,也带动我们的家长阅读,推进全民阅读。杭州少年儿童图书馆更给我们带来了"悦读快车——孩子们的流动图书馆"这一公益项目(如图 7 - 23 所示)。孩子们登车借阅图书,为眼前的移动图书馆而惊叹!

建设室内车模场(如图 7 - 24 所示)、木工坊等空间,拓展学生学习场,多渠道引进、吸纳优质教育资源,发展学生各类特长兴趣,使学习场与课程紧紧地整合在一起,发展学生综合素养,以培养他们终身发展和社会发展所必备的品格。

图 7 - 22 丁蕙红树林儿童文学馆

图 7 - 23 悦读快车——移动图书馆

图 7 - 24 丁蕙车模训练基地

"听取孩子的心声,做孩子喜欢的活动,办孩子喜欢的学校",这是我们丁蕙一直不变的目标,而我们学校也正是在前进的道路上努力着,所以孩子们都会有机会和校长共进午餐。吴校长常说:"学校的理念就是尊重孩子生命,敬畏孩子生命。"原来我们总是以大人的眼光去看待怎么以生为本,实际上,孩子就应该在学校正中央,要真正用孩子的眼光去了解孩子的需要。不只是我们校长、老师去了解孩子,孩子也要走进老师和校长的心田,他也要了解老师,了解校长,这才是真正意义上学生是学校的小主人。

(三) 链接社会,良好联动

一个没有个性的人是平庸的、没有活力的,一所没有特色的学校也是没有生命力的。想要成为一所特色鲜明的学校,必须能够提供富有特色的校本课程,甚至可以说,校本课程是丁蕙小学的特色产品。

丁蕙实验小学勇于创新,敢于实践,走出了一条校本课程建设的探索之路。认识有高度。以校长为首的学校领导班子,统一思想,提高认识,站在国家政策方针层面,深刻把握校本课程内涵,高度认识校本课程的立德树人作用,重视校本课程的开发建设工作,带领全体师生严格按照课程建设流程做好每一项工作。学校将校本课程的体系编排与学校办学理念结合起来,将课程设置与办学特色结合起来,将教学目标与学生培养目标结合起来,按照"生命教育、生长教育、生态教育"的"三生"教育办学理念设置校本课程,按"以生命为基础,以生态为支撑,以生长为目标"的办学特色开发、评估校本课程,按照"校本化、多元化、特色化、多维化"的丁蕙特色课程体系开设并考核校本课程。经过多年的不懈努力,目前学校已初步形成较完备的课程建设体系,为学校的可持续发展增添了新活力。

根据我校的特色三维教育空间场地,即五馆一园——科技博览馆、情意生长馆、生命体验馆、自然生态馆、初心学馆、童心蕙园,我们编写了一套"小学里的博物馆:多维学习场的创建与整合"课程,为了培养"思本源、致良知、应时需"的蕙美少年,建立围绕这目标的课程体系,在小学全面实施开展校本课程。该体系一共分为五个系列,即红色空间课程、生命体验课程、情意生长课程、科技博览课程、自然生态课程,共编写了16个校本课程。其中"智慧大世界"校本课程在2019年江干区第四届精品课程评比中获得优秀课程。

结合我校丰富的地域文化,我们将宝贵的历史文化资源融入校本课程之中,打造了以"孝雅"文化为核心的校园文化,形成了独具特色的丁蕙文化。我们的老师以静态孝廉文化展示作为基础,制作孝廉文化墙,设置孝义体验区,定期进行孝廉宣传,如图7-25所示;学校开设"云超市孝廉课程",配合德育处开展系列孝雅文化少先队活动,每学期定期开设"黄鹤山樵"艺术文化节,在开办第二年,我校承办了江干区"孝廉文化进校园"的开幕式活动,并举办"小孝行·大爱廉"的活动。

图7-25　学校智慧大世界课程、孝廉文化的海报

地域文化丰富了我校校本课程的内容。老师们从皋亭的茶祖文化中衍生出一系列特色课程,如三生课程、茶道课程、运河课程等。

校本课程以其多样化和个性化特质,满足了不同层次、不同兴趣的学生需要。学生可以在完成国家课程的基础上,发挥自己的兴趣特长,发展自己的个性,使自己成为一个独一无二的人。真正成为"思本源、致良知、应时需"的蕙美少年。

第二节　三维教育空间的未来展望

学生的物理空间素养、智慧化素养、文化素质在已有的物理空间、虚拟空间、文化空间中得到进一步提升。学生在此过程中形成的素养缺一不可,亦不可以割裂的状态存在,它们相互融合、相互促进,共同构成学生完整的多元素养系统。在学校的三大空间建设后,未来学生是怎样的呢?

一、学生是多元素养的践行者

(一) 物理空间素养:灵活性·适应性·社会性

经过三维教育空间的重构和实施,未来的学生应该具备灵活性、适应性、社会性这些物理空间素养。丁蕙小学构建了学习场,学生能够自由出入各种场馆,他们能够灵活地适应各种场馆的变化,思维也在不断变化的场景中更加创新。在此基础上,期待未来学生的素养有更大的突破。

未来教育是开放与半开放相结合的教育,因此教育空间也随之扩大,如图7-26所示。而完全封闭的教育系统中培养出来的学生,虽不能说他们与社会格格不入,但难以适应社会或双方存在互相接受的距离则是基本的事实。毋庸置疑的是,所有的小学教育都是"封闭式"的教育,即使是所谓开放大学,其"开放"也是在获得一定的"授权"(缴费注册)之下的半开放,因此,传统的学校教育都是封闭式的教育。然而,三维空间下的教育使得教育的开放性得到进一步加强,未来学生的物理空间选择权也将进一步扩大。

由于未来的物理空间多功能、多维度、多领域,因此,空间的变革势必引起学生素养的革命性变化。未来物理空间有服务师生休息、一对一辅导和沟通的设备设施,有舒适、低矮、可爱的软式沙发与座椅,学生可躺、可坐、可成堆,与教师能围合一起或一对一交流。

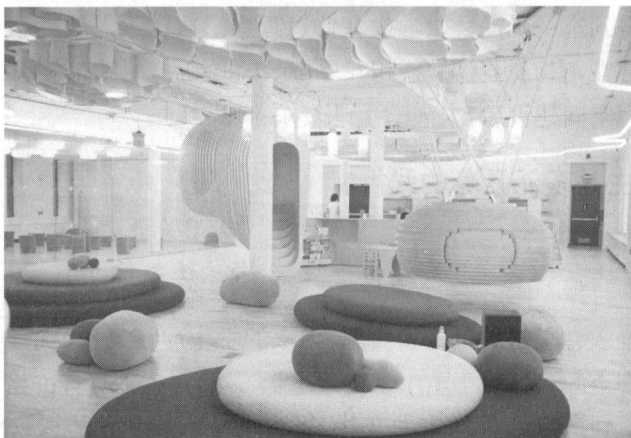

图 7-26　未来物理教育空间一览

　　图书与各类实验、实践的材料盒收纳在教室四周的橱柜里,可支持学生随时学习与实践。物理空间往往是跨学科多功能的实验与实践场所,并非只是用来听课做作业的。大部分教室,往往融合了学科实验室与实践场所的功能,特别是在小学阶段,除了音乐、舞蹈这类需要特种场地的学科,其他均能在教室里完成,如科学实验、综合实践、美术等学科的教学。有些教室甚至有厨房的功能,很明显是属于家政或综合实践课程的功能性装备。这种做法,能有效地利用学校的建筑客观条件,也能有效地促进学科教学的规范开展与专业化水平提升。因此,学生在这样的物理空间里活动变得灵活而舒适,各个场馆和功能教室的移动循环式上课方式和学习空间,使得未来学生的适应性更强,他们在学习的过程中,不再受传统空间的约束和限制,课堂活动多样、走班教学等方式增强了学生的适应能力,不再固定教室,不再绑定学科老师,慢慢地,学生在这个过程中,随场景而变,随学科内容而变,这样锻炼出来的学生更灵活,适应性更强,空间各个角度的图片如 7 - 27 至 7 - 29 所示。

图 7 - 27　室内图

图 7 - 28　室外图

图7-29 师生学习室

无围墙的大学习场的设置,使得学生走向社会、了解社会、参与社会的变革,形成学校、家庭、社会教育的一体化,在此过程中,在偌大的物理空间里,学生真正成为社会人,在学校、家庭、社会三者之间游刃有余,不再是社会人眼中的"书呆子",其社会素养大大提高。

(二) 虚拟空间素养:高起点·高质量·个性化

学校三维空间重构以后,在丁蕙,你会看到这样一群学生,他们能够带着VR徜徉在语文课堂,跟着老师一起进入虚拟的情境,带着自己的认知去感受、去体验。他们对智慧化手段耳熟能详,平板、VR不再陌生,他们会和智能机器人打招呼,校园里随处能感受到智慧的气息,他们拥有一定的智慧化素养。而这些,还远远不够。

未来的学生,人手一部iPad,能够随时随地运用iPad开展学习活动,学生在一年级下学期应该基本具备对信息的搜集、整理、筛选、编辑和应用的能力。同时,学生的作业不再像传统一样上学第二天手动提交,也不再需要父母协助发送给老师检查,学生可以通过学校公共网络,做完后无时间缝隙地自主上交作品,即时同步上传至微博、朋友圈、QQ空间的作品分享,还可以得到教师、家长与同学的即时点评,也可以得到校长的赞赏和鼓励。学生不仅学习成绩没有受影响,而且收获了比成绩更重要的高起点、高质量、个性化的智慧化素养。

经过三维空间重构后的未来教育,学生的学习方式多种多样。在海量资源的网络平台上,每个人都是资源的学习者、拥有者、贡献者,学生、家长、教师形成了一个无边界的学习共同体。学生在这个创新的平台中,学习整合资源、利用工具、判断趋势、分析条件、尝试创新,进行结构化的学习和思考,进而形成自己的个性化学习体系。

学生能够自如地运用 iPad 进行各学科的学习。他们可以在语文课上借助 iPad 听朗读,说见解,读绘本,写故事;也可以在数学课上利用相关软件,开展口算训练、编写数学应用题,并运用思维导图工具梳理知识;还可以在美术课上用 "Drawing Box" 作画,根据自己个性化的想法创作属于自己的音像合一的作品集,优秀作品还可以被推广到省美术馆;学生也可以利用 keynote 编写英语绘本、记录科学合作或独立实验;还可以组建颇为专业的 iPad 乐队和合唱团;可以通过阅读分享屋、电子阅读器等,实现个性化的共享阅读。iPad 成为帮助学生实现个性化发展、潜能发展的学习伙伴。

(三) 文化空间素养:审美性·人文性·逻辑性

文化素养要求一个人对人文文化、科技文化等诸多学科都有了解研究,并以此得出自己的价值观和世界观。对于小学生来说,小学阶段是个人素养形成的最佳时机。为此,在小学教学中,必须注重各学科教学内容之间的相互联系,促进小学生的全面发展。但是,在现阶段的小学教学中,教师往往将教学重点放在语文、数学、英语的教学中,忽视了音乐、美术、体育、社会品德等对学生综合素质具有重要影响的学科。人文素养的灵魂是以人为对象、以人为中心的精神,但是,在经济快速发展的今天,人们的精神内涵显得格外贫乏,而人文素养的培养并不是一个学科可以承载的,只有将科学和人文有效结合,才能实现人文素养教育的成功。

重建三维空间后,未来学生的文化素养的总体目标是培养小学生在三维空间下的审美性、人文性、逻辑性的文化素养和表达能力。为了达成这一目标,学校作为实施者首先要确定媒介素养教育的内容,并将之作为一个目标奋进。如语文方面,学生在物理空间内,运用智慧手段和方法,半个学期就可以自主结合网络平台学完语文教材,剩下的时间可以大量地阅读、写作、创新。在此过程中,学生的人文情怀随腹中诗书一样变得丰富、浓郁。再如,二年级学生可以掌握开平方、开立方等知识,甚至一半学生的计算能力达到了初中水平,其逻辑性不言而喻。英语课堂上大量运用新技术手段展现口语、视听、阅读、写作训练等,打破传统的"教师教,学生学"的低效瓶颈,提高上课效率,提升学生的表达能力。音乐感受与鉴赏是音乐教学的重要内容,是培养学生音乐感受能力和审美能力的有效途径。音乐鉴赏教学在提升学生音乐审美水平、提高学生人文素养和促进学生综合素质提高等方面具有积极作用,不仅能够培养小学生观察思考的能力,更能够提高小学生的欣赏能力和精神品位。小学生文化素养的形成需要各学科教师的共同努力,从不同角度开展人文教育,让小学生在掌握相应理论知识的同时,提高人文素养,促进小学生的全面发展,使其掌握运用各种媒介制作的一些基本技能。促使小学生养成观察社会、独立思考的习惯及通过媒介进行表达的能力。比如为学生们提供机会到相应的媒体担任小记者、小编辑、小播音员、小美工、小摄影、小网络信息管家,甚至还可以让同学们进行广告的制作等。通过一系列活动学习媒介产品的制作,认识媒介为我们所虚拟出来的现实世界,从而让学生更加理性。也可以创办媒介,认识和报道社会,成为有独立思考能力、主动参与社会的信息时代公民。比如组建小记者团,创办儿童报刊,开通微博、微信平台等学校媒体,让小学生在校园里利用媒介表达自己的主张,从小全面了解和认识社会,增强其未来融入社会的各项能力。

二、教师是流动全能的引路人

在新空间的发展过程中,教师引领学生进行走班教学,在不同场景间随时随地进行空间切换。他们不仅是空间转换的"孙悟空",是智慧空间里的"如来佛",更是文化空间里的"诸葛亮";他们既是物理转换高手,又是智慧化高手,还是文化高手;他们是学生未来的引路人,是引领学校未来的舵手。

(一)驻班教师走向流动教师

传统的是"一所学校,一位老师,一间教室"的教育服务形态,三维空间重构之后,线上线下融合带来大量传统教育无法提供的新形态教育服务,例如自动批改,人工智能解题,社交化学习,学习成果动态、即时反馈,在线辅导,在线答疑等。传统正在向"一张网,一个移动终端,成千上万学生,学校任你挑,老师任你选"教育服务形态迁移转型。一位教师、一间教室、一本书、一纸教案的时代已经一去不复返了。在未来的学习场里,社会化协同合作在整个教育系统中的作用日益凸显,不同学科的教师、不同学段的教师可以协同共建一门课程;处在不同国家、不同区域的老师可以开展基于网络平台的协同备课、上课与教研。或许未来的教育服务业态将打破学校、班级建制:教师不仅属于学校,也属于社会,还属于网络;学生学习不仅在课堂上,还在家里,在路上,也在网络上。未来教师与以前教师的对比如表 7-1 所示。

表7-1　以前教师和未来教师的对比

比较指标	以前教师	未来教师
教师职业稳定性	驻班教师,职业固定	流动教师,学生选择喜欢的老师,教师流动,生源也流动。
教师解题方式	教师口述解题	线上流动的人工智能解题
教师辅导方式	教师当面辅导	教师随时随地在线辅导、答疑
教师批改方式	在家里、教室里批改	线上系统自动批改或者教师线上流动批改,不受局域限制
教师教学方式	固定化模式教学	流动的社会化教学

（二）学科教师走向全能教师

全能型教师并非指学科教学能力的单一,而是具有多能的意义。三维空间学习场重构之后,未来教师的任务并非单一的学科专家,单科教师的历史使命将结束;只能教一科的教师可能被淘汰,代之的是既能教自己专业,又能精通其他学科,将所有学科资源整合,信手拈来的教师。他们不再是单纯地传授知识,而是帮助学生吸收、选择和整理信息,学生也必将从被动地接受知识转变为主动地获得知识。他们是学生的导师,指导学生发展自己的个性,督促其自我参与,学会生存,成人成才。同时还是会科研、懂生产的全能型教师。他们具备思想政治素质、道德素质的思想基础,还具备文化素质基础,还有心理素质的效率基础,具备身体素质的载体和依托。

三维空间学习场中的教师不再是文化知识传播的中介,不再是学生知识的唯一来源,是从"教"转变为"导",指导学生高效率地学习,掌握学习策略,培养学生自我调节、自我监控等认知能力,形成良好的学习习惯。他们是各种知识源泉的组织者、协调者,他们让学生走出校门,感受社会、文化和整个教育的变化,把专业知识和社会信息结合起来,和社会建立新型合作关系,他们不仅考虑文化问题,也考虑社会生产问题。

三维空间学习场中的教师会利用互联网创设丰富多彩的教学情景,激发学生的学习兴趣,为学生提供各种便利条件,使他们能很快地在互联网上找到各自所需的信息并利用信息完成各自的学习任务,从而提高学生获取信息的能力,以及充分利用信息资源快速高效地解决各种问题的能力。学科教师与全能教师的对比如表7-2所示。

表 7-2　学科教师和全能教师的对比

比较指标	学科教师	全能教师
所授学科	单一学科	整合学科
教学方式	单纯传授知识	帮助吸收、选择和整合知识
职业定位	教书匠	教书与科研的全能者
职业作用	文化知识传播的中介	知识源泉的组织与协调者
教学手段	传统教学手段	利用各种互联网手段

三、学校是无边界的学习场

在"互联网＋"教育背景下，互联网、人工智能等技术正席卷全球，引发新一轮的科技革命，教育领域深受影响。学校的内涵和外延正悄然变化，未来的学校是什么？这一问题需要在"互联网＋"的背景下重新审视。

未来学校将是一个无围墙的大学习场。未来学校将朝着无围墙的大学习场发展，探索出一种新范式。"无围墙的大学习场"是指未来学校与家庭、社区能借助"互联网＋"的信息技术实现合作，无缝对接，由此形成一个家、校、社区三者融合互动的学习生态系统。其特点就是一种"虚实结合"的复合体，"实"就是指实体空间，"虚"就是虚拟空间（网络教育空间），它是一个全民共建、共享、共治的教育空间，就如同无形的空气，可以随时随地为学生提供智能服务。而虚实之间的交融学习将使学生从有限的教学时空，转向无围墙、无边界的知识建构，这也将是该学习场内的学习常态。优化的智慧学习空间有助于提高学生的创造性和解决问题的综合能力。如果将以往传统的学校视作 1.0 版的学校，那么丁蕙小学就是 2.0 版的新式学校。因为丁蕙小学所创建的"三维教育空间"实现了物理空间、虚拟空间、文化空间的融合。而未来学校的发展则是虚实结合的复合体动态系统。

无围墙的大学习场可以用下图 7-30 来表示。

3.0学校是虚实结合的复合体

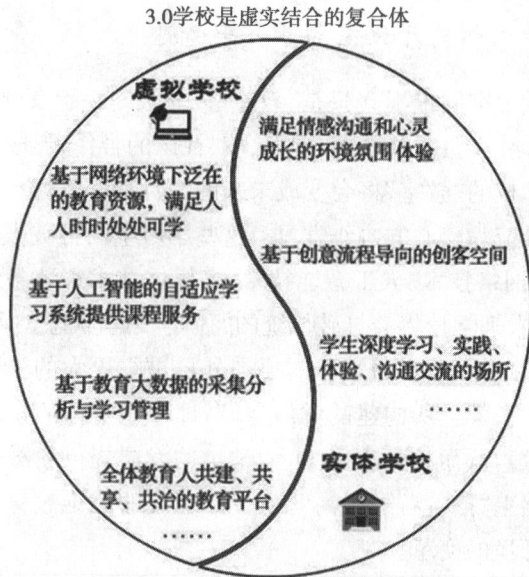

图7-30　3.0学校概念图

　　未来学校的建设涉及方方面面的变革,其中最根本的是课堂环境、课程内容、教学模式、评价体系这四个方面。这四方面的变革以培养学生的高阶思维认知能力为导向,旨在培养未来社会所需的人才。真正实现学校指向"未来"而建设。而推动这四项变革就需要教师专业能力的深度发展和更优化的家校联动,当然这又指向了学校的管理与服务的变革。因此,未来学校建设可以用下图7-31来表示:

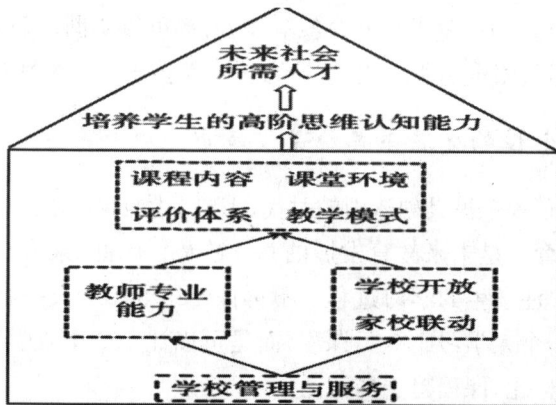

图7-31　未来学校建设

（一）面向学生创建开放型的学习中心

未来学校的学习空间绝不会只是"教室"。学校是一个无围墙的大学习场，能实现学校资源和社会资源共享，实现家、校、社区的合作，形成三者融合互动的学习生态系统。学校的"教室"将会变成未来的"会议室""讨论室""项目活动室"支持学生以互动交流为核心的协作学习。这些学习空间打破了传统的工厂式教室布局，充分利用网络技术、人工智能技术、多媒体技术来装备学习空间和改善学习环境。对外，未来学校将会打破传统的"独立"办学状态。目前，绝大部分学校处于自我的封闭式循环，本质上不需要与外界进行更大的沟通。而未来学校则更多是走向开放。学校所构建的学习空间，即使是实体的物理形态也融合了网络技术、文化底蕴，从而独具生命力，为学生的发展提供新载体。丁蕙学校正在这一条开放的路上"摸着石子过河"，学校所建设的三维教育空间一定程度上实现了学生学习环境的变革。

走入室内，学习环境的内部布局、学生座位布局、教师讲台布局等方面也更灵活，体现以人为本和个性化的原则。在学习空间内学生可以开展一般性的正式学习，发挥网络空间的实效，学生也可以进行非正式学习，学习上实施双轨并行且两者的界线将逐渐被打破，学生在沉浸式的体验中对文化的感受力会更强，利用学习空间和技术终端开展研究和学习会变得随处可见。

诚如美国校长谢莉格鲁弗所指出的："学生在未来学校是学习者，他们并非在'上学'而是在'生活'。"因为未来学校的课堂是没有固定边界的，学生会随身携带笔记本电脑，学生可以在教室学习，也可以在学习场学习，在餐厅、在走廊学习。学生只要一机在手，去社会中的各个地方，都可以不断学习、不断探究。这打破了对学习时间、固定场所的依赖，最终学习者会把学习的习惯植入深处。

（二）尊重个性构建混合式的课程超市

未来的时代是一个极具创造力的时代，需要个体创新、知识创新、科技创新。个性化发展的教育将是未来教育发展的基本趋势。因此，未来学校会更注重学生的个性化，更关注学生的学习过程。不再像传统的 100 人一起学习同一门课程，也不再追求一个人学习 100 门课程，而是可以让 100 个人学习 100 门课程。学习内容呈现多样化，课程趋于多元化。

学校以学生的发展为本，会立足个性构建混合式的课程超市。基于大数据的结果为学生提供私人定制的课程，供学生选择。每个学生的教学计划、课程表和作业任务等都不一样。未来，每所学校都有自己的特色鲜明的校本课程和教育资源,比如丁蕙小学的特色"孝廉"课程、"生命"课程、"红色"课程、"农耕"课程等依托于三维教育空间开展的课程。而每个学生都会基于大数据的追踪和评析而产生不同的课程,实现 100 个人学习 100 门课程。至此,未来学校的课程建设将走向更注重学生个性发展的课程超市模式。

　　未来,你会看到这样的场景:学生上午在学习三年级的语文,下午在学习四年级的数学。并且,为满足学生的个性化需求,会允许每个学生有不同的学习进度,学生的笔记本电脑会装有评估其学习进度的软件。如果一个学生已经掌握了一天的内容,那么就可以更深入地进行这门课程的学习。如果评估软件反馈是未通过,则可以向老师求助。

　　此外,传统的学校生活节奏与节假日安排,是以成年人的工作为中心设计的。寒暑假让学习中途搁置,知识的连贯性就会被打破,导致阶段性的学习成果付诸东流。未来的学习空间中这些弊端都将消失。学生可以根据自己的时间进行合理规划与安排。充分利用网络空间打破学习时间的枷锁。我校三维空间学习场的构建,对学生假期的学习产生了积极的影响。从学生身上能看到了喜人的变化。学生和家长可以依托学校特色资源开展"红色"课程、"生命"教育、"劳动"教育等个性化的学习与活动。

(三)借助技术提供多元化的学习方式

　　教育是面向未来的事业,今日之教育是为培养明日社会所需的人才。今日的社会已然发展到了信息社会,随着现代科学技术的迅猛发展,信息技术运用于教育实践领域给教育带来了巨大的改变。其中尤为重要的一点就是对教师教学方法的冲击。任何重复性、单纯指向积累的教学都终将为人工智能所替代。在未来社会,信息的传输方式更加多元化,除了以文字为主的载体,还有视频、图像、声音、虚拟现实等方式。在教学中以视频、图像、声音、虚拟现实等形式传递给学生,教学更加生动形象、贴近现实,也更加有助于学生的理解与体验。例如,虚拟现实的沉浸感、交互性、全景式、想象性有助于激发学习动机,增强学习体验,实现情境学习,促进知识迁移,从而增强知识与现实的连接,提高学习效果。

　　未来的教室不再是教师拿着课本,学生拿着课本的场景。未来的课堂是无课本课堂,学生需要一台笔记本电脑,教室会配备能将电脑、投影、白板功能整合的智能互动板,都可以自由连线和退出。

　　教师可以通过教学共享平台,将需要分享的内容瞬间传遍学校的各个角落。在教室里,讲台将会变成一张可以镶嵌各种高科技设备的操作台,学生的学习桌也将是一个便于互动的操作台,具备无时滞的上传推送功能,师生之间可以实现隔空互动。教师能对每个学生的练习一览无余,必要的时候还可以将学生的解答推送到大屏幕做点评示范。

然而,走出正式课堂之后,技术的支持更为多元化的学习保驾护航。未来,学校对于有特色的教育空间学习场将实施"云开放"。就好像博物馆的全景、VR体验,我们可以进入博物馆,开启"云游"博物馆之旅,真真切切地欣赏博物馆里的每一件藏品,感受文化。未来,学校的特色场馆也将借助技术发展"云游""云课程",为学生的学习提供更多的支持。

(四) 运用数据进行综合性的素质评价

未来学校评价的标准离不开两个关键词:多元化、个性化。评价的目的是侧重改进而非鉴别。未来学校会建立起统一全面的评价体系,包括:第一,评价体系的全面性,综合评价学生各个方面的能力,做出全面的评价,以落实培养全面发展的人;第二,评价主体的多样性,运用大数据的追踪、记录、分析,可以从多个评价角度进行评价;第三,评价方式的多元性,对学生的评价除去语言方式以外,可以选择更多的视频、音频、图像等方式;第四,评价的过程性,学生的学习过程有了大数据的支持变得更直观可视化,对学生的学习过程可以进行更准确的评价;第五,评价手段的先进性,未来时代的特点是大数据、人工智能等技术得到充分利用,这就意味着大数据能追踪记录学生的学习过程,发现学生学习的难点和困境。这些技术的运用方便快捷,让评价更有针对性,且能及时帮助学生调整学习策略,取得更好的学习效果。

例如,白天学生可以利用高科技设备在课堂中与老师互动,在操作台演绎自己的思维过程,也可以在生活中去探索,大数据会追踪记录这一切。回到家中家长可以通过与学生绑定的账号,了解孩子一天的学习经过与收获,家长再利用高科技设备进行评价。这一过程就体现了评价的多元化和个性化。

传统的纸质"学生成长"也有"一月一评",也包括了多个维度和多方评价主体,但实际操作中却存在流于形式的弊病。其实,目前很多企业都已经踏上挖掘数据价值的旅程,使用大数据来提供更具个性化的客户体验,并根据客户习惯和喜好预测他们真正的需求。而未来学校也将朝这一方向发展。未来,学校将会基于技术建立评价体系云平台。

这一平台可以实现对学生的多维评价,有过程有结果;有个性评价和统一评价;有文字有语音或者有图片视频的反馈。时间上可以基于每一天学生学习的大数据分析,实现"一日一评价"。更为重要的是可以实现多方评价,教师、家长、同伴可以就学生的某一方面展开评价,让评价更具有准确性和意义。

三维教育空间将会在未来的时空里愈演愈烈,给学生、教师带来新体验,学校将成为一个充满神奇色彩的乐园,等着所有人去挖掘、探索。

附录1:丁蕙实验小学成果

课题立项

序号	课题名	机构	级别	立项时间
1	童心蕙园:基于"三生"理念的"三维教育空间"的营建	教育部学校规划建设发展中心	全国教育部课题	2018 年 3 月 28 日
2	《新教育共同体下教师专业发展一体化研究》2018 年度教师教育课题拟立项	浙江省中小学教师与教育行政干部培训中心	省级立项	2018 年 12 月
3	不同书包重量对小学生足底压力的影响	省级规划课题	省级立项	2016 年 10 月
4	三维教育空间:小学生未来学习场的重构和实施	省级规划课题	省级立项	2018 年 12 月
5	小学教师社会化阅读与专业发展研究	省级"十三五"规划课题	省级立项	
6	智慧"三生":疫情下的小学生命教育学校行动	"疫情与教育"省规划课题	省级	2020 年 3 月
7	小学里的博物馆:多维学习场的创建与整合学习	浙师大课题培育申报	省级	2020 年 3 月
8	四位一体:基于新教育共同体的教师专业一体化发展研究	疫情下的教师培训省师干训课题	省级	2020 年 3 月

发表文章

序号	文章名	机构	级别	发表时间
1	以三大空间创建促进教育空间创新	未来教育家	全国	2016 年 8 月

序号	文章名	机构	级别	发表时间
2	用三维空间构建现代智慧校园	教育名家	市级	2016 年 6 月
3	三维教育空间下的教学模式重构	教育名家	国家级	2017 年 11 月
4	创新教育空间 构建智慧校园	校长领导力与学校品牌建设	国家级	2017 年 10 月
5	"童心蕙园":生态德育新共同体下农耕学习场的构架与运作研究	教育教学科研成果选编	国家级	2019 年 9 月
6	未来学习场的变革——三维教育空间:多维学习的创建与整合	三维空间编书	省级	2020 年 3 月

学校承办大型会议

序号	会议名称	会议召开时间
1	江干区第四届教育信息化推进会	2016 年 6 月
2	2017 浙港智慧化教育论坛暨浙派赴美名校长联盟会	2017 年 4 月 20 日
3	第二届全国名优小学校整书阅读课程课例化研究线下会议	2018 年 10 月
4	杭州市"轻负高质"暨"课程改革"第十五次现场交流会	2018 年 12 月
5	省委书记车俊在浙师大召开教师节座谈会,现场观摩的远程教学课来自丁蕙实验小学	2019 年 9 月 10 日

讲座

序号	讲座主题	主办单位	级别	举办时间
1	教育创新是当代教育家办学的神圣使命	中国教育学会	全国	2016 年 7 月
2	全国基础教育学校治理创新论坛(圆桌论坛二)	北京市教育学会	省级	2016 年 11 月
3	用智慧点亮丁蕙	教育名家/湖北长江出版传媒集团	市级	2016 年 3 月
4	当教育遇上互联网	浙江大学安庆市教育信息化领导力培训班	区讲座	2017 年 11 月
5	学校管理实践案例	江干区教育发展研究院	区级	2017 年 11 月 21 日

序号	讲座主题	主办单位	级别	举办时间
6	小学教师培养	澎博小学	区级	2017 年 11 月
7	当教育遇到互联网——丁蕙实验小学的"智慧校园"	浙江大学	省级	2018 年 5 月 15 日
8	"三路同归,落实四为"江干区北片区小学语文"经典诵读,智慧课堂"24 学时培训教研	江干区教育发展研究院	区级	2018 年 5 月 24 日
9	"三路同归,打造以儿童为中心的体验式生本课堂"杭州新疆两地"智慧＋"空中思路课堂研讨活动专题报告	阿克苏教育局	省级	2018 年 6 月 1 日
10	"区县教师专业发展学校顶层设计与实践"	北京师范大学	全国	2018 年 6 月 23 日

其他荣誉

序号	奖项	颁发单位	荣誉	获得时间
1	省教师发展规划课题"十三五"第一轮课题成果评选	浙江省教育行政干部培训中心	科研成果省三等奖	2017 年 11 月
2	杭州"廉洁好家庭"	杭州市妇联	市级荣誉	2017 年 10 月
3	全国首届生命教育教学成果	北京生命教育科普促进会	课题成果全国一等奖	2018 年 10 月
4	2018 全国生态文明教育创新人物	中国环境文化教育专家委员会 环境教育杂志社	全国教师荣誉	2018 年 12 月
5	三维教育空间:小学生学习场的重构与实施	江干区教育局	科研成果一等奖	2019 年 5 月 31 日

附录2：吴树超个人荣誉一览

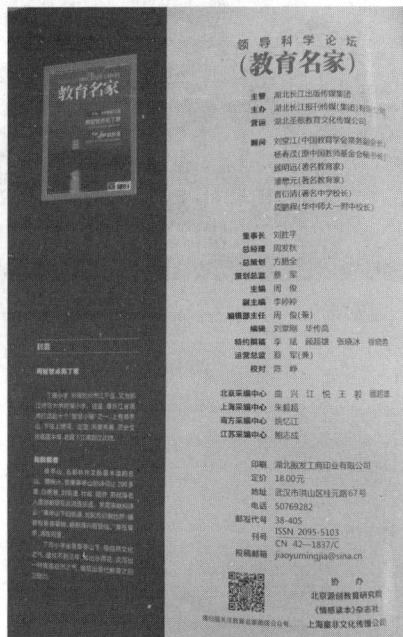

教育开拓者
的前行与创新
——记浙江师范大学附属丁蕙实验小学校长吴树超

荣誉证书
HONORARY CREDENTIAL

浙江师范大学附属丁蕙实验小学吴树超

被评为二〇一七年至二〇一八年度优秀校园长,

特颁此证,以资鼓励。

杭州市江干区人民政府丁兰街道办事处

二〇一八年

证　书

吴树超 同志：

被评为2017-2018年度中国教育学会优秀个人会员。

特发此证，以资鼓励。

杭州师范大学
HANGZHOU NORMAL UNIVERSITY

聘　书

兹聘请吴树超同志为杭州师范大学全日制专业学位硕士
研究生指导教师，聘期自2015年12月起至2018年12月。

校长：

杭州师范大学
2015年12月

特级教师证书

证书编号：鄂特教01392

　　吴树趣 同志忠诚人民的教育事业，认真贯彻执行教育方针，为人师表，业务精通，成绩优异，被定为特级教师，特发此证。

湖北省人民政府

二〇〇一年十月十八日

后　记

《未来学习场的变革》一书从开始撰写至今,已逾一年三个月零五天。

本书不仅是诸位作者思维碰撞下的编撰成果,更重要的是其中汇聚着浙江师范大学附属丁蕙实验小学建校以来在三维教育空间上的研究和实践成果。

在不断向前推动的历史长河中,学校的物理空间、虚拟空间、文化空间早已有各自或深或浅的积淀,而在全新的信息化时代,未来师生和未来学校究竟会走向何方? 这推动着我们思考是否要对稳定的学校空间进行变革。只有试着去创造一个全新的学校空间,才能适应现在和未来学生的特点及教师教学方式的改变,以学校空间的重构作为切入点,也是逐步向我们所憧憬的未来学校过渡的良好契机。

谈及改革,必然想到改革的目标,对于重构,同样要思考重构的目的:我们想重构怎样的三维教育空间来培养怎样的未来学生? 本书中所提出的丁蕙小学三维教育空间的"重构",是希望在此基础上所创设的学校教育能够构建适宜学生学习的场域,满足学生个体的发展需求。这里应当指出,三维教育空间的理念是"智慧融通""创新开拓""个性培养",由此我们同样希望未来学生的发展也应当如此,未来学生融入三维教育空间之中,实现你中有我、我中有你。

对于三维教育空间的重构,我们并不是在勾画一幅遥不可及的蓝图,它是一座连接现在与未来的桥梁,是一条实打实的有效途径。在三维教育空间的重构之下,我们能够欣喜地看到丁蕙小学学生的成长、教师的转变、学校的提升。然而要让一座桥梁完美落成,不仅需要人力物力,更需要时间的沉淀和实践的考验,在丁蕙小学未来无数个砥砺前行的日子里,让我们共同期待质的突破,迎接全新的未来学生、未来教师甚至未来学校。

在此,特别感谢浙江省教育科学研究院副院长王健敏博士、杭州市教科所俞晓东所长、江干区教育局徐晖局长,感谢江干区教育发展研究院陈仲弘院长、江干区教育发展研究院贾海英主任对本书的指导与帮助。

感谢浙江师范大学教师教育学院周跃良院长、夏洪文教授、钟晨音教授的多次专业指正,感谢浙江师范大学研究生院副院长孙炳海教授不遗余力的点拨。

感谢杭州新知天时文化创意有限公司总经理李大军先生、杭州市书刊发行业协会许春波会长的支持与鼓励。

也感谢各位编者,各位的思维碰撞、文思泉涌、妙笔生花成就了当前的《未来学习场的变革》一书。同时我们也真诚地向广大读者收集您所发现的错误信息或需要反馈的修改意见,以帮助本书进行完善和再出版。

教育不是一蹴而就的,三维教育空间的创造也必然要经历迂回曲折的过程,在当下思考未来,为未来做准备,才有更多创造未来的机会,期待理想终实现的美好未来。